T&P BOOKS

SÉRVIO
VOCABULÁRIO

PORTUGUÊS BRASILEIRO

PORTUGUÊS SÉRVIO

Para alargar o seu léxico e apurar
as suas competências linguísticas

9000 palavras

Vocabulário Português Brasileiro-Sérvio - 9000 palavras

Por Andrey Taranov

Os vocabulários da T&P Books destinam-se a ajudar a aprender, a memorizar, e a rever palavras estrangeiras. O dicionário é dividido em temas, cobrindo todas as principais esferas de atividades quotidianas, negócios, ciência, cultura, etc.

O processo de aprendizagem, utilizando os dicionários baseados em temáticas da T&P Books dá-lhe as seguintes vantagens:

- Informação de origem corretamente agrupada predetermina o sucesso em fases subsequentes da memorização de palavras
- Disponibilização de palavras derivadas da mesma raiz, o que permite a memorização de unidades de texto (em vez de palavras separadas)
- Pequenas unidades de palavras facilitam o processo de estabelecimento de vínculos associativos necessários para a consolidação do vocabulário
- O nível de conhecimento da língua pode ser estimado pelo número de palavras aprendidas

T&P Books Publishing
www.tpbooks.com

Este livro também está disponível em formato E-book.
Por favor visite www.tpbooks.com ou as principais livrarias on-line.

VOCABULÁRIO SÉRVIO
palavras mais úteis

Os vocabulários da T&P Books destinam-se a ajudar a aprender, a memorizar, e a rever palavras estrangeiras. O vocabulário contém mais de 9000 palavras de uso comum organizadas tematicamente.

O vocabulário contém as palavras mais comummente usadas
Recomendado como adicional para qualquer curso de línguas
Satisfaz as necessidades dos iniciados e dos alunos avançados de línguas estrangeiras
Conveniente para o uso diário, sessões de revisão e atividades de auto-teste
Permite avaliar o seu vocabulário

Características especias do vocabulário

- As palavras estão organizadas de acordo com o seu significado, e não por ordem alfabética
- As palavras são apresentadas em três colunas para facilitar os processos de revisão e auto-teste
- As palavras compostas são divididas em pequenos blocos para facilitar o processo de aprendizagem
- O vocabulário oferece uma transcrição simples e adequada de cada palavra estrangeira

O vocabulário contém 256 tópicos incluindo:

Conceitos básicos, Números, Cores, Meses, Estações do ano, Unidades de medida, Roupas & Acessórios, Alimentos & Nutrição, Restaurante, Membros da Família, Parentes, Caráter, Sentimentos, Emoções, Doenças, Cidade, Passeios, Compras, Dinheiro, Casa, Lar, Escritório, Trabalho no Escritório, Importação & Exportação, Marketing, Pesquisa de Emprego, Esportes, Educação, Computador, Internet, Ferramentas, Natureza, Países, Nacionalidades e muito mais ...

TABELA DE CONTEÚDOS

Guia de pronunciação   11
Abreviaturas   12

CONCEITOS BÁSICOS   14
Conceitos básicos. Parte 1   14

1. Pronomes   14
2. Cumprimentos. Saudações. Despedidas   14
3. Como se dirigir a alguém   15
4. Números cardinais. Parte 1   15
5. Números cardinais. Parte 2   16
6. Números ordinais   17
7. Números. Frações   17
8. Números. Operações básicas   17
9. Números. Diversos   17
10. Os verbos mais importantes. Parte 1   18
11. Os verbos mais importantes. Parte 2   19
12. Os verbos mais importantes. Parte 3   20
13. Os verbos mais importantes. Parte 4   21
14. Cores   22
15. Questões   22
16. Preposições   23
17. Palavras funcionais. Advérbios. Parte 1   23
18. Palavras funcionais. Advérbios. Parte 2   25

Conceitos básicos. Parte 2   27

19. Opostos   27
20. Dias da semana   29
21. Horas. Dia e noite   29
22. Meses. Estações   30
23. Tempo. Diversos   31
24. Linhas e formas   32
25. Unidades de medida   33
26. Recipientes   34
27. Materiais   35
28. Metais   36

O SER HUMANO   37
O ser humano. O corpo   37

29. Humanos. Conceitos básicos   37
30. Anatomia humana   37

31. Cabeça 38
32. Corpo humano 39

Vestuário & Acessórios 40

33. Roupa exterior. Casacos 40
34. Vestuário de homem & mulher 40
35. Vestuário. Roupa interior 41
36. Adereços de cabeça 41
37. Calçado 41
38. Têxtil. Tecidos 42
39. Acessórios pessoais 42
40. Vestuário. Diversos 43
41. Cuidados pessoais. Cosméticos 43
42. Joalheria 44
43. Relógios de pulso. Relógios 45

Alimentação. Nutrição 46

44. Comida 46
45. Bebidas 47
46. Vegetais 48
47. Frutos. Nozes 49
48. Pão. Bolaria 50
49. Pratos cozinhados 50
50. Especiarias 51
51. Refeições 52
52. Por a mesa 53
53. Restaurante 53

Família, parentes e amigos 54

54. Informação pessoal. Formulários 54
55. Membros da família. Parentes 54
56. Amigos. Colegas de trabalho 55
57. Homem. Mulher 56
58. Idade 56
59. Crianças 57
60. Casais. Vida de família 58

Caráter. Sentimentos. Emoções 59

61. Sentimentos. Emoções 59
62. Caráter. Personalidade 60
63. O sono. Sonhos 61
64. Humor. Riso. Alegria 62
65. Discussão, conversação. Parte 1 62
66. Discussão, conversação. Parte 2 63
67. Discussão, conversação. Parte 3 65
68. Acordo. Recusa 65
69. Sucesso. Boa sorte. Insucesso 66
70. Conflitos. Emoções negativas 67

Medicina   69

71. Doenças   69
72. Sintomas. Tratamentos. Parte 1   70
73. Sintomas. Tratamentos. Parte 2   71
74. Sintomas. Tratamentos. Parte 3   72
75. Médicos   73
76. Medicina. Drogas. Acessórios   73
77. Fumar. Produtos tabágicos   74

HABITAT HUMANO   75
Cidade   75

78. Cidade. Vida na cidade   75
79. Instituições urbanas   76
80. Sinais   77
81. Transportes urbanos   78
82. Turismo   79
83. Compras   80
84. Dinheiro   81
85. Correios. Serviço postal   82

Moradia. Casa. Lar   83

86. Casa. Habitação   83
87. Casa. Entrada. Elevador   84
88. Casa. Eletricidade   84
89. Casa. Portas. Fechaduras   84
90. Casa de campo   85
91. Moradia. Mansão   85
92. Castelo. Palácio   86
93. Apartamento   86
94. Apartamento. Limpeza   87
95. Mobiliário. Interior   87
96. Quarto de dormir   88
97. Cozinha   88
98. Casa de banho   89
99. Eletrodomésticos   90
100. Reparações. Renovação   90
101. Canalizações   91
102. Fogo. Deflagração   91

ATIVIDADES HUMANAS   93
Emprego. Negócios. Parte 1   93

103. Escritório. O trabalho no escritório   93
104. Processos negociais. Parte 1   94
105. Processos negociais. Parte 2   95
106. Produção. Trabalhos   96
107. Contrato. Acordo   97
108. Importação & Exportação   98

109. Finanças 98
110. Marketing 99
111. Publicidade 100
112. Banca 100
113. Telefone. Conversação telefônica 101
114. Telefone móvel 102
115. Estacionário 102
116. Vários tipos de documentos 103
117. Tipos de negócios 104

Emprego. Negócios. Parte 2 106

118. Espetáculo. Feira 106
119. Media 107
120. Agricultura 108
121. Construção. Processo de construção 109
122. Ciência. Investigação. Cientistas 110

Profissões e ocupações 111

123. Procura de emprego. Demissão 111
124. Gente de negócios 111
125. Profissões de serviços 112
126. Profissões militares e postos 113
127. Oficiais. Padres 114
128. Profissões agrícolas 114
129. Profissões artísticas 115
130. Várias profissões 115
131. Ocupações. Estatuto social 117

Desportos 118

132. Tipos de desportos. Desportistas 118
133. Tipos de desportos. Diversos 119
134. Ginásio 119
135. Hóquei 120
136. Futebol 120
137. Esqui alpino 122
138. Tênis. Golfe 122
139. Xadrez 123
140. Boxe 123
141. Desportos. Diversos 124

Educação 126

142. Escola 126
143. Colégio. Universidade 127
144. Ciências. Disciplinas 128
145. Sistema de escrita. Ortografia 128
146. Línguas estrangeiras 129

147. Personagens de contos de fadas 130
148. Signos do Zodíaco 131

Artes 132

149. Teatro 132
150. Cinema 133
151. Pintura 134
152. Literatura & Poesia 135
153. Circo 135
154. Música. Música popular 136

Descanso. Entretenimento. Viagens 138

155. Viagens 138
156. Hotel 138
157. Livros. Leitura 139
158. Caça. Pesca 141
159. Jogos. Bilhar 142
160. Jogos. Jogar cartas 142
161. Casino. Roleta 142
162. Descanso. Jogos. Diversos 143
163. Fotografia 143
164. Praia. Natação 144

EQUIPAMENTO TÉCNICO. TRANSPORTES 146
Equipamento técnico 146

165. Computador 146
166. Internet. E-mail 147
167. Eletricidade 148
168. Ferramentas 148

Transportes 151

169. Avião 151
170. Comboio 152
171. Barco 153
172. Aeroporto 154
173. Bicicleta. Motocicleta 155

Carros 156

174. Tipos de carros 156
175. Carros. Carroçaria 156
176. Carros. Habitáculo 157
177. Carros. Motor 158
178. Carros. Batidas. Reparação 159
179. Carros. Estrada 160
180. Sinais de trânsito 161

PESSOAS. EVENTOS   162

181. Férias. Evento   162
182. Funerais. Enterro   163
183. Guerra. Soldados   163
184. Guerra. Ações militares. Parte 1   164
185. Guerra. Ações militares. Parte 2   166
186. Armas   167
187. Povos da antiguidade   169
188. Idade média   169
189. Líder. Chefe. Autoridades   171
190. Estrada. Caminho. Direções   172
191. Violação da lei. Criminosos. Parte 1   173
192. Violação da lei. Criminosos. Parte 2   174
193. Polícia. Lei. Parte 1   175
194. Polícia. Lei. Parte 2   176

NATUREZA   178
A Terra. Parte 1   178

195. Espaço sideral   178
196. A Terra   179
197. Pontos cardeais   180
198. Mar. Oceano   180
199. Nomes de Mares e Oceanos   181
200. Montanhas   182
201. Nomes de montanhas   183
202. Rios   183
203. Nomes de rios   184
204. Floresta   184
205. Recursos naturais   185

A Terra. Parte 2   187

206. Tempo   187
207. Tempo extremo. Catástrofes naturais   188
208. Ruídos. Sons   188
209. Inverno   189

Fauna   191

210. Mamíferos. Predadores   191
211. Animais selvagens   191
212. Animais domésticos   192
213. Cães. Raças de cães   193
214. Sons produzidos pelos animais   194
215. Animais jovens   194
216. Pássaros   195
217. Pássaros. Canto e sons   196
218. Peixes. Animais marinhos   196
219. Anfíbios. Répteis   197
220. Insetos   198

221.	Animais. Partes do corpo	198
222.	Ações dos animais	199
223.	Animais. Habitats	200
224.	Cuidados com os animais	200
225.	Animais. Diversos	201
226.	Cavalos	201

Flora — 203

227.	Árvores	203
228.	Arbustos	203
229.	Cogumelos	204
230.	Frutos. Bagas	204
231.	Flores. Plantas	205
232.	Cereais, grãos	206
233.	Vegetais. Verduras	207

GEOGRAFIA REGIONAL — 208

234.	Europa Ocidental	208
235.	Europa Central e de Leste	210
236.	Países da ex-URSS	211
237.	Asia	212
238.	América do Norte	214
239.	América Central do Sul	214
240.	Africa	215
241.	Austrália. Oceania	216
242.	Cidades	216
243.	Política. Governo. Parte 1	217
244.	Política. Governo. Parte 2	219
245.	Países. Diversos	220
246.	Grupos religiosos mais importantes. Confissões	220
247.	Religiões. Padres	222
248.	Fé. Cristianismo. Islão	222

TEMAS DIVERSOS — 225

249.	Várias palavras úteis	225
250.	Modificadores. Adjetivos. Parte 1	226
251.	Modificadores. Adjetivos. Parte 2	228

500 VERBOS PRINCIPAIS — 231

252.	Verbos A-B	231
253.	Verbos C-D	232
254.	Verbos E-J	235
255.	Verbos L-P	237
256.	Verbos Q-Z	239

GUIA DE PRONUNCIAÇÃO

Letra	Exemplo Sérvio	Alfabeto fonético T&P	Exemplo Português
A a	авлија	[a]	chamar
E e	ексер	[e]	metal
И и	излаз	[i]	sinônimo
O o	очи	[o]	lobo
У у	ученик	[u]	bonita

Consoantes

Б б	брег	[b]	barril
В в	вода	[ʋ]	fava
Г г	глава	[g]	gosto
Д д	дим	[d]	dentista
Ђ ђ	ђак	[ʥ]	tajique
Ж ж	жица	[ʒ]	talvez
З з	зец	[z]	sésamo
Ј ј	мој	[j]	Vietnã
К к	киша	[k]	aquilo
Л л	лептир	[l]	libra
Љ љ	љиљан	[ʎ]	barulho
М м	мајка	[m]	magnólia
Н н	нос	[n]	natureza
Њ њ	књига	[ɲ]	ninhada
П п	праг	[p]	presente
Р р	рука	[r]	riscar
С с	слово	[s]	sanita
Т т	тело	[t]	tulipa
Ћ ћ	ћуран	[ʨ]	tchetcheno
Ф ф	фењер	[f]	safári
Х х	хлеб	[h]	[h] aspirada
Ц ц	цео	[ʦ]	tsé-tsé
Ч ч	чизме	[ʧ]	Tchau!
Џ џ	џбун	[ʤ]	adjetivo
Ш ш	шах	[ʃ]	mês

ABREVIATURAS
usadas no vocabulário

Abreviaturas do Português

adj	-	adjetivo
adv	-	advérbio
anim.	-	animado
conj.	-	conjunção
desp.	-	esporte
etc.	-	Etcetera
ex.	-	por exemplo
f	-	nome feminino
f pl	-	feminino plural
fem.	-	feminino
inanim.	-	inanimado
m	-	nome masculino
m pl	-	masculino plural
m, f	-	masculino, feminino
masc.	-	masculino
mat.	-	matemática
mil.	-	militar
pl	-	plural
prep.	-	preposição
pron.	-	pronome
sb.	-	sobre
sing.	-	singular
v aux	-	verbo auxiliar
vi	-	verbo intransitivo
vi, vt	-	verbo intransitivo, transitivo
vr	-	verbo reflexivo
vt	-	verbo transitivo

Abreviaturas do Sérvio

ж	-	nome feminino
ж мн	-	feminino plural
м	-	nome masculino
м мн	-	masculino plural
м, ж	-	masculino, feminino
мн	-	plural
нг	-	verbo intransitivo
нг, пг	-	verbo intransitivo, transitivo

пг	-	verbo transitivo
с	-	neutro
с мн	-	neutro plural

CONCEITOS BÁSICOS

Conceitos básicos. Parte 1

1. Pronomes

eu	ja	ja
você	ти	ti
ele	он	on
ela	она	óna
ele, ela (neutro)	оно	óno
nós	ми	mi
vocês	ви	vi
eles	они	óni
elas	оне	óne

2. Cumprimentos. Saudações. Despedidas

Oi!	Здраво!	Zdrávo!
Olá!	Добар дан!	Dóbar dan!
Bom dia!	Добро јутро!	Dóbro jútro!
Boa tarde!	Добар дан!	Dóbar dan!
Boa noite!	Добро вече!	Dóbro véče!
cumprimentar (vt)	поздрављати (пг)	pózdravljati
Oi!	Здраво!	Zdrávo!
saudação (f)	поздрав (м)	pózdrav
saudar (vt)	поздрављати (пг)	pózdravljati
Como você está?	Како сте?	Káko ste?
Como vai?	Како си?	Káko si?
E aí, novidades?	Шта је ново?	Šta je nóvo?
Tchau!	Довиђења!	Doviđénja!
Até logo!	Здраво!	Zdrávo!
Até breve!	Видимо се ускоро!	Vídimo se úskoro!
Adeus!	Збогом!	Zbógom!
despedir-se (dizer adeus)	опраштати се	opráštati se
Até mais!	Ћао! Здраво!	Ćáo! Zdrávo!
Obrigado! -a!	Хвала!	Hvála!
Muito obrigado! -a!	Хвала лепо!	Hvála lépo!
De nada	Изволите	Izvólite
Não tem de quê	Нема на чему!	Néma na čému!
Não foi nada!	Нема на чему	Néma na čému
Desculpa!	Извини!	Izvíni!

Desculpe!	Извините!	Izvínite!
desculpar (vt)	извињавати (пг)	izvinjávati
desculpar-se (vr)	извињавати се	izvinjávati se
Me desculpe	Извињавам се	Izvinjávam se
Desculpe!	Извините!	Izvínite!
perdoar (vt)	опраштати (пг)	opráštati
Não faz mal	Ништа страшно!	Níšta strášno!
por favor	молим	mólim
Não se esqueça!	Не заборавите!	Ne zabóravite!
Com certeza!	Наравно!	Náravno!
Claro que não!	Наравно да не!	Náravno da ne!
Está bem! De acordo!	Слажем се!	Slážem se!
Chega!	Доста!	Dósta!

3. Como se dirigir a alguém

Desculpe ...	Извините, ...	Izvínite, ...
senhor	господине	gospódine
senhora	госпођо	góspođo
senhorita	госпођице	góspođice
jovem	младићу	mládiću
menino	дечко	déčko
menina	девојчица	devójčica

4. Números cardinais. Parte 1

zero	нула (ж)	núla
um	један	jédan
dois	два	dva
três	три	tri
quatro	четири	čétiri
cinco	пет	pet
seis	шест	šest
sete	седам	sédam
oito	осам	ósam
nove	девет	dévet
dez	десет	déset
onze	једанаест	jedánaest
doze	дванаест	dvánaest
treze	тринаест	trínaest
catorze	четрнаест	četŕnaest
quinze	петнаест	pétnaest
dezesseis	шеснаест	šésnaest
dezessete	седамнаест	sedámnaest
dezoito	осамнаест	osámnaest
dezenove	деветнаест	devétnaest
vinte	двадесет	dvádeset

vinte e um	двадесет и један	dvádeset i jédan
vinte e dois	двадесет и два	dvádeset i dva
vinte e três	двадесет и три	dvádeset i tri

trinta	тридесет	trídeset
trinta e um	тридесет и један	trídeset i jédan
trinta e dois	тридесет и два	trídeset i dva
trinta e três	тридесет и три	trideset i tri

quarenta	четрдесет	četrdéset
quarenta e um	четрдесет и један	četrdéset i jédan
quarenta e dois	четрдесет и два	četrdéset i dva
quarenta e três	четрдесет и три	četrdéset i tri

cinquenta	педесет	pedéset
cinquenta e um	педесет и један	pedéset i jédan
cinquenta e dois	педесет и два	pedéset i dva
cinquenta e três	педесет и три	pedéset i tri

sessenta	шездесет	šezdéset
sessenta e um	шездесет и један	šezdéset i jédan
sessenta e dois	шездесет и два	šezdéset i dva
sessenta e três	шездесет и три	šezdéset i tri

setenta	седамдесет	sedamdéset
setenta e um	седамдесет и један	sedamdéset i jédan
setenta e dois	седамдесет и два	sedamdéset i dva
setenta e três	седамдесет и три	sedamdéset i tri

oitenta	осамдесет	osamdéset
oitenta e um	осамдесет и један	osamdéset i jédan
oitenta e dois	осамдесет и два	osamdéset i dva
oitenta e três	осамдесет и три	osamdéset i tri

noventa	деведесет	devedéset
noventa e um	деведесет и један	devedéset i jédan
noventa e dois	деведесет и два	devedéset i dva
noventa e três	деведесет и три	devedéset i tri

5. Números cardinais. Parte 2

cem	сто	sto
duzentos	двеста	dvésta
trezentos	триста	trísta
quatrocentos	четиристо	čétiristo
quinhentos	петсто	pétsto

seiscentos	шестсто	šéststo
setecentos	седамсто	sédamsto
oitocentos	осамсто	ósamsto
novecentos	деветсто	dévetsto

| mil | хиљада (ж) | híljada |
| dois mil | две хиљаде | dve híljade |

três mil	три хиљаде	tri híljade
dez mil	десет хиљада	déset híljada
cem mil	сто хиљада	sto híljada
um milhão	милион (м)	milíon
um bilhão	милијарда (ж)	milíjarda

6. Números ordinais

primeiro (adj)	први	pŕvi
segundo (adj)	други	drúgi
terceiro (adj)	трећи	tréći
quarto (adj)	четврти	čétvrti
quinto (adj)	пети	péti
sexto (adj)	шести	šésti
sétimo (adj)	седми	sédmi
oitavo (adj)	осми	ósmi
nono (adj)	девети	déveti
décimo (adj)	десети	déseti

7. Números. Frações

fração (f)	разломак (м)	rázlomak
um meio	једна половина	jédna pólovina
um terço	једна трећина (ж)	jédna trećína
um quarto	једна четвртина	jédna čétvrtina
um oitavo	једна осмина (ж)	jédna osmína
um décimo	једна десетина	jédna désetina
dois terços	две трећине	dve trećíne
três quartos	три четвртине	tri četvŕtine

8. Números. Operações básicas

subtração (f)	одузимање (с)	oduzímanje
subtrair (vi, vt)	одузимати (nr)	odúzimati
divisão (f)	дељење (с)	déljenje
dividir (vt)	делити (nr)	déliti
adição (f)	сабирање (с)	sabíranje
somar (vt)	сабрати (nr)	sábrati
adicionar (vt)	сабирати (nr)	sábirati
multiplicação (f)	множење (с)	mnóženje
multiplicar (vt)	множити (nr)	mnóžiti

9. Números. Diversos

| algarismo, dígito (m) | цифра (ж) | cífra |
| número (m) | број (м) | broj |

numeral (m)	број (м)	broj
menos (m)	минус (м)	mínus
mais (m)	плус (м)	plus
fórmula (f)	формула (ж)	fórmula

cálculo (m)	израчунавање (c)	izračunávanje
contar (vt)	бројати (пг)	brójati
calcular (vt)	бројати (пг)	brójati
comparar (vt)	упоређивати (пг)	upoređívati

Quanto, -os, -as?	Колико?	Kolíko?
soma (f)	збир (м)	zbir
resultado (m)	резултат (м)	rezúltat
resto (m)	остатак (м)	ostátak

alguns, algumas ...	неколико	nékoliko
pouco (~ tempo)	мало	málo
resto (m)	остало (c)	óstalo
um e meio	један и по	jédan i po
dúzia (f)	туце (c)	túce

ao meio	напола	nápola
em partes iguais	на равне делове	na rávne délove
metade (f)	половина (ж)	polóvina
vez (f)	пут (м)	put

10. Os verbos mais importantes. Parte 1

abrir (vt)	отварати (пг)	otvárati
acabar, terminar (vt)	завршавати (пг)	završávati
aconselhar (vt)	саветовати (пг)	sávetovati
adivinhar (vt)	погодити (пг)	pogóditi
advertir (vt)	упозоравати (пг)	upozorávati

ajudar (vt)	помагати (пг)	pomágati
almoçar (vi)	ручати (нг)	rúčati
alugar (~ um apartamento)	изнајмити (пг)	iznájmiti
amar (pessoa)	волети (пг)	vóleti
ameaçar (vt)	претити (нг)	prétiti

anotar (escrever)	записивати (пг)	zapisívati
apressar-se (vr)	журити се	žúriti se
arrepender-se (vr)	жалити (нг)	žáliti
assinar (vt)	потписивати (пг)	potpisívati
brincar (vi)	шалити се	šáliti se

brincar, jogar (vi, vt)	играти (нг)	ígrati
buscar (vt)	тражити (пг)	trážiti
caçar (vi)	ловити (пг)	lóviti
cair (vi)	падати (нг)	pádati
cavar (vt)	копати (пг)	kópati
chamar (~ por socorro)	звати (пг)	zváti
chegar (vi)	стизати (нг)	stízati
chorar (vi)	плакати (нг)	plákati

começar (vt)	почињати (нг, пг)	póčinjati
comparar (vt)	упоређивати (пг)	upoređívati
concordar (dizer "sim")	слагати се	slágati se

confiar (vt)	веровати (пг)	vérovati
confundir (equivocar-se)	бркати (пг)	bŕkati
conhecer (vt)	знати (пг)	znáti
contar (fazer contas)	рачунати (пг)	račúnati
contar com ...	рачунати на ...	račúnati na ...
continuar (vt)	настављати (пг)	nástavljati

controlar (vt)	контролисати (пг)	kontrólisati
convidar (vt)	позивати (пг)	pozívati
correr (vi)	трчати (нг)	tŕčati
criar (vt)	створити (пг)	stvóriti
custar (vt)	коштати (нг)	kóštati

11. Os verbos mais importantes. Parte 2

dar (vt)	давати (пг)	dávati
dar uma dica	дати миг	dáti mig
decorar (enfeitar)	украшавати (пг)	ukrašávati
defender (vt)	штитити (пг)	štítiti
deixar cair (vt)	испуштати (пг)	ispúštati

descer (para baixo)	спуштати се	spúštati se
desculpar (vt)	извињавати (пг)	izvinjávati
desculpar-se (vr)	извињавати се	izvinjávati se
dirigir (~ uma empresa)	руководити (пг)	rukovóditi
discutir (notícias, etc.)	расправљати (пг)	ráspravljati

disparar, atirar (vi)	пуцати (нг)	púcati
dizer (vt)	рећи (пг)	réći
duvidar (vt)	сумњати (нг)	súmnjati
encontrar (achar)	наћи (пг)	náći
enganar (vt)	обмањивати (пг)	obmanjívati

entender (vt)	разумевати (пг)	razumévati
entrar (na sala, etc.)	ући, улазити (нг)	úći, úlaziti
enviar (uma carta)	слати (пг)	sláti
errar (enganar-se)	грешити (нг)	gréšiti
escolher (vt)	бирати (пг)	bírati

esconder (vt)	крити (пг)	kríti
escrever (vt)	писати (пг)	písati
esperar (aguardar)	чекати (нг, пг)	čékati
esperar (ter esperança)	надати се	nádati se
esquecer (vt)	заборављати (нг, пг)	zabóravljati

estudar (vt)	студирати (пг)	studírati
exigir (vt)	захтевати, тражити	zahtévati, trážiti
existir (vi)	постојати (нг)	póstojati
explicar (vt)	објашњавати (пг)	objašnjávati
falar (vi)	говорити (нг)	govóriti

faltar (a la escuela, etc.)	пропуштати (пг)	propúštati
fazer (vt)	радити (пг)	ráditi
ficar em silêncio	ћутати (нг)	ćútati
gabar-se (vr)	хвалисати се	hválisati se

gostar (apreciar)	свиђати се	svíđati se
gritar (vi)	викати (нг)	víkati
guardar (fotos, etc.)	чувати (пг)	čúvati
informar (vt)	информисати (пг)	infórmisati
insistir (vi)	инсистирати (нг)	insistírati

insultar (vt)	вређати (пг)	vréđati
interessar-se (vr)	интересовати се	ínteresovati se
ir (a pé)	ићи (нг)	íći
ir nadar	купати се	kúpati se
jantar (vi)	вечерати (нг)	véčerati

12. Os verbos mais importantes. Parte 3

ler (vt)	читати (нг, пг)	čítati
libertar, liberar (vt)	ослобађати (пг)	oslobáđati
matar (vt)	убијати (нг)	ubíjati
mencionar (vt)	спомињати (пг)	spóminjati
mostrar (vt)	показивати (пг)	pokazívati

mudar (modificar)	променити (пг)	proméniti
nadar (vi)	пливати (нг)	plívati
negar-se a ... (vr)	одбијати се	odbíjati se
objetar (vt)	приговарати (нг)	prigovárati

observar (vt)	посматрати (нг)	posmátrati
ordenar (mil.)	наређивати (пг)	naređívati
ouvir (vt)	чути (нг, пг)	čúti
pagar (vt)	платити (нг, пг)	plátiti
parar (vi)	заустављати се	zaústavljati se

parar, cessar (vt)	прекидати (пг)	prekídati
participar (vi)	учествовати (нг)	účestvovati
pedir (comida, etc.)	наручивати (пг)	naručívati
pedir (um favor, etc.)	молити (пг)	móliti
pegar (tomar)	узети (пг)	úzeti

pegar (uma bola)	ловити (пг)	lóviti
pensar (vi, vt)	мислити (нг)	mísliti
perceber (ver)	запажати (пг)	zapážati
perdoar (vt)	опраштати (пг)	opráštati
perguntar (vt)	питати (пг)	pítati

permitir (vt)	дозвољавати (нг, пг)	dozvoljávati
pertencer a ... (vi)	припадати (нг)	prípadati
planejar (vt)	планирати (пг)	planírati
poder (~ fazer algo)	моћи (нг)	móći
possuir (uma casa, etc.)	поседовати (пг)	pósedovati
preferir (vt)	преферирати (пг)	preferírati

preparar (vt)	кувати (пг)	kúvati
prever (vt)	предвиђати (пг)	predvíđati
prometer (vt)	обећати (пг)	obéćati
pronunciar (vt)	изговарати (пг)	izgovárati

propor (vt)	предлагати (пг)	predlágati
punir (castigar)	кажњавати (пг)	kažnjávati
quebrar (vt)	ломити (пг)	lómiti
queixar-se de ...	жалити се	žáliti se
querer (desejar)	хтети (пг)	htéti

13. Os verbos mais importantes. Parte 4

ralhar, repreender (vt)	грдити (пг)	gŕditi
recomendar (vt)	препоручивати (пг)	preporučívati
repetir (dizer outra vez)	понављати (пг)	ponávljati
reservar (~ um quarto)	резервисати (пг)	rezervísati
responder (vt)	одговарати (нг, пг)	odgovárati

rezar, orar (vi)	молити се	móliti se
rir (vi)	смејати се	sméjati se
roubar (vt)	красти (пг)	krásti
saber (vt)	знати (пг)	znáti
sair (~ de casa)	изаћи (нг)	ízaći

salvar (resgatar)	спасавати (пг)	spasávati
seguir (~ alguém)	пратити (пг)	prátiti
sentar-se (vr)	седати (нг)	sédati
ser necessário	бити потребан	bíti pótreban

ser, estar	бити (нг, пг)	bíti
significar (vt)	значити (нг)	znáčiti
sorrir (vi)	осмехивати се	osmehívati se

| subestimar (vt) | подцењивати (пг) | podcenjívati |
| surpreender-se (vr) | чудити се | čúditi se |

tentar (~ fazer)	пробати (нг)	próbati
ter (vt)	имати (пг)	ímati
ter fome	бити гладан	bíti gládan

ter medo	плашити се	plášiti se
ter sede	бити жедан	bíti žédan
tocar (com as mãos)	дирати (пг)	dírati
tomar café da manhã	доручковати (нг)	dóručkovati

| trabalhar (vi) | радити (нг) | ráditi |
| traduzir (vt) | преводити (пг) | prevóditi |

unir (vt)	уједињавати (пг)	ujedinjávati
vender (vt)	продавати (пг)	prodávati
ver (vt)	видети (пг)	vídeti
virar (~ para a direita)	скретати (нг)	skrétati
voar (vi)	летети (нг)	léteti

14. Cores

cor (f)	боја (ж)	bója
tom (m)	нијанса (ж)	nijánsa
tonalidade (m)	тон (м)	ton
arco-íris (m)	дуга (ж)	dúga
branco (adj)	бео	béo
preto (adj)	црн	cȓn
cinza (adj)	сив	siv
verde (adj)	зелен	zélen
amarelo (adj)	жут	žut
vermelho (adj)	црвен	cȓven
azul (adj)	плав	plav
azul claro (adj)	светло плав	svétlo plav
rosa (adj)	ружичаст	rúžičast
laranja (adj)	наранџаст	nárandžast
violeta (adj)	љубичаст	ljúbičast
marrom (adj)	браон	bráon
dourado (adj)	златан	zlátan
prateado (adj)	сребрнаст	srébrnast
bege (adj)	беж	bež
creme (adj)	боје крем	bóje krem
turquesa (adj)	тиркизан	tírkizan
vermelho cereja (adj)	боје вишње	bóje víšnje
lilás (adj)	лила	líla
carmim (adj)	боје малине	bóje máline
claro (adj)	светао	svétao
escuro (adj)	таман	táman
vivo (adj)	јарки	járki
de cor	обојен	óbojen
a cores	у боји	u bóji
preto e branco (adj)	црно-бели	cȓno-béli
unicolor (de uma só cor)	једнобојан	jédnobojan
multicolor (adj)	разнобојан	ráznobojan

15. Questões

Quem?	Ко?	Ko?
O que?	Шта?	Šta?
Onde?	Где?	Gde?
Para onde?	Куда?	Kúda?
De onde?	Одакле? Откуд?	Ódakle? Ótkud?
Quando?	Када?	Káda?
Para quê?	Зашто?	Zášto?
Por quê?	Зашто?	Zášto?
Para quê?	За шта? Због чега?	Zá šta? Zbog čéga?

Como?	Како?	Káko?
Qual (~ é o problema?)	Какав?	Kákav?
Qual (~ deles?)	Који?	Kóji?

A quem?	Коме?	Kóme?
De quem?	О коме?	O kóme?
Do quê?	О чему?	O čému?
Com quem?	Са ким?	Sa kim?

Quanto, -os, -as?	Колико?	Kolíko?
De quem? (masc.)	Чији?	Číji?
De quem? (fem.)	Чија?	Číja?
De quem são ...?	Чије?	Číje?

16. Preposições

com (prep.)	с, са	s, sa
sem (prep.)	без	bez
a, para (exprime lugar)	у	u
sobre (ex. falar ~)	о	o
antes de ...	пре	pre
em frente de ...	испред	íspred

debaixo de ...	испод	íspod
sobre (em cima de)	изнад	íznad
em ..., sobre ...	на	na
de, do (sou ~ Rio de Janeiro)	из	iz
de (feito ~ pedra)	од	od

em (~ 3 dias)	за	za
por cima de ...	преко	préko

17. Palavras funcionais. Advérbios. Parte 1

Onde?	Где?	Gde?
aqui	овде	óvde
lá, ali	тамо	támo

em algum lugar	негде	négde
em lugar nenhum	нигде	nígde

perto de ...	код	kod
perto da janela	поред прозора	póred prózora

Para onde?	Куда?	Kúda?
aqui	овамо	óvamo
para lá	тамо	támo
daqui	одавде	ódavde
de lá, dali	оданде	ódande

perto	близу	blízu
longe	далеко	daléko

perto de ...	близу, у близини	blízu, u blizíni
à mão, perto	у близини	u blízini
não fica longe	недалеко	nédaleko

esquerdo (adj)	леви	lévi
à esquerda	слева	sléva
para a esquerda	лево	lévo

direito (adj)	десни	désni
à direita	десно	désno
para a direita	десно	désno

em frente	спреда	spréda
da frente	предњи	prédnji
adiante (para a frente)	напред	nápred

atrás de ...	иза	íza
de trás	отпозади	otpozádi
para trás	назад, унатраг	názad, unátrag

meio (m), metade (f)	средина (ж)	sredína
no meio	у средини	u sredíni

do lado	са стране	sa stráne
em todo lugar	свуда	svúda
por todos os lados	око	óko

de dentro	изнутра	iznútra
para algum lugar	некуда	nékuda
diretamente	право	právo
de volta	назад	názad

de algum lugar	однекуд	ódnekud
de algum lugar	однекуд	ódnekud

em primeiro lugar	прво	pŕvo
em segundo lugar	друго	drúgo
em terceiro lugar	треће	tréće

de repente	изненада	íznenada
no início	у почетку	u počétku
pela primeira vez	први пут	pŕvi put
muito antes de ...	много пре ...	mnógo pre ...
de novo	поново	pónovo
para sempre	заувек	záuvek

nunca	никад	níkad
de novo	опет	ópet
agora	сада	sáda
frequentemente	често	čésto
então	тада	táda
urgentemente	хитно	hítno
normalmente	обично	óbično

a propósito, ...	узгред, ...	úzgred, ...
é possível	могуће	móguće

provavelmente	вероватно	vérovatno
talvez	можда	móžda
além disso, ...	осим тога ...	ósim tóga ...
por isso ...	дакле ..., због тога ...	dákle ..., zbog toga ...
apesar de ...	без обзира на ...	bez óbzira na ...
graças a ...	захваљујући ...	zahváljujući ...

que (pron.)	шта	šta
que (conj.)	да	da
algo	нешто	néšto
alguma coisa	нешто	néšto
nada	ништа	níšta

quem	ко	ko
alguém (~ que ...)	неко	néko
alguém (com ~)	неко	néko

ninguém	нико	níko
para lugar nenhum	никуд	níkud
de ninguém	ничији	níčiji
de alguém	нечији	néčiji

tão	тако	táko
também (gostaria ~ de ...)	такође	takóđe
também (~ eu)	такође	takóđe

18. Palavras funcionais. Advérbios. Parte 2

Por quê?	Зашто?	Zášto?
por alguma razão	из неког разлога	iz nékog rázloga
porque ...	јер ..., зато што ...	jer ..., záto što ...
por qualquer razão	из неког разлога	iz nékog rázloga

e (tu ~ eu)	и	i
ou (ser ~ não ser)	или	íli
mas (porém)	али	áli
para (~ a minha mãe)	за	za

muito, demais	сувише, превише	súviše, préviše
só, somente	само	sámo
exatamente	тачно	táčno
cerca de (~ 10 kg)	око	óko

aproximadamente	приближно	príbližno
aproximado (adj)	приближан	príbližan
quase	скоро	skóro
resto (m)	остало (c)	óstalo

o outro (segundo)	други	drúgi
outro (adj)	други	drúgi
cada (adj)	свак	svak
qualquer (adj)	било који	bílo kóji
muito, muitos, muitas	много	mnógo
muitas pessoas	многи	mnógi

todos	сви	svi
em troca de …	у замену за …	u zámenu za …
em troca	у замену	u zámenu
à mão	ручно	rúčno
pouco provável	тешко да, једва да	téško da, jédva da

provavelmente	вероватно	vérovatno
de propósito	намерно	námerno
por acidente	случајно	slúčajno

muito	врло	vŕlo
por exemplo	на пример	na prímer
entre	између	ízmeđu
entre (no meio de)	међу	méđu
tanto	толико	tolíko
especialmente	нарочито	náročito

Conceitos básicos. Parte 2

rico (adj)	богат	bógat
pobre (adj)	сиромашан	sirómašan
doente (adj)	болестан	bólestan
bem (adj)	здрав	zdrav
grande (adj)	велик	vélik
pequeno (adj)	мали	máli
rapidamente	брзо	bŕzo
lentamente	споро	spóro
rápido (adj)	брз	bŕz
lento (adj)	спор	spor
alegre (adj)	весео	véseo
triste (adj)	тужан	túžan
juntos (ir ~)	заједно	zájedno
separadamente	одвојено	ódvojeno
em voz alta (ler ~)	наглас	náglas
para si (em silêncio)	у себи	u sébi
alto (adj)	висок	vísok
baixo (adj)	низак	nízak
profundo (adj)	дубок	dúbok
raso (adj)	плитак	plítak
sim	да	da
não	не	ne
distante (adj)	далек	dálek
próximo (adj)	близак	blízak
longe	далеко	daléko
à mão, perto	близу	blízu
longo (adj)	дуг, дугачак	dug, dúgačak
curto (adj)	кратак	krátak
bom (bondoso)	добар	dóbar
mal (adj)	зао	záo

| casado (adj) | ожењен | óženjen |
| solteiro (adj) | неожењен | neóženjen |

| proibir (vt) | забранити (пг) | zábraniti |
| permitir (vt) | дозволити (нг, пг) | dozvóliti |

| fim (m) | крај (м) | kraj |
| início (m) | почетак (м) | počétak |

| esquerdo (adj) | леви | lévi |
| direito (adj) | десни | désni |

| primeiro (adj) | први | pŕvi |
| último (adj) | последњи | póslednji |

| crime (m) | злочин (м) | zlóčin |
| castigo (m) | казна (ж) | kázna |

| ordenar (vt) | наредити (пг) | naréditi |
| obedecer (vt) | подчинити се | podčíniti se |

| reto (adj) | прав | prav |
| curvo (adj) | крив | kriv |

| paraíso (m) | рај (м) | raj |
| inferno (m) | пакао (м) | pákao |

| nascer (vi) | родити се | róditi se |
| morrer (vi) | умрети (нг) | úmreti |

| forte (adj) | снажан | snážan |
| fraco, débil (adj) | слаб | slab |

| velho, idoso (adj) | стар | star |
| jovem (adj) | млад | mlad |

| velho (adj) | стар | star |
| novo (adj) | нов | nov |

| duro (adj) | чврст | čvŕst |
| macio (adj) | мек, мекан | mek, mékan |

| quente (adj) | топао | tópao |
| frio (adj) | хладан | hládan |

| gordo (adj) | дебео | débeo |
| magro (adj) | танак, мршав | tának, mŕšav |

| estreito (adj) | узак | úzak |
| largo (adj) | широк | šírok |

| bom (adj) | добар | dóbar |
| mau (adj) | лош | loš |

| valente, corajoso (adj) | храбар | hrábar |
| covarde (adj) | кукавички | kúkavički |

20. Dias da semana

segunda-feira (f)	понедељак (м)	ponédeljak
terça-feira (f)	уторак (м)	útorak
quarta-feira (f)	среда (ж)	sréda
quinta-feira (f)	четвртак (м)	četvŕtak
sexta-feira (f)	петак (м)	pétak
sábado (m)	субота (ж)	súbota
domingo (m)	недеља (ж)	nédelja
hoje	данас	dánas
amanhã	сутра	sútra
depois de amanhã	прекосутра	prékosutra
ontem	јуче	júče
anteontem	прекјуче	prékjuče
dia (m)	дан (м)	dan
dia (m) de trabalho	радни дан (м)	rádni dan
feriado (m)	празничан дан (м)	prázničan dan
dia (m) de folga	слободан дан (м)	slóbodan dan
fim (m) de semana	викенд (м)	víkend
o dia todo	цео дан	céo dan
no dia seguinte	следећег дана, сутра	slédećeg dána, sútra
há dois dias	пре два дана	pre dva dána
na véspera	уочи	úoči
diário (adj)	свакодневан	svákodnevan
todos os dias	свакодневно	svákodnevno
semana (f)	недеља (ж)	nédelja
na semana passada	прошле недеље	próšle nédelje
semana que vem	следеће недеље	slédeće nédelje
semanal (adj)	недељни	nédeljni
toda semana	недељно	nédeljno
duas vezes por semana	два пута недељно	dva púta nédeljno
toda terça-feira	сваког уторка	svákog útorka

21. Horas. Dia e noite

manhã (f)	јутро (с)	jútro
de manhã	ујутру	újutru
meio-dia (m)	подне (с)	pódne
à tarde	поподне	popódne
tardinha (f)	вече (с)	véče
à tardinha	увече	úveče
noite (f)	ноћ (ж)	noć
à noite	ноћу	nóću
meia-noite (f)	поноћ (ж)	pónoć
segundo (m)	секунд (м)	sékund
minuto (m)	минут (ж)	mínut
hora (f)	сат (м)	sat

meia hora (f)	пола сата	póla sáta
quarto (m) de hora	четврт сата	čétvrt sáta
quinze minutos	петнаест минута	pétnaest minúta
vinte e quatro horas	двадесет четири сата	dvádeset čétiri sáta
nascer (m) do sol	излазак (м) сунца	ízlazak súnca
amanhecer (m)	свануће (с)	svanúće
madrugada (f)	рано јутро (с)	ráno jútro
pôr-do-sol (m)	залазак (м) сунца	zálazak súnca
de madrugada	рано ујутру	ráno újutru
esta manhã	јутрос	jútros
amanhã de manhã	сутра ујутру	sútra újutru
esta tarde	овог поподнева	óvog popódneva
à tarde	поподне	popódne
amanhã à tarde	сутра поподне	sútra popódne
esta noite, hoje à noite	вечерас	večéras
amanhã à noite	сутра увече	sútra úveče
às três horas em ponto	тачно у три сата	táčno u tri sáta
por volta das quatro	око четири сата	óko čétiri sáta
às doze	до дванаест сати	do dvánaest sáti
em vinte minutos	за двадесет минута	za dvádeset minúta
em uma hora	за сат времена	za sat vrémena
a tempo	навреме	návreme
… um quarto para	четвртина до	četvŕtina do
dentro de uma hora	за сат времена	za sat vrémena
a cada quinze minutos	сваких петнаест минута	svákih pétnaest minúta
as vinte e quatro horas	дан и ноћ	dan i noć

22. Meses. Estações

janeiro (m)	јануар (м)	jánuar
fevereiro (m)	фебруар (м)	fébruar
março (m)	март (м)	mart
abril (m)	април (м)	ápril
maio (m)	мај (м)	maj
junho (m)	јун, јуни (м)	jun, júni
julho (m)	јули (м)	júli
agosto (m)	август (м)	ávgust
setembro (m)	септембар (м)	séptembar
outubro (m)	октобар (м)	óktobar
novembro (m)	новембар (м)	nóvembar
dezembro (m)	децембар (м)	décembar
primavera (f)	пролеће (с)	próleće
na primavera	у пролеће	u próleće
primaveril (adj)	пролећни	prólećni
verão (m)	лето (с)	léto

no verão	лети	léti
de verão	летни	létni
outono (m)	јесен (ж)	jésen
no outono	у јесен	u jésen
outonal (adj)	јесењи	jésenji
inverno (m)	зима (ж)	zíma
no inverno	зими	zími
de inverno	зимски	zímski
mês (m)	месец (м)	mésec
este mês	овог месеца	óvog méseca
mês que vem	следећег месеца	slédećeg méseca
no mês passado	прошлог месеца	próšlog méseca
um mês atrás	пре месец дана	pre mésec dána
em um mês	за месец дана	za mésec dána
em dois meses	за два месеца	za dva meséca
todo o mês	цео месец	céo mésec
um mês inteiro	цео месец	céo mésec
mensal (adj)	месечни	mésečni
mensalmente	месечно	mésečno
todo mês	сваког месеца	svákog méseca
duas vezes por mês	два пута месечно	dva púta mésečno
ano (m)	година (ж)	gódina
este ano	ове године	óve gódine
ano que vem	следеће године	slédeće gódine
no ano passado	прошла година	próšla gódina
há um ano	пре годину дана	pre gódinu dána
em um ano	за годину дана	za gódinu dána
dentro de dois anos	за две године	za dve gódine
todo o ano	цела година	céla gódina
um ano inteiro	цела година	céla gódina
cada ano	сваке године	sváke gódine
anual (adj)	годишњи	gódišnji
anualmente	годишње	gódišnje
quatro vezes por ano	четири пута годишње	čétiri púta gódišnje
data (~ de hoje)	датум (м)	dátum
data (ex. ~ de nascimento)	датум (м)	dátum
calendário (m)	календар (м)	kaléndar
meio ano	пола године	póla gódine
seis meses	полугодиште (с)	polugódište
estação (f)	сезона (ж)	sezóna
século (m)	век (м)	vek

23. Tempo. Diversos

tempo (m)	време (с)	vréme
momento (m)	часак, тренутак (м)	čásak, trenútak

instante (m)	тренутак (м)	trenútak
instantâneo (adj)	тренутан	trénutan
lapso (m) de tempo	раздобље (с)	rázdoblje
vida (f)	живот (м)	žívot
eternidade (f)	вечност (ж)	véčnost
época (f)	епоха (ж)	epóha
era (f)	ера (ж)	éra
ciclo (m)	циклус (м)	cíklus
período (m)	период (м)	períod
prazo (m)	рок (м)	rok
futuro (m)	будућност (ж)	budúćnost
futuro (adj)	будући	búdući
da próxima vez	следећи пут	slédeći put
passado (m)	прошлост (ж)	próšlost
passado (adj)	прошли	próšli
na última vez	прошлог пута	próšlog púta
mais tarde	касније	kásnije
depois de ...	после	pósle
atualmente	сада	sáda
agora	сада	sáda
imediatamente	одмах	ódmah
em breve	ускоро	úskoro
de antemão	унапред	unápred
há muito tempo	одавно	ódavno
recentemente	недавно	nédavno
destino (m)	судбина (ж)	súdbina
recordações (f pl)	сећање (с)	séćanje
arquivo (m)	архив (м)	árhiv
durante ...	за време ...	za vréme ...
durante muito tempo	дуго	dúgo
pouco tempo	кратко	krátko
cedo (levantar-se ~)	рано	ráno
tarde (deitar-se ~)	касно	kásno
para sempre	заувек	záuvek
começar (vt)	почињати (нг, пг)	póčinjati
adiar (vt)	одгодити (пг)	odgóditi
ao mesmo tempo	истовремено	istóvremeno
permanentemente	стално	stálno
constante (~ ruído, etc.)	константан	konstántan
temporário (adj)	привремен	prívremen
às vezes	понекад	pónekad
raras vezes, raramente	ретко	rétko
frequentemente	често	čésto

24. Linhas e formas

quadrado (m)	квадрат (м)	kvádrat
quadrado (adj)	квадратни	kvádratni

círculo (m)	круг (м)	krug
redondo (adj)	округли	ókrugli
triângulo (m)	троугао (м)	tróugao
triangular (adj)	троугласти	tróuglasti
oval (f)	овал (м)	óval
oval (adj)	овалан	óvalan
retângulo (m)	правоугаоник (м)	pravougaónik
retangular (adj)	правоугаони	pravoúgaoni
pirâmide (f)	пирамида (ж)	piramída
losango (m)	ромб (м)	romb
trapézio (m)	трапез (м)	trápez
cubo (m)	коцка (ж)	kócka
prisma (m)	призма (ж)	prízma
circunferência (f)	кружница (ж)	krúžnica
esfera (f)	сфера (ж)	sféra
globo (m)	кугла (ж)	kúgla
diâmetro (m)	пречник (м)	préčnik
raio (m)	полупречник (м)	polupréčnik
perímetro (m)	периметар (м)	perímetar
centro (m)	центар (м)	céntar
horizontal (adj)	хоризонталан	hórizontalan
vertical (adj)	вертикалан	vértikalan
paralela (f)	паралела (ж)	paraléla
paralelo (adj)	паралелан	paralélan
linha (f)	линија (ж)	línija
traço (m)	црта (ж)	cŕta
reta (f)	права линија (ж)	práva línija
curva (f)	крива (ж)	kríva
fino (linha ~a)	танак	tának
contorno (m)	контура (ж)	kóntura
interseção (f)	пресек (м)	prések
ângulo (m) reto	прав угао (м)	prav úgao
segmento (m)	сегмент (м)	ségment
setor (m)	сектор (м)	séktor
lado (de um triângulo, etc.)	страна (ж)	strána
ângulo (m)	угао (м)	úgao

25. Unidades de medida

peso (m)	тежина (ж)	težína
comprimento (m)	дужина (ж)	dužína
largura (f)	ширина (ж)	širína
altura (f)	висина (ж)	visína
profundidade (f)	дубина (ж)	dubína
volume (m)	запремина (ж)	zápremina
área (f)	површина (ж)	póvršina
grama (m)	грам (м)	gram
miligrama (m)	милиграм (м)	míligram

quilograma (m)	килограм (м)	kílogram
tonelada (f)	тона (ж)	tóna
libra (453,6 gramas)	фунта (ж)	fúnta
onça (f)	унца (ж)	únca
metro (m)	метар (м)	métar
milímetro (m)	милиметар (м)	mílimetar
centímetro (m)	сантиметар (м)	santimétar
quilômetro (m)	километар (м)	kílometar
milha (f)	миља (ж)	mílja
polegada (f)	палац (м)	pálac
pé (304,74 mm)	стопа (ж)	stópa
jarda (914,383 mm)	јард (м)	jard
metro (m) quadrado	квадратни метар (м)	kvádratni métar
hectare (m)	хектар (м)	héktar
litro (m)	литар (м)	lítar
grau (m)	степен (м)	stépen
volt (m)	волт (м)	volt
ampère (m)	ампер (м)	ámper
cavalo (m) de potência	коњска снага (ж)	kónjska snága
quantidade (f)	количина (ж)	kolicína
um pouco de …	мало …	málo …
metade (f)	половина (ж)	polóvina
dúzia (f)	туце (с)	túce
peça (f)	комад (м)	kómad
tamanho (m), dimensão (f)	величина (ж)	velicína
escala (f)	размер (м)	rázmer
mínimo (adj)	минималан	mínimalan
menor, mais pequeno	најмањи	nájmanji
médio (adj)	средњи	srédnji
máximo (adj)	максималан	máksimalan
maior, mais grande	највећи	nájveći

26. Recipientes

pote (m) de vidro	тегла (ж)	tégla
lata (~ de cerveja)	лименка (ж)	límenka
balde (m)	ведро (с)	védro
barril (m)	буре (с)	búre
bacia (~ de plástico)	лавор (м)	lávor
tanque (m)	резервоар (м)	rezervóar
cantil (m) de bolso	чутурица (ж)	čúturica
galão (m) de gasolina	канта (ж) за гориво	kánta za górivo
cisterna (f)	цистерна (ж)	cistérna
caneca (f)	кригла (ж)	krígla
xícara (f)	шоља (ж)	šólja

pires (m)	тацна (ж)	tácna
copo (m)	чаша (ж)	čáša
taça (f) de vinho	чаша (ж) за вино	čáša za víno
panela (f)	шерпа (ж), лонац (м)	šerpa, lónac

garrafa (f)	боца, флаша (ж)	bóca, fláša
gargalo (m)	врат (м)	vrat

jarra (f)	бокал (м)	bókal
jarro (m)	крчаг (м)	kŕčag
recipiente (m)	суд (м)	sud
pote (m)	лонац (м)	lónac
vaso (m)	ваза (ж)	váza

frasco (~ de perfume)	боца (ж)	bóca
frasquinho (m)	бочица (ж)	bóčica
tubo (m)	туба (ж)	túba

saco (ex. ~ de açúcar)	џак (м)	džak
sacola (~ plastica)	кеса (ж)	késa
maço (de cigarros, etc.)	паковање (с)	pákovanje

caixa (~ de sapatos, etc.)	кутија (ж)	kútija
caixote (~ de madeira)	сандук (м)	sánduk
cesto (m)	корпа (ж)	kórpa

27. Materiais

material (m)	материјал (м)	materíjal
madeira (f)	дрво (с)	dŕvo
de madeira	дрвен	dŕven

vidro (m)	стакло (с)	stáklo
de vidro	стаклен	stáklen

pedra (f)	камен (м)	kámen
de pedra	камени	kámeni

plástico (m)	пластика (ж)	plástika
plástico (adj)	пластичан	plástičan

borracha (f)	гума (ж)	gúma
de borracha	гумен	gúmen

tecido, pano (m)	тканина (ж)	tkánina
de tecido	од тканине	od tkaníne

papel (m)	папир (м)	pápir
de papel	папирни	pápirni

papelão (m)	картон (м)	kárton
de papelão	картонски	kártonski
polietileno (m)	полиетилен (м)	poliétilen
celofane (m)	целофан (м)	celófan

| linóleo (m) | линолеум (м) | linoléum |
| madeira (f) compensada | шперплоча (ж) | špérploča |

porcelana (f)	порцелан (м)	porcélan
de porcelana	порцелански	porcélanski
argila (f), barro (m)	глина (ж)	glína
de barro	глинени	glíneni
cerâmica (f)	керамика (ж)	kerámika
de cerâmica	керамички	kerámički

28. Metais

metal (m)	метал (м)	métal
metálico (adj)	металан	métalan
liga (f)	легура (ж)	legúra

ouro (m)	злато (с)	zláto
de ouro	златан	zlátan
prata (f)	сребро (с)	srébro
de prata	сребрен	srébren

ferro (m)	гвожђе (с)	gvóžđe
de ferro	гвозден	gvózden
aço (m)	челик (м)	čélik
de aço (adj)	челични	čélični
cobre (m)	бакар (м)	bákar
de cobre	бакарни, бакрени	bákarni, bákreni

alumínio (m)	алуминијум (м)	alumínijum
de alumínio	алуминијумски	alumínijumski
bronze (m)	бронза (ж)	brónza
de bronze	бронзан	brónzan

latão (m)	месинг (м), мјед (ж)	mésing, mjed
níquel (m)	никл (м)	nikl
platina (f)	платина (ж)	plátina
mercúrio (m)	жива (ж)	žíva
estanho (m)	калај (м)	kálaj
chumbo (m)	олово (с)	ólovo
zinco (m)	цинк (м)	cink

O SER HUMANO

O ser humano. O corpo

29. Humanos. Conceitos básicos

ser (m) humano	човек (м)	čóvek
homem (m)	мушкарац (м)	muškárac
mulher (f)	жена (ж)	žéna
criança (f)	дете (с)	déte
menina (f)	девојчица (ж)	devójčica
menino (m)	дечак (м)	déčak
adolescente (m)	тинејџер (м)	tinéjdžer
velho (m)	старац (м)	stárac
velha (f)	старица (ж)	stárica

30. Anatomia humana

organismo (m)	организам (м)	organízam
coração (m)	срце (с)	sŕce
sangue (m)	крв (ж)	kŕv
artéria (f)	артерија (ж)	árterija
veia (f)	вена (ж)	véna
cérebro (m)	мозак (м)	mózak
nervo (m)	живац (м)	žívac
nervos (m pl)	живци (мн)	žívci
vértebra (f)	кичмени пршљен (м)	kíčmeni pŕšljen
coluna (f) vertebral	кичма (ж)	kíčma
estômago (m)	желудац (м)	žéludac
intestinos (m pl)	црева (мн)	créva
intestino (m)	црево (с)	crévo
fígado (m)	јетра (ж)	jétra
rim (m)	бубрег (м)	búbreg
osso (m)	кост (ж)	kost
esqueleto (m)	костур (м)	kóstur
costela (f)	ребро (с)	rébro
crânio (m)	лобања (ж)	lóbanja
músculo (m)	мишић (м)	míšić
bíceps (m)	бицепс (м)	bíceps
tríceps (m)	трицепс (м)	tríceps
tendão (m)	тетива (ж)	tetíva
articulação (f)	зглоб (м)	zglob

pulmões (m pl)	плућа (мн)	plúća
órgãos (m pl) genitais	полни органи (мн)	pólni orgáni
pele (f)	кожа (ж)	kóža

31. Cabeça

cabeça (f)	глава (ж)	gláva
rosto, cara (f)	лице (с)	líce
nariz (m)	нос (м)	nos
boca (f)	уста (мн)	ústa

olho (m)	око (с)	óko
olhos (m pl)	очи (мн)	óči
pupila (f)	зеница (ж)	zénica
sobrancelha (f)	обрва (ж)	óbrva
cílio (f)	трепавица (ж)	trépavica
pálpebra (f)	капак (м), веђа (ж)	kápak, véđa

língua (f)	језик (м)	jézik
dente (m)	зуб (м)	zub
lábios (m pl)	усне (мн)	úsne
maçãs (f pl) do rosto	јагодице (мн)	jágodice
gengiva (f)	десни (мн)	désni
palato (m)	непце (с)	népce

narinas (f pl)	ноздрве (мн)	nózdrve
queixo (m)	брада (ж)	bráda
mandíbula (f)	вилица (ж)	vílica
bochecha (f)	образ (м)	óbraz

testa (f)	чело (с)	čélo
têmpora (f)	слепоочница (ж)	slepoóčnica
orelha (f)	ухо (с)	úho
costas (f pl) da cabeça	потиљак (м)	pótiljak
pescoço (m)	врат (м)	vrat
garganta (f)	грло (с)	gŕlo

cabelo (m)	коса (ж)	kósa
penteado (m)	фризура (ж)	frizúra
corte (m) de cabelo	фризура (ж)	frizúra
peruca (f)	перика (ж)	périka

bigode (m)	бркови (мн)	bŕkovi
barba (f)	брада (ж)	bráda
ter (~ barba, etc.)	носити (пг)	nósiti
trança (f)	плетеница (ж)	pleténica
suíças (f pl)	зулуфи (мн)	zulúfi

ruivo (adj)	риђ	riđ
grisalho (adj)	сед	sed
careca (adj)	ћелав	ćélav
calva (f)	ћела (ж)	ćéla
rabo-de-cavalo (m)	реп (м)	rep
franja (f)	шишке (мн)	šíške

32. Corpo humano

mão (f)	шака (ж)	šáka
braço (m)	рука (ж)	rúka

dedo (m)	прст (м)	pŕst
dedo (m) do pé	ножни прст (м)	nóžni pŕst
polegar (m)	палац (м)	pálac
dedo (m) mindinho	мали прст (м)	máli pŕst
unha (f)	нокат (м)	nókat

punho (m)	песница (ж)	pésnica
palma (f)	длан (м)	dlan
pulso (m)	зглоб (м), запешће (с)	zglob, zápešće
antebraço (m)	подлактица (ж)	pódlaktica
cotovelo (m)	лакат (м)	lákat
ombro (m)	раме (с)	ráme

perna (f)	нога (ж)	nóga
pé (m)	стопало (с)	stópalo
joelho (m)	колено (с)	kóleno
panturrilha (f)	лист (м)	list
quadril (m)	кук (м)	kuk
calcanhar (m)	пета (ж)	péta

corpo (m)	тело (с)	télo
barriga (f), ventre (m)	трбух (м)	tŕbuh
peito (m)	прса (мн)	pŕsa
seio (m)	груди (мн)	grúdi
lado (m)	бок (м)	bok
costas (dorso)	леђа (мн)	léđa
região (f) lombar	крста (ж)	kŕsta
cintura (f)	струк (м)	struk

umbigo (m)	пупак (м)	púpak
nádegas (f pl)	стражњица (ж)	strážnjica
traseiro (m)	задњица (ж)	zádnjica

sinal (m), pinta (f)	младеж (м)	mládež
sinal (m) de nascença	белег, младеж (м)	béleg, mládež
tatuagem (f)	тетоважа (ж)	tetováža
cicatriz (f)	ожиљак (м)	óžiljak

Vestuário & Acessórios

33. Roupa exterior. Casacos

roupa (f)	одећа (ж)	ódeća
roupa (f) exterior	горња одећа (ж)	górnja ódeća
roupa (f) de inverno	зимска одећа (ж)	zímska ódeća
sobretudo (m)	капут (м)	káput
casaco (m) de pele	бунда (ж)	búnda
jaqueta (f) de pele	кратка бунда (ж)	krátka búnda
casaco (m) acolchoado	перјана јакна (ж)	pérjana jákna
casaco (m), jaqueta (f)	јакна (ж)	jákna
impermeável (m)	кишни мантил (м)	kíšni mántil
a prova d'água	водоотпоран	vodoótporan

34. Vestuário de homem & mulher

camisa (f)	кошуља (ж)	kóšulja
calça (f)	панталоне (мн)	pantalóne
jeans (m)	фармерке (мн)	fármerke
paletó, terno (m)	сако (м)	sáko
terno (m)	одело (с)	odélo
vestido (ex. ~ de noiva)	хаљина (ж)	háljina
saia (f)	сукња (ж)	súknja
blusa (f)	блуза (ж)	blúza
casaco (m) de malha	џемпер (м)	džémper
casaco, blazer (m)	жакет (м)	žáket
camiseta (f)	мајица (ж)	májica
short (m)	шорц, шортс (м)	šorc, šorts
training (m)	спортски костим (м)	spórtski kóstim
roupão (m) de banho	баде мантил (м)	báde mántil
pijama (m)	пиџама (ж)	pidžáma
suéter (m)	џемпер (м)	džémper
pulôver (m)	пуловер (м)	pulóver
colete (m)	прслук (м)	pŕsluk
fraque (m)	фрак (м)	frak
smoking (m)	смокинг (м)	smóking
uniforme (m)	униформа (ж)	úniforma
roupa (f) de trabalho	радна одећа (ж)	rádna ódeća
macacão (m)	комбинезон (м)	kombinézon
jaleco (m), bata (f)	мантил (м)	mántil

35. Vestuário. Roupa interior

roupa (f) íntima	доње рубље (c)	dónje rúblje
cueca boxer (f)	мушке гаће (мн)	múške gáće
calcinha (f)	гаћице (мн)	gáćice
camiseta (f)	мајица (ж)	májica
meias (f pl)	чарапе (мн)	čárape

camisola (f)	спаваћица (ж)	spaváćica
sutiã (m)	грудњак (м)	grúdnjak
meias longas (f pl)	доколенице (мн)	dokolénice
meias-calças (f pl)	хулахопке (мн)	húlahopke
meias (~ de nylon)	чарапе (мн)	čárape
maiô (m)	купаћи костим (м)	kúpaći kóstim

36. Adereços de cabeça

chapéu (m), touca (f)	капа (ж)	kápa
chapéu (m) de feltro	шешир (м)	šéšir
boné (m) de beisebol	бејзбол качкет (м)	béjzbol káčket
boina (~ italiana)	енглеска капа (ж), качкет (м)	éngleska kápa, káčket

boina (ex. ~ basca)	берета, беретка (ж)	beréta, beretka
capuz (m)	капуљача (ж)	kapúljača
chapéu panamá (m)	панама-шешир (м)	panáma-šéšir
touca (f)	плетена капа (ж)	plétena kápa

lenço (m)	марама (ж)	márama
chapéu (m) feminino	женски шешир (м)	žénski šéšir

capacete (m) de proteção	кацига (ж), шлем (м)	káciga, šlem
bibico (m)	титовка (ж)	títovka
capacete (m)	шлем (м)	šlem

chapéu-coco (m)	полуцилиндар (м)	pólucilindar
cartola (f)	цилиндар (м)	cilíndar

37. Calçado

calçado (m)	обућа (ж)	óbuća
botinas (f pl), sapatos (m pl)	ципеле (мн)	cípele
sapatos (de salto alto, etc.)	ципеле (мн)	cípele
botas (f pl)	чизме (мн)	čízme
pantufas (f pl)	папуче (мн)	pápuče

tênis (~ Nike, etc.)	патике (мн)	pátike
tênis (~ Converse)	патике (мн)	pátike
sandálias (f pl)	сандале (мн)	sandále

sapateiro (m)	обућар (м)	óbućar
salto (m)	потпетица (ж)	pótpetica

par (m)	пар (м)	par
cadarço (m)	пертла (ж)	pértla
amarrar os cadarços	шнирати (пг)	šnírati
calçadeira (f)	кашика (ж) за ципеле	kášika za cípele
graxa (f) para calçado	крема (ж) за обућу	kréma za óbuću

38. Têxtil. Tecidos

algodão (m)	памук (м)	pámuk
de algodão	памучан	pámučan
linho (m)	лан (м)	lan
de linho	од лана	od lána

seda (f)	свила (ж)	svíla
de seda	свилен	svílen
lã (f)	вуна (ж)	vúna
de lã	вунен	vúnen

veludo (m)	плиш, сомот (м)	pliš, sómot
camurça (f)	антилоп (м)	ántilop
veludo (m) cotelê	сомот (м)	sómot

nylon (m)	најлон (м)	nájlon
de nylon	од најлона	od nájlona
poliéster (m)	полиестер (м)	poliéster
de poliéster	од полиестра	od poliéstra

couro (m)	кожа (ж)	kóža
de couro	од коже	od kóže
pele (f)	крзно (с)	kŕzno
de pele	крзнени	kŕzneni

39. Acessórios pessoais

luva (f)	рукавице (мн)	rukávice
mitenes (f pl)	рукавице (мн) с једним прстом	rukávice s jednim prstom
cachecol (m)	шал (м)	šal

óculos (m pl)	наочаре (мн)	náočare
armação (f)	оквир (м)	ókvir
guarda-chuva (m)	кишобран (м)	kíšobran
bengala (f)	штап (м)	štap
escova (f) para o cabelo	четка (ж) за косу	čétka za kósu
leque (m)	лепеза (ж)	lepéza

gravata (f)	кра==вата (ж)	kraváta
gravata-borboleta (f)	лептир машна (ж)	léptir mášna
suspensórios (m pl)	трегери (мн)	trégeri
lenço (m)	џепна марамица (ж)	džépna máramica
pente (m)	чешаљ (м)	čéšalj
fivela (f) para cabelo	шнала (ж)	šnála

| grampo (m) | укосница (ж) | úkosnica |
| fivela (f) | копча (ж) | kópča |

| cinto (m) | каиш (м) | káiš |
| alça (f) de ombro | каиш (м) | káiš |

bolsa (f)	торба (ж)	tórba
bolsa (feminina)	ташна (ж)	tášna
mochila (f)	ранац (м)	ránac

40. Vestuário. Diversos

moda (f)	мода (ж)	móda
na moda (adj)	модеран	móderan
estilista (m)	модни креатор (м)	módni kreátor

colarinho (m)	овратник (м)	óvratnik
bolso (m)	џеп (м)	džep
de bolso	џепни	džépni
manga (f)	рукав (м)	rúkav
ganchinho (m)	вешалица (ж)	véšalica
bragueta (f)	шлиц (м)	šlic

zíper (m)	рајсфершлус (м)	rájsferšlus
colchete (m)	копча (ж)	kópča
botão (m)	дугме (с)	dúgme
botoeira (casa de botão)	рупица (ж)	rúpica
soltar-se (vr)	откинути се	ótkinuti se

costurar (vi)	шити (нг, пг)	šíti
bordar (vt)	вести (нг, пг)	vésti
bordado (m)	вез (м)	vez
agulha (f)	игла (ж)	ígla
fio, linha (f)	конац (м)	kónac
costura (f)	шав (м)	šav

sujar-se (vr)	испрљати се	ispŕljati se
mancha (f)	мрља (ж)	mŕlja
amarrotar-se (vr)	изгужвати се	izgúžvati se
rasgar (vt)	цепати (пг)	cépati
traça (f)	мољац (м)	móljac

41. Cuidados pessoais. Cosméticos

pasta (f) de dente	паста (ж) за зубе	pásta za zúbe
escova (f) de dente	четкица (ж) за зубе	čétkica za zúbe
escovar os dentes	прати зубе	práti zúbe

gilete (f)	бријач (м)	bríjač
creme (m) de barbear	крема (ж) за бријање	kréma za bríjanje
barbear-se (vr)	бријати се	bríjati se
sabonete (m)	сапун (м)	sápun

xampu (m)	шампон (м)	šámpon
tesoura (f)	маказе (мн)	mákaze
lixa (f) de unhas	турпија (ж) за нокте	túrpija za nokte
corta-unhas (m)	грицкалица (ж) за нокте	gríckalica za nókte
pinça (f)	пинцета (ж)	pincéta

cosméticos (m pl)	козметика (ж)	kozmétika
máscara (f)	маска (ж)	máska
manicure (f)	маникир (м)	mánikir
fazer as unhas	радити маникир	ráditi mánikir
pedicure (f)	педикир (м)	pédikir

bolsa (f) de maquiagem	козметичка торбица (ж)	kozmétička tórbica
pó (de arroz)	пудер (м)	púder
pó (m) compacto	пудријера (ж)	pudrijéra
blush (m)	руменило (с)	ruménilo

perfume (m)	парфем (м)	párfem
água-de-colônia (f)	тоалетна вода (ж)	tóaletna vóda
loção (f)	лосион (м)	lósion
colônia (f)	колоњска вода (ж)	kólonjska vóda

sombra (f) de olhos	сенка (ж) за очи	sénka za óči
delineador (m)	оловка (ж) за очи	ólovka za óči
máscara (f), rímel (m)	маскара (ж)	máskara

batom (m)	кармин (м)	kármin
esmalte (m)	лак (м) за нокте	lak za nókte
laquê (m), spray fixador (m)	лак (м) за косу	lak za kósu
desodorante (m)	дезодоранс (м)	dezodórans

creme (m)	крема (ж)	kréma
creme (m) de rosto	крема (ж) за лице	kréma za líce
creme (m) de mãos	крема (ж) за руке	kréma za rúke
creme (m) antirrugas	крема (ж) против бора	kréma prótiv bóra
creme (m) de dia	дневна крема (ж)	dnévna kréma
creme (m) de noite	ноћна крема (ж)	nóćna kréma
de dia	дневни	dnévni
da noite	ноћни	nóćni

absorvente (m) interno	тампон (м)	támpon
papel (m) higiênico	тоалет-папир (м)	tóalet-pápir
secador (m) de cabelo	фен (м)	fen

42. Joalheria

joias (f pl)	накит (м)	nákit
precioso (adj)	драгоцен	dragócen
marca (f) de contraste	жиг (м)	žig

anel (m)	прстен (м)	pŕsten
aliança (f)	бурма (ж)	búrma
pulseira (f)	наруквица (ж)	nárukvica
brincos (m pl)	минђуше (мн)	mínđuše

colar (m)	огрлица (ж)	ógrlica
coroa (f)	круна (ж)	krúna
colar (m) de contas	огрлица (ж) од перли	ógrlica od pérli

diamante (m)	дијамант (м)	dijámant
esmeralda (f)	смарагд (м)	smáragd
rubi (m)	рубин (м)	rúbin
safira (f)	сафир (м)	sáfir
pérola (f)	бисер (м)	bíser
âmbar (m)	ћилибар (м)	ćilíbar

43. Relógios de pulso. Relógios

relógio (m) de pulso	сат (м)	sat
mostrador (m)	бројчаник (м)	brojčánik
ponteiro (m)	казаљка (ж)	kázaljka
bracelete (em aço)	наруквица (ж)	nárukvica
bracelete (em couro)	каиш (м) за сат	káiš za sat

pilha (f)	батерија (ж)	báterija
acabar (vi)	испразнити се	isprázniti se
trocar a pilha	заменити батерију	zaméniti batériju
estar adiantado	журити (нг)	žúriti
estar atrasado	заостајати (нг)	zaóstajati

relógio (m) de parede	зидни сат (м)	zídni sat
ampulheta (f)	пешчани сат (м)	péščani sat
relógio (m) de sol	сунчани сат (м)	súnčani sat
despertador (m)	будилник (м)	búdilnik
relojoeiro (m)	часовничар (м)	čásovničar
reparar (vt)	поправљати (пг)	pópravljati

Alimentação. Nutrição

44. Comida

carne (f)	месо (c)	méso
galinha (f)	пилетина, кокош (ж)	píletina, kokoš
frango (m)	пиле (c)	píle
pato (m)	патка (ж)	pátka
ganso (m)	гуска (ж)	gúska
caça (f)	дивљач (ж)	dívljač
peru (m)	ћуретина (ж)	ćurétina
carne (f) de porco	свињетина (ж)	svínjetina
carne (f) de vitela	телетина (ж)	téletina
carne (f) de carneiro	јагњетина (ж)	jágnjetina
carne (f) de vaca	говедина (ж)	góvedina
carne (f) de coelho	зец (м)	zec
linguiça (f), salsichão (m)	кобасица (ж)	kobásica
salsicha (f)	виршла (ж)	víršla
bacon (m)	сланина (ж)	slánina
presunto (m)	шунка (ж)	šúnka
pernil (m) de porco	шунка (ж)	šúnka
patê (m)	паштета (ж)	paštéta
fígado (m)	џигерица (ж)	džígerica
guisado (m)	млевено месо (c)	mléveno méso
língua (f)	језик (м)	jézik
ovo (m)	jaje (c)	jáje
ovos (m pl)	jaja (мн)	jája
clara (f) de ovo	беланце (c)	belánce
gema (f) de ovo	жуманце (c)	žumánce
peixe (m)	риба (ж)	ríba
mariscos (m pl)	морски плодови (мн)	mórski plódovi
crustáceos (m pl)	ракови (мн)	rákovi
caviar (m)	кавијар (м)	kávijar
caranguejo (m)	краба (ж)	krába
camarão (m)	шкамп (м)	škamp
ostra (f)	острига (ж)	óstriga
lagosta (f)	јастог (м)	jástog
polvo (m)	хоботница (ж)	hóbotnica
lula (f)	лигња (ж)	lígnja
esturjão (m)	јесетра (ж)	jésetra
salmão (m)	лосос (м)	lósos
halibute (m)	пацифички лист (м)	pacífički list
bacalhau (m)	бакалар (м)	bakálar

cavala, sarda (f)	скуша (ж)	skúša
atum (m)	туњевина (ж)	túnjevina
enguia (f)	јегуља (ж)	jégulja
truta (f)	пастрмка (ж)	pástrmka
sardinha (f)	сардина (ж)	sardína
lúcio (m)	штука (ж)	štúka
arenque (m)	харинга (ж)	háringa
pão (m)	хлеб (м)	hleb
queijo (m)	сир (м)	sir
açúcar (m)	шећер (м)	šéćer
sal (m)	со (ж)	so
arroz (m)	пиринач (м)	pírinač
massas (f pl)	макарони (мн)	mákaroni
talharim, miojo (m)	резанци (мн)	rezánci
manteiga (f)	маслац (м)	máslac
óleo (m) vegetal	зејтин (м)	zéjtin
óleo (m) de girassol	сунцокретово уље (с)	súncokretovo úlje
margarina (f)	маргарин (м)	margárin
azeitonas (f pl)	маслине (мн)	másline
azeite (m)	маслиново уље (с)	máslinovo úlje
leite (m)	млеко (с)	mléko
leite (m) condensado	кондензовано млеко (с)	kondenzóvano mléko
iogurte (m)	јогурт (м)	jógurt
creme (m) azedo	кисела павлака (ж)	kísela pávlaka
creme (m) de leite	павлака (ж)	pávlaka
maionese (f)	мајонез (м), мајонеза (ж)	majonéz, majonéza
creme (m)	крем (м)	krem
grãos (m pl) de cereais	житарице (мн)	žitárice
farinha (f)	брашно (с)	brášno
enlatados (m pl)	конзерве (мн)	konzérve
flocos (m pl) de milho	кукурузне пахуљице (мн)	kukúruzne pahúljice
mel (m)	мед (м)	med
geleia (m)	џем (м), мармелада (ж)	džem, marmeláda
chiclete (m)	гума (ж) за жвакање	gúma za žvákanje

45. Bebidas

água (f)	вода (ж)	vóda
água (f) potável	питка вода (ж)	pítka vóda
água (f) mineral	кисела вода (ж)	kísela vóda
sem gás (adj)	негазиран	negazíran
gaseificada (adj)	gaziran	gazíran
com gás	газиран	gazíran
gelo (m)	лед (м)	led

com gelo	са ледом	sa lédom
não alcoólico (adj)	безалкохолан	bézalkoholan
refrigerante (m)	безалкохолно пиће (c)	bézalkoholno píće
refresco (m)	освежавајући напитак (м)	osvežávajući nápitak
limonada (f)	лимунада (ж)	limunáda

bebidas (f pl) alcoólicas	алкохолна пића (мн)	álkoholna píća
vinho (m)	вино (c)	víno
vinho (m) branco	бело вино (c)	bélo víno
vinho (m) tinto	црно вино (c)	cŕno víno

licor (m)	ликер (м)	líker
champanhe (m)	шампањац (м)	šampánjac
vermute (m)	вермут (м)	vérmut

uísque (m)	виски (м)	víski
vodca (f)	вотка (ж)	vótka
gim (m)	џин (м)	džin
conhaque (m)	коњак (м)	kónjak
rum (m)	рум (м)	rum

café (m)	кафа (ж)	káfa
café (m) preto	црна кафа (ж)	cŕna káfa
café (m) com leite	кафа (ж) са млеком	káfa sa mlékom
cappuccino (m)	капучино (м)	kapučíno
café (m) solúvel	инстант кафа (ж)	ínstant káfa

leite (m)	млеко (c)	mléko
coquetel (m)	коктел (м)	kóktel
batida (f), milkshake (m)	милкшејк (м)	mílkšejk

suco (m)	сок (м)	sok
suco (m) de tomate	сок (м) од парадајза	sok od parádajza
suco (m) de laranja	сок (м) од наранџе	sok od nárandže
suco (m) fresco	свеже цеђени сок (м)	svéže céđeni sok

cerveja (f)	пиво (c)	pívo
cerveja (f) clara	светло пиво (c)	svétlo pívo
cerveja (f) preta	тамно пиво (c)	támno pívo

chá (m)	чај (м)	čaj
chá (m) preto	црни чај (м)	cŕni čaj
chá (m) verde	зелени чај (м)	zéleni čaj

46. Vegetais

| vegetais (m pl) | поврће (c) | póvrće |
| verdura (f) | зелен (ж) | zélen |

tomate (m)	парадајз (м)	parádajz
pepino (m)	краставац (м)	krástavac
cenoura (f)	шаргарепа (ж)	šargarépa
batata (f)	кромпир (м)	krómpir
cebola (f)	црни лук (м)	cŕni luk

alho (m)	бели лук (м)	béli luk
couve (f)	купус (м)	kúpus
couve-flor (f)	карфиол (м)	karfíol
couve-de-bruxelas (f)	прокељ (м)	prókelj
brócolis (m pl)	брокуле (мн)	brókule
beterraba (f)	цвекла (ж)	cvékla
berinjela (f)	патлицан (м)	patlidžán
abobrinha (f)	тиквица (ж)	tíkvica
abóbora (f)	тиква (ж)	tíkva
nabo (m)	репа (ж)	répa
salsa (f)	першун (м)	péršun
endro, aneto (m)	мирођија (ж)	miróđija
alface (f)	зелена салата (ж)	zélena saláta
aipo (m)	целер (м)	céler
aspargo (m)	шпаргла (ж)	špárgla
espinafre (m)	спанаћ (м)	spánać
ervilha (f)	грашак (м)	grášak
feijão (~ soja, etc.)	махунарке (мн)	mahúnarke
milho (m)	кукуруз (м)	kukúruz
feijão (m) roxo	пасуљ (м)	pásulj
pimentão (m)	паприка (ж)	páprika
rabanete (m)	ротквица (ж)	rótkvica
alcachofra (f)	артичока (ж)	artičóka

47. Frutos. Nozes

fruta (f)	воће (с)	vóće
maçã (f)	јабука (ж)	jábuka
pera (f)	крушка (ж)	krúška
limão (m)	лимун (м)	límun
laranja (f)	наранџа (ж)	nárandža
morango (m)	јагода (ж)	jágoda
tangerina (f)	мандарина (ж)	mandarína
ameixa (f)	шљива (ж)	šljíva
pêssego (m)	бресква (ж)	bréskva
damasco (m)	кајсија (ж)	kájsija
framboesa (f)	малина (ж)	málina
abacaxi (m)	ананас (м)	ánanas
banana (f)	банана (ж)	banána
melancia (f)	лубеница (ж)	lubénica
uva (f)	грожђе (с)	gróžđe
ginja (f)	вишња (ж)	víšnja
cereja (f)	трешња (ж)	tréšnja
melão (m)	диња (ж)	dínja
toranja (f)	грејпфрут (м)	gréjpfrut
abacate (m)	авокадо (м)	avokádo
mamão (m)	папаја (ж)	papája

| manga (f) | манго (м) | mángo |
| romã (f) | нар (м) | nar |

groselha (f) vermelha	црвена рибизла (ж)	crvéna ríbizla
groselha (f) negra	црна рибизла (ж)	cŕna ríbizla
groselha (f) espinhosa	огрозд (м)	ógrozd
mirtilo (m)	боровница (ж)	boróvnica
amora (f) silvestre	купина (ж)	kupína

passa (f)	суво грожђе (с)	súvo gróžđe
figo (m)	смоква (ж)	smókva
tâmara (f)	урма (ж)	úrma

amendoim (m)	кикирики (м)	kikiríki
amêndoa (f)	бадем (м)	bádem
noz (f)	орах (м)	órah
avelã (f)	лешник (м)	léšnik
coco (m)	кокосов орах (м)	kókosov órah
pistaches (m pl)	пистаћи (мн)	pistáći

48. Pão. Bolaria

pastelaria (f)	посластице (мн)	póslastice
pão (m)	хлеб (м)	hleb
biscoito (m), bolacha (f)	колачић (м)	koláčić

chocolate (m)	чоколада (ж)	čokoláda
de chocolate	чоколадни	čókoladni
bala (f)	бомбона (ж)	bombóna
doce (bolo pequeno)	колач (м)	kólač
bolo (m) de aniversário	торта (ж)	tórta

| torta (f) | пита (ж) | píta |
| recheio (m) | надев (м) | nádev |

geleia (m)	слатко (с)	slátko
marmelada (f)	мармелада (ж)	marmeláda
wafers (m pl)	облатне (мн)	óblatne
sorvete (m)	сладолед (м)	sládoled
pudim (m)	пудинг (м)	púding

49. Pratos cozinhados

prato (m)	јело (с)	jélo
cozinha (~ portuguesa)	кухиња (ж)	kúhinja
receita (f)	рецепт (м)	récept
porção (f)	порција (ж)	pórcija

salada (f)	салата (ж)	saláta
sopa (f)	супа (ж)	súpa
caldo (m)	буљон (м)	búljon
sanduíche (m)	сендвич (м)	séndvič

ovos (m pl) fritos	пржена jaja (мн)	pŕžena jája
hambúrguer (m)	хамбургер (м)	hámburger
bife (m)	бифтек (м)	bíftek

acompanhamento (m)	прилог (м)	prílog
espaguete (m)	шпагете (мн)	špagéte
purê (m) de batata	кромпир пире (м)	krómpir píre
pizza (f)	пица (ж)	píca
mingau (m)	каша (ж)	káša
omelete (f)	омлет (м)	ómlet

fervido (adj)	кувани	kúvani
defumado (adj)	димљени	dímljeni
frito (adj)	пржени	pŕženi
seco (adj)	сув	suv
congelado (adj)	замрзнут	zámrznut
em conserva (adj)	маринирани	marinírani

doce (adj)	сладак	sládak
salgado (adj)	слан	slan
frio (adj)	хладан	hládan
quente (adj)	врућ	vruć
amargo (adj)	горак	górak
gostoso (adj)	укусан	úkusan

cozinhar em água fervente	барити (пг)	báriti
preparar (vt)	кувати (пг)	kúvati
fritar (vt)	пржити (пг)	pŕžiti
aquecer (vt)	подгревати (пг)	podgrévati

salgar (vt)	солити (пг)	sóliti
apimentar (vt)	биберити (пг)	bíberiti
ralar (vt)	рендати (пг)	réndati
casca (f)	кора (ж)	kóra
descascar (vt)	љуштити (пг)	ljúštiti

50. Especiarias

sal (m)	со (ж)	so
salgado (adj)	слан	slan
salgar (vt)	солити (пг)	sóliti

pimenta-do-reino (f)	црни бибер (м)	cŕni bíber
pimenta (f) vermelha	црвени бибер (м)	cŕveni bíber
mostarda (f)	сенф (м)	senf
raiz-forte (f)	рен, хрен (м)	ren, hren

condimento (m)	зачин (м)	záčin
especiaria (f)	зачин (м)	záčin
molho (~ inglês)	сос (м)	sos
vinagre (m)	сирће (с)	sírće

anis estrelado (m)	анис (м)	ánis
manjericão (m)	босиљак (м)	bósiljak

cravo (m)	каранфил (м)	karánfil
gengibre (m)	ђумбир (м)	đúmbir
coentro (m)	коријандер (м)	korijánder
canela (f)	цимет (м)	címet

gergelim (m)	сусам (м)	súsam
folha (f) de louro	ловор (м)	lóvor
páprica (f)	паприка (ж)	páprika
cominho (m)	ким (м)	kim
açafrão (m)	шафран (м)	šáfran

51. Refeições

comida (f)	храна (ж)	hrána
comer (vt)	јести (нг, пг)	jésti

café (m) da manhã	доручак (м)	dóručak
tomar café da manhã	доручковати (нг)	dóručkovati
almoço (m)	ручак (м)	rúčak
almoçar (vi)	ручати (нг)	rúčati
jantar (m)	вечера (ж)	véčera
jantar (vi)	вечерати (нг)	véčerati

apetite (m)	апетит (м)	apétit
Bom apetite!	Пријатно!	Príjatno!

abrir (~ uma lata, etc.)	отварати (пг)	otvárati
derramar (~ líquido)	пролити (пг)	próliti
derramar-se (vr)	пролити се	próliti se

ferver (vi)	кључати (нг)	kljúčati
ferver (vt)	кључати (пг)	kljúčati
fervido (adj)	кувани	kúvani

esfriar (vt)	охладити (пг)	ohláditi
esfriar-se (vr)	охлађивати се	ohlađívati se

sabor, gosto (m)	укус (м)	úkus
fim (m) de boca	укус (м)	úkus

emagrecer (vi)	смршати (нг)	smŕšati
dieta (f)	дијета (ж)	dijéta
vitamina (f)	витамин (м)	vitámin
caloria (f)	калорија (ж)	kalórija

vegetariano (m)	вегетаријанац (м)	vegetaríjanac
vegetariano (adj)	вегетаријански	vegetaríjanski

gorduras (f pl)	масти (мн)	másti
proteínas (f pl)	беланчевине (мн)	belánčevine
carboidratos (m pl)	угљени хидрати (мн)	úgljeni hidráti
fatia (~ de limão, etc.)	парче (с)	párče
pedaço (~ de bolo)	комад (м)	kómad
migalha (f), farelo (m)	мрва (ж)	mŕva

52. Por a mesa

colher (f)	кашика (ж)	kášika
faca (f)	нож (м)	nož
garfo (m)	виљушка (ж)	víljuška
xícara (f)	шоља (ж)	šólja
prato (m)	тањир (м)	tánjir
pires (m)	тацна (ж)	tácna
guardanapo (m)	салвета (ж)	salvéta
palito (m)	чачкалица (ж)	čáčkalica

53. Restaurante

restaurante (m)	ресторан (м)	restóran
cafeteria (f)	кафић (м), кафана (ж)	káfić, kafána
bar (m), cervejaria (f)	бар (м)	bar
salão (m) de chá	чајџиница (ж)	čájdžinica
garçom (m)	конобар (м)	kónobar
garçonete (f)	конобарица (ж)	konobárica
barman (m)	бармен (м)	bármen
cardápio (m)	јеловник (м)	jélovnik
lista (f) de vinhos	винска карта (ж)	vínska kárta
reservar uma mesa	резервисати сто	rezervísati sto
prato (m)	јело (с)	jélo
pedir (vt)	наручити (пг)	narúćiti
fazer o pedido	наручити	narúćiti
aperitivo (m)	аперитив (м)	áperitiv
entrada (f)	предјело (с)	prédjelo
sobremesa (f)	десерт (м)	désert
conta (f)	рачун (м)	ráčun
pagar a conta	платити рачун	plátiti ráčun
dar o troco	вратити кусур	vrátiti kúsur
gorjeta (f)	бакшиш (м)	bákšiš

Família, parentes e amigos

54. Informação pessoal. Formulários

nome (m)	име (c)	íme
sobrenome (m)	презиме (c)	prézime
data (f) de nascimento	датум (м) рођења	dátum rođénja
local (m) de nascimento	место (c) рођења	mésto rođénja
nacionalidade (f)	националност (ж)	nacionálnost
lugar (m) de residência	пребивалиште (c)	prébivalište
país (m)	земља (ж)	zémlja
profissão (f)	професија (ж)	profésija
sexo (m)	пол (м)	pol
estatura (f)	раст (м)	rast
peso (m)	тежина (ж)	težína

55. Membros da família. Parentes

mãe (f)	мајка (ж)	májka
pai (m)	отац (м)	ótac
filho (m)	син (м)	sin
filha (f)	кћи (ж)	kći
caçula (f)	млађа кћи (ж)	mláđa kći
caçula (m)	млађи син (м)	mláđi sin
filha (f) mais velha	најстарија кћи (ж)	nájstarija kći
filho (m) mais velho	најстарији син (м)	nájstariji sin
irmão (m)	брат (м)	brat
irmão (m) mais velho	старији брат (м)	stáriji brat
irmão (m) mais novo	млађи брат (м)	mláđi brat
irmã (f)	сестра (ж)	séstra
irmã (f) mais velha	старија сестра (ж)	stárija séstra
irmã (f) mais nova	млађа сестра (ж)	mláđa séstra
primo (m)	рођак (м)	róđak
prima (f)	рођака (ж)	róđaka
mamãe (f)	мама (ж)	máma
papai (m)	тата (м)	táta
pais (pl)	родитељи (мн)	róditelji
criança (f)	дете (c)	déte
crianças (f pl)	деца (мн)	déca
avó (f)	бака (ж)	báka
avô (m)	деда (м)	déda
neto (m)	унук (м)	únuk

neta (f)	унука (ж)	únuka
netos (pl)	унуци (мн)	únuci
tio (m)	ујак, стриц (м)	újak, stric
tia (f)	ујна, стрина (ж)	újna, strína
sobrinho (m)	нећак, сестрић (м)	néćak, séstrić
sobrinha (f)	нећакиња, сестричина (ж)	nećákinja, séstričina
sogra (f)	ташта (ж)	tášta
sogro (m)	свекар (м)	svékar
genro (m)	зет (м)	zet
madrasta (f)	маћеха (ж)	máćeha
padrasto (m)	очух (м)	óćuh
criança (f) de colo	беба (ж)	béba
bebê (m)	беба (ж)	béba
menino (m)	мало дете (с), беба (ж)	málo déte, béba
mulher (f)	жена (ж)	žéna
marido (m)	муж (м)	muž
esposo (m)	супруг (м)	súprug
esposa (f)	супруга (ж)	súpruga
casado (adj)	ожењен	óženjen
casada (adj)	удата	údata
solteiro (adj)	неожењен	neóženjen
solteirão (m)	нежења (м)	néženja
divorciado (adj)	разведен	razvéden
viúva (f)	удовица (ж)	udóvica
viúvo (m)	удовац (м)	údovac
parente (m)	рођак (м)	róđak
parente (m) próximo	блиски рођак (м)	blíski róđak
parente (m) distante	даљи рођак (м)	dálji róđak
parentes (m pl)	рођаци (мн)	róđaci
órfão (m), órfã (f)	сироче (с)	siróče
tutor (m)	старатељ (м)	stáratelj
adotar (um filho)	усвојити (нг)	usvójiti
adotar (uma filha)	усвојити (нг)	usvójiti

56. Amigos. Colegas de trabalho

amigo (m)	пријатељ (м)	príjatelj
amiga (f)	пријатељица (ж)	prijatéljica
amizade (f)	пријатељство (с)	prijatéljstvo
ser amigos	дружити се	drúžiti se
amigo (m)	пријатељ (м)	príjatelj
amiga (f)	пријатељица (ж)	prijatéljica
parceiro (m)	партнер (м)	pártner
chefe (m)	шеф (м)	šef
superior (m)	начелник (м)	náčelnik

proprietário (m)	власник (м)	vlásnik
subordinado (m)	потчињени (м)	pótčinjeni
colega (m, f)	колега (м)	koléga

conhecido (m)	познаник (м)	póznanik
companheiro (m) de viagem	сапутник (м)	sáputnik
colega (m) de classe	школски друг (м)	škólski drug

vizinho (m)	комшија (м)	kómšija
vizinha (f)	комшиница (ж)	kómšinica
vizinhos (pl)	комшије (мн)	kómšije

57. Homem. Mulher

mulher (f)	жена (ж)	žéna
menina (f)	девојка (ж)	dévojka
noiva (f)	млада, невеста (ж)	mláda, névesta

bonita, bela (adj)	лепа	lépa
alta (adj)	висока	vísoka
esbelta (adj)	витка	vítka
baixa (adj)	ниска	níska

loira (f)	плавуша (ж)	plávuša
morena (f)	црнка (ж)	cŕnka

de senhora	дамски	dámski
virgem (f)	девица (ж)	dévica
grávida (adj)	трудна	trúdna

homem (m)	мушкарац (м)	muškárac
loiro (m)	плавушан (м)	plávušan
moreno (m)	бринет (м)	brínet
alto (adj)	висок	vísok
baixo (adj)	низак	nízak

rude (adj)	груб	grub
atarracado (adj)	здепаст	zdépast
robusto (adj)	jак	jak
forte (adj)	снажан	snážan
força (f)	снага (ж)	snága

gordo (adj)	дебео	débeo
moreno (adj)	тамнопут, гарав	támnoput, gárav
esbelto (adj)	витак	vítak
elegante (adj)	елегантан	elegántan

58. Idade

idade (f)	узраст (м), старост (ж)	úzrast, stárost
juventude (f)	младост (ж)	mládost
jovem (adj)	млад	mlad

mais novo (adj)	млађи	mláđi
mais velho (adj)	старији	stáriji
jovem (m)	младић (м)	mládić
adolescente (m)	тинејџер (м)	tinéjdžer
rapaz (m)	момак (м)	mómak
velho (m)	старац (м)	stárac
velha (f)	старица (ж)	stárica
adulto	одрасла особа (ж)	ódrasla ósoba
de meia-idade	средовјечни	srédovječni
idoso, de idade (adj)	постарији	póstariji
velho (adj)	стар	star
aposentadoria (f)	пензија (ж)	pénzija
aposentar-se (vr)	отићи у пензију	ótići u pénziju
aposentado (m)	пензионер (м)	penzióner

59. Crianças

criança (f)	дете (с)	déte
crianças (f pl)	деца (мн)	déca
gêmeos (m pl), gêmeas (f pl)	близанци (мн)	blizánci
berço (m)	колевка (ж)	kólevka
chocalho (m)	звечка (ж)	zvéčka
fralda (f)	пелена (ж)	pélena
chupeta (f), bico (m)	цуцла (ж)	cúcla
carrinho (m) de bebê	дечија колица (мн)	déčija kolíca
jardim (m) de infância	обданиште (с)	óbdanište
babysitter, babá (f)	дадиља (ж)	dádilja
infância (f)	детињство (с)	detínjstvo
boneca (f)	лутка (ж)	lútka
brinquedo (m)	играчка (ж)	ígračka
jogo (m) de montar	конструктор (м)	konstrúktor
bem-educado (adj)	васпитан	váspitan
malcriado (adj)	неваспитан	neváspitan
mimado (adj)	размажен	rázmažen
ser travesso	бити несташан	bíti néstašan
travesso, traquinas (adj)	несташан	néstašan
travessura (f)	несташлук (м)	néstašluk
criança (f) travessa	несташко (м)	néstaško
obediente (adj)	послушан	póslušan
desobediente (adj)	непослушан	néposlušan
dócil (adj)	паметан, послушан	pámetan, póslušan
inteligente (adj)	паметан	pámetan
prodígio (m)	вундеркинд (м)	vúnderkind

60. Casais. Vida de família

beijar (vt)	љубити (нг)	ljúbiti
beijar-se (vr)	љубити се	ljúbiti se
família (f)	породица (ж)	pórodica
familiar (vida ~)	породични	pórodični
casal (m)	пар (м)	par
matrimônio (m)	брак (м)	brak
lar (m)	домаће огњиште (с)	domáće ógnjište
dinastia (f)	династија (ж)	dinástija
encontro (m)	сусрет (м)	súsret
beijo (m)	пољубац (м)	póljubac
amor (m)	љубав (ж)	ljúbav
amar (pessoa)	волети (нг)	vóleti
amado, querido (adj)	вољени	vóljeni
ternura (f)	нежност (ж)	néžnost
afetuoso (adj)	нежан	néžan
fidelidade (f)	верност (ж)	vérnost
fiel (adj)	веран	véran
cuidado (m)	брига (ж)	bríga
carinhoso (adj)	брижан	brížan
recém-casados (pl)	младенци (мн)	mládenci
lua (f) de mel	медени месец (м)	médeni mésec
casar-se (com um homem)	удати се	údati se
casar-se (com uma mulher)	женити се	žéniti se
casamento (m)	свадба (ж)	svádba
bodas (f pl) de ouro	златна свадба (ж)	zlátna svádba
aniversário (m)	годишњица (ж)	gódišnjica
amante (m)	љубавник (м)	ljúbavnik
amante (f)	љубавница (ж)	ljúbavnica
adultério (m), traição (f)	превара (ж)	prévara
cometer adultério	преварити (нг)	prévariti
ciumento (adj)	љубоморан	ljúbomoran
ser ciumento, -a	бити љубоморан	bíti ljúbomoran
divórcio (m)	развод (м)	rázvod
divorciar-se (vr)	развести се	rázvesti se
brigar (discutir)	свађати се	sváđati se
fazer as pazes	мирити се	míriti se
juntos (ir ~)	заједно	zájedno
sexo (m)	секс (м)	seks
felicidade (f)	срећа (ж)	sréća
feliz (adj)	срећан	sréćan
infelicidade (f)	несрећа (ж)	nésreća
infeliz (adj)	несрећан	nésrećan

Caráter. Sentimentos. Emoções

61. Sentimentos. Emoções

sentimento (m)	осећај (м)	ósećaj
sentimentos (m pl)	осећања (мн)	ósećanja
sentir (vt)	осећати (нг)	ósećati
fome (f)	глад (ж)	glád
ter fome	бити гладан	bíti gládan
sede (f)	жеђ (ж)	žeđ
ter sede	бити жедан	bíti žédan
sonolência (f)	поспаност (ж)	póspanost
estar sonolento	бити поспан	bíti póspan
cansaço (m)	умор (м)	úmor
cansado (adj)	уморан	úmoran
ficar cansado	уморити се	umóriti se
humor (m)	расположење (c)	raspoložénje
tédio (m)	досада (ж)	dósada
entediar-se (vr)	досађивати се	dosađívati se
reclusão (isolamento)	самоћа (ж)	samóća
isolar-se (vr)	усамити се	usámiti se
preocupar (vt)	узнемиравати (нг)	uznemirávati
estar preocupado	бринути се	brínuti se
preocupação (f)	брига (ж)	bríga
ansiedade (f)	анксиозност (ж)	anksióznost
preocupado (adj)	забринут, преокупиран	zábrinut, preokupiran
estar nervoso	бити нервозан	bíti nérvozan
entrar em pânico	паничити (нг)	páničiti
esperança (f)	нада (ж)	náda
esperar (vt)	надати се	nádati se
certeza (f)	сигурност (ж)	sigúrnost
certo, seguro de ...	сигуран	síguran
indecisão (f)	несигурност (ж)	nesigúrnost
indeciso (adj)	несигуран	nésiguran
bêbado (adj)	пијан	píjan
sóbrio (adj)	трезан	trézan
fraco (adj)	слаб	slab
feliz (adj)	срећан	sréćan
assustar (vt)	уплашити (нг)	úplašiti
fúria (f)	бес (м)	bes
ira, raiva (f)	гнев, бес (м)	gnev, bes
depressão (f)	депресија (ж)	deprésija
desconforto (m)	нелагодност (ж)	nelágodnost

conforto (m)	комфор (м)	kómfor
arrepender-se (vr)	жалити (нг)	žáliti
arrependimento (m)	жаљење (с)	žáljenje
azar (m), má sorte (f)	несрећа (ж)	nésreća
tristeza (f)	туга (ж)	túga

vergonha (f)	стид (м)	stid
alegria (f)	весеље (с)	vesélje
entusiasmo (m)	ентузијазам (м)	entuzijázam
entusiasta (m)	ентузијаст (м)	entuzíjast
mostrar entusiasmo	показати ентузијазам	pokázati entuzijázam

62. Caráter. Personalidade

caráter (m)	карактер (м)	karákter
falha (f) de caráter	мана (ж)	mána
mente (f)	ум (м)	um
razão (f)	разум (м)	rázum

consciência (f)	савест (ж)	sávest
hábito, costume (m)	навика (ж)	návika
habilidade (f)	способност (ж)	spósobnost
saber (~ nadar, etc.)	умети (нг)	úmeti

paciente (adj)	стрпљив	stŕpljiv
impaciente (adj)	нестрпљив	nestŕpljiv
curioso (adj)	радознао	radóznao
curiosidade (f)	радозналост (ж)	radóznalost

modéstia (f)	скромност (ж)	skrómnost
modesto (adj)	скроман	skróman
imodesto (adj)	нескроман	néskroman

preguiça (f)	лењост (ж)	lénjost
preguiçoso (adj)	лењ	lenj
preguiçoso (m)	ленчуга (м)	lénčuga

astúcia (f)	лукавост (ж)	lúkavost
astuto (adj)	лукав	lúkav
desconfiança (f)	неповерење (с)	nepoverénje
desconfiado (adj)	неповерљив	nepovérljiv

generosidade (f)	дарежљивост (ж)	daréžljivost
generoso (adj)	дарежљив	daréžljiv
talentoso (adj)	талентован	tálentovan
talento (m)	таленат (м)	tálenat

corajoso (adj)	храбар	hrábar
coragem (f)	храброст (ж)	hrábrost
honesto (adj)	искрен	ískren
honestidade (f)	искреност (ж)	ískrenost

| prudente, cuidadoso (adj) | опрезан | óprezan |
| valoroso (adj) | одважан | ódvažan |

| sério (adj) | озбиљан | ózbiljan |
| severo (adj) | строг | strog |

decidido (adj)	одлучан	ódlučan
indeciso (adj)	неодлучан	néodlučan
tímido (adj)	стидљив	stídljiv
timidez (f)	стидљивост (ж)	stídljivost

confiança (f)	поверење (с)	poverénje
confiar (vt)	веровати (нг)	vérovati
crédulo (adj)	поверљив	povérljiv

sinceramente	озбиљно	ózbiljno
sincero (adj)	озбиљан	ózbiljan
sinceridade (f)	искреност (ж)	ískrenost
aberto (adj)	отворен	ótvoren

calmo (adj)	тих	tih
franco (adj)	искрен	ískren
ingênuo (adj)	наиван	náivan
distraído (adj)	расејан	rasejan
engraçado (adj)	смешан	sméšan

ganância (f)	похлепа (ж)	póhlepa
ganancioso (adj)	похлепан	póhlepan
avarento, sovina (adj)	шкрт	škŕt
mal (adj)	зао	záo
teimoso (adj)	тврдоглав	tvrdóglav
desagradável (adj)	непријатан	néprijatan

egoísta (m)	себичњак (м)	sébičnjak
egoísta (adj)	себичан	sébičan
covarde (m)	кукавица (ж)	kúkavica
covarde (adj)	кукавички	kúkavički

63. O sono. Sonhos

dormir (vi)	спавати (нг)	spávati
sono (m)	спавање (с)	spávanje
sonho (m)	сан (м)	san
sonhar (ver sonhos)	сањати (нг)	sánjati
sonolento (adj)	сањив	sánjiv

cama (f)	кревет (м)	krévet
colchão (m)	душек (м)	dúšek
cobertor (m)	јорган (м)	jórgan
travesseiro (m)	јастук (м)	jástuk
lençol (m)	чаршав (м)	čáršav

insônia (f)	несаница (ж)	nésanica
sem sono (adj)	бесан	bésan
sonífero (m)	таблета (ж) за спавање	tabléta za spávanje
tomar um sonífero	узети таблету (ж) за спавање	úzeti tablétu za spávanje

estar sonolento	бити поспан	bíti póspan
bocejar (vi)	зевати (нг)	zévati
ir para a cama	ићи на спавање	íći na spávanje
fazer a cama	намештати кревет	naméštati krévet
adormecer (vi)	заспати (нг)	záspati

pesadelo (m)	кошмар (м), мора (ж)	kóšmar, móra
ronco (m)	хркање (с)	hŕkanje
roncar (vi)	хркати (нг)	hŕkati

despertador (m)	будилник (м)	búdilnik
acordar, despertar (vt)	пробудити (нг)	probúditi
acordar (vi)	пробуђивати се	probuđívati se
levantar-se (vr)	устајати (нг)	ústajati
lavar-se (vr)	умивати се	umívati se

64. Humor. Riso. Alegria

humor (m)	хумор (м)	húmor
senso (m) de humor	смисао (м) за хумор	smísao za húmor
divertir-se (vr)	уживати (нг)	užívati
alegre (adj)	весео	véseo
diversão (f)	весеље (с)	vesélje

sorriso (m)	осмех (м)	ósmeh
sorrir (vi)	осмехивати се	osmehívati se
começar a rir	засмејати се	zasméjati se
rir (vi)	смејати се	sméjati se
riso (m)	смех (м)	smeh

anedota (f)	виц (м)	vic
engraçado (adj)	смешан	sméšan
ridículo, cômico (adj)	смешан	sméšan

brincar (vi)	шалити се	šáliti se
piada (f)	шала (ж)	šála
alegria (f)	радост (ж)	rádost
regozijar-se (vr)	радовати се	rádovati se
alegre (adj)	радостан	rádostan

65. Discussão, conversação. Parte 1

comunicação (f)	општење (с)	ópštenje
comunicar-se (vr)	комуницирати (нг)	komunicírati

conversa (f)	разговор (м)	rázgovor
diálogo (m)	дијалог (м)	dijálog
discussão (f)	дискусија (ж)	diskúsija
debate (m)	расправа (ж)	rásprava
debater (vt)	расправљати се	ráspravljati se
interlocutor (m)	саговорник (м)	ságovornik
tema (m)	тема (ж)	téma

ponto (m) de vista	тачка (ж) гледишта	táčka glédišta
opinião (f)	мишљење (с)	míšljenje
discurso (m)	говор (м)	góvor

discussão (f)	расправа, дискусија (ж)	rásprava, dískusija
discutir (vt)	расправљати (пг)	ráspravljati
conversa (f)	разговор (м)	rázgovor
conversar (vi)	разговарати (нг)	razgovárati
reunião (f)	сусрет (м)	súsret
encontrar-se (vr)	сусрести се	súsresti se

provérbio (m)	пословица (ж)	póslovica
ditado, provérbio (m)	пословица (ж)	póslovica
adivinha (f)	загонетка (ж)	zágonetka
dizer uma adivinha	загонетати (пг)	zagonétati
senha (f)	лозинка (ж)	lózinka
segredo (m)	тајна (ж)	tájna

juramento (m)	заклетва (ж)	zákletva
jurar (vi)	клети се	kléti se
promessa (f)	обећање (с)	obećánje
prometer (vt)	обећати (пг)	obéćati

conselho (m)	савет (м)	sávet
aconselhar (vt)	саветовати (пг)	sávetovati
seguir o conselho	слушати савет	slúšati sávet
escutar (~ os conselhos)	слушати (пг)	slúšati

novidade, notícia (f)	новост (ж)	nóvost
sensação (f)	сензација (ж)	senzácija
informação (f)	информације (мн)	informácije
conclusão (f)	закључак (м)	záključak
voz (f)	глас (м)	glas
elogio (m)	комплимент (м)	komplimént
amável, querido (adj)	љубазан	ljúbazan

palavra (f)	реч (ж)	reč
frase (f)	фраза (ж)	fráza
resposta (f)	одговор (м)	ódgovor
verdade (f)	истина (ж)	ístina
mentira (f)	лаж (ж)	laž

pensamento (m)	мисао (ж)	mísao
ideia (f)	идеја (ж)	idéja
fantasia (f)	фантазија (ж)	fantázija

66. Discussão, conversação. Parte 2

estimado, respeitado (adj)	поштован	póštovan
respeitar (vt)	поштовати (пг)	poštóvati
respeito (m)	поштовање (с)	poštovánje
Estimado ..., Caro ...	Поштовани, ...	Póštovani, ...
apresentar (alguém a alguém)	упознати (пг)	upóznati

conhecer (vt)	упознати се	upóznati se
intenção (f)	намера (ж)	námera
tencionar (~ fazer algo)	намеравати (нг)	namerávati
desejo (de boa sorte)	жеља (ж)	žélja
desejar (ex. ~ boa sorte)	пожелети (nr)	požéleti

surpresa (f)	изненађење (c)	iznenađénje
surpreender (vt)	чудити (пг)	čúditi
surpreender-se (vr)	чудити се	čúditi se

dar (vt)	дати (пг)	dáti
pegar (tomar)	узети (пг)	úzeti
devolver (vt)	вратити (пг)	vrátiti
retornar (vt)	вратити (пг)	vrátiti

desculpar-se (vr)	извињавати се	izvinjávati se
desculpa (f)	извињење (c)	izvinjénje
perdoar (vt)	опраштати (пг)	opráštati

falar (vi)	разговарати (нг)	razgovárati
escutar (vt)	слушати (пг)	slúšati
ouvir até o fim	саслушати (пг)	sáslušati
entender (compreender)	разумети (пг)	razúmeti

mostrar (vt)	показати (пг)	pokázati
olhar para ...	гледати (пг)	glédati
chamar (alguém para ...)	позвати (пг)	pózvati
perturbar, distrair (vt)	сметати (пг)	smétati
perturbar (vt)	сметати (пг)	smétati
entregar (~ em mãos)	предати (пг)	prédati

pedido (m)	молба (ж)	mólba
pedir (ex. ~ ajuda)	тражити, молити (пг)	trážiti, móliti
exigência (f)	захтев (м)	záhtev
exigir (vt)	захтевати, тражити	zahtévati, trážiti

insultar (chamar nomes)	задиркивати (пг)	zadirkívati
zombar (vt)	подсмевати се	podsmévati se
zombaria (f)	подсмех (м)	pódsmeh
alcunha (f), apelido (m)	надимак (м)	nádimak

insinuação (f)	наговештај (м)	nágoveštaj
insinuar (vt)	наговештавати (нг)	nagoveštávati
querer dizer	подразумевати (нг)	podrazumévati

descrição (f)	опис (м)	ópis
descrever (vt)	описати (пг)	opísati
elogio (m)	похвала (ж)	póhvala
elogiar (vt)	похвалити (пг)	pohváliti

desapontamento (m)	разочарање (c)	razočaránje
desapontar (vt)	разочарати (пг)	razočárati
desapontar-se (vr)	разочарати се	razočárati se

| suposição (f) | претпоставка (ж) | prétpostavka |
| supor (vt) | претпостављати (пг) | pretpóstavljati |

| advertência (f) | упозорење (c) | upozorénje |
| advertir (vt) | упозорити (пг) | upozóriti |

67. Discussão, conversação. Parte 3

| convencer (vt) | наговорити (пг) | nagovóriti |
| acalmar (vt) | смиривати (пг) | smirívati |

silêncio (o ~ é de ouro)	ћутање (c)	ćútanje
ficar em silêncio	ћутати (нг)	ćútati
sussurrar (vt)	шапнути (пг)	šápnuti
sussurro (m)	шапат (м)	šápat

| francamente | искрено | ískreno |
| na minha opinião ... | по мом мишљењу ... | po mom míšljenju ... |

detalhe (~ da história)	детаљ (ж)	détalj
detalhado (adj)	детаљан	détaljan
detalhadamente	детаљно	détaljno

| dica (f) | наговештај (м) | nágoveštaj |
| dar uma dica | дати миг | dáti mig |

olhar (m)	поглед (м)	pógled
dar uma olhada	погледати (пг)	pógledati
fixo (olhada ~a)	непомичан	nepómičan
piscar (vi)	трептати (нг)	tréptati
piscar (vt)	намигнути (нг)	namígnuti
acenar com a cabeça	климнути (нг)	klímnuti

suspiro (m)	уздах (м)	úzdah
suspirar (vi)	уздахнути (нг)	uzdáhnuti
estremecer (vi)	дрхтати (нг)	dŕhtati
gesto (m)	гест (м)	gest
tocar (com as mãos)	додирнути (пг)	dodírnuti
agarrar (~ pelo braço)	хватати (пг)	hvátati
bater de leve	тапштати (нг)	tápštati

Cuidado!	Опрез!	Óprez!
Sério?	Стварно?	Stvárno?
Tem certeza?	Да ли си сигуран?	Da li si síguran?
Boa sorte!	Срећно!	Srećno!
Entendi!	Јасно!	Jásno!
Que pena!	Штета!	Štéta!

68. Acordo. Recusa

consentimento (~ mútuo)	пристанак (м)	prístanak
consentir (vi)	пристати (нг)	prístati
aprovação (f)	одобрење (c)	odobrénje
aprovar (vt)	одобрити (пг)	odóbriti
recusa (f)	одбијање (c)	odbíjanje

negar-se a ...	одбијати се	odbíjati se
Ótimo!	Одлично!	Ódlično!
Tudo bem!	Добро!	Dóbro!
Está bem! De acordo!	Важи!	Váži!

proibido (adj)	забрањен	zábranjen
é proibido	забрањено	zabránjeno
é impossível	немогуће	némoguće
incorreto (adj)	погрешан	pógrešan

rejeitar (~ um pedido)	одбити (пг)	ódbiti
apoiar (vt)	подржати (пг)	podřžati
aceitar (desculpas, etc.)	прихватити (пг)	príhvatiti

confirmar (vt)	потврдити (пг)	potvŕditi
confirmação (f)	потврда (ж)	pótvrda
permissão (f)	дозвола (ж)	dózvola
permitir (vt)	дозволити (нг, пг)	dozvóliti
decisão (f)	одлука (ж)	ódluka
não dizer nada	прећутати (нг)	precútati

condição (com uma ~)	услов (м)	úslov
pretexto (m)	изговор (м)	ízgovor
elogio (m)	похвала (ж)	póhvala
elogiar (vt)	похвалити (пг)	pohváliti

69. Sucesso. Boa sorte. Insucesso

êxito, sucesso (m)	успех (м)	úspeh
com êxito	успешно	úspešno
bem sucedido (adj)	успешан	úspešan

sorte (fortuna)	срећа (ж)	sréća
Boa sorte!	Сретно! Срећно!	Srétno! Srécno!
de sorte	срећан	srécan
sortudo, felizardo (adj)	срећан	srécan

fracasso (m)	неуспех (м)	néuspeh
pouca sorte (f)	неуспех (м)	néuspeh
azar (m), má sorte (f)	несрећа (ж)	nésreća

mal sucedido (adj)	неуспешан	néuspešan
catástrofe (f)	катастрофа (ж)	katastrófa

orgulho (m)	понос (м)	pónos
orgulhoso (adj)	поносан	pónosan
estar orgulhoso, -a	поносити се	ponósiti se

vencedor (m)	победник (м)	póbednik
vencer (vi, vt)	победити (нг)	pobéditi
perder (vt)	изгубити (нг, пг)	izgúbiti
tentativa (f)	покушај (м)	pókušaj
tentar (vt)	покушавати (нг)	pokušávati
chance (m)	шанса (ж)	šánsa

70. Conflitos. Emoções negativas

grito (m)	узвик (м)	úzvik
gritar (vi)	викати (нг)	víkati
começar a gritar	почети викати	póčeti víkati
discussão (f)	свађа (ж)	sváđa
brigar (discutir)	свађати се	sváđati se
escândalo (m)	свађа (ж)	sváđa
criar escândalo	свађати се	sváđati se
conflito (m)	конфликт (м)	kónflikt
mal-entendido (m)	неспоразум (м)	nésporazum
insulto (m)	увреда (ж)	úvreda
insultar (vt)	вређати (нг)	vréđati
insultado (adj)	увређен	úvređen
ofensa (f)	кивност (ж)	kívnost
ofender (vt)	увредити (нг)	uvréditi
ofender-se (vr)	бити киван	biti kívan
indignação (f)	негодовање (с)	négodovanje
indignar-se (vr)	индигнирати се	indignírati se
queixa (f)	жалба (ж)	žálba
queixar-se (vr)	жалити се	žáliti se
desculpa (f)	извињење (с)	izvinjénje
desculpar-se (vr)	извињавати се	izvinjávati se
pedir perdão	извињавати се	izvinjávati se
crítica (f)	критика (ж)	krítika
criticar (vt)	критиковати (нг)	krítikovati
acusação (f)	оптужба (ж)	óptužba
acusar (vt)	окривљавати (нг)	okrivljávati
vingança (f)	освета (ж)	ósveta
vingar (vt)	освећивати се	osvećívati se
vingar-se de	отплатити (нг)	otplátiti
desprezo (m)	презир (м)	prézir
desprezar (vt)	презирати (нг)	prézirati
ódio (m)	мржња (ж)	mŕžnja
odiar (vt)	мрзети (нг)	mŕzeti
nervoso (adj)	нервозан	nérvozan
estar nervoso	бити нервозан	bíti nérvozan
zangado (adj)	љут	ljut
zangar (vt)	разљутити (нг)	razljútiti
humilhação (f)	понижење (с)	ponižénje
humilhar (vt)	понижавати (нг)	ponižávati
humilhar-se (vr)	понижавати се	ponižávati se
choque (m)	шок (м)	šok
chocar (vt)	шокирати (нг)	šokírati
aborrecimento (m)	неприлика (ж)	neprílika

desagradável (adj)	непријатан	néprijatan
medo (m)	страх (м)	strah
terrível (tempestade, etc.)	страшан	strášan
assustador (ex. história ~a)	страшан	strášan
horror (m)	ужас (м)	úžas
horrível (crime, etc.)	ужасан	úžasan

começar a tremer	почети дрхтати	póčeti dŕhtati
chorar (vi)	плакати (нг)	plákati
começar a chorar	заплакати (нг)	záplakati
lágrima (f)	суза (ж)	súza

falta (f)	грешка (ж)	gréška
culpa (f)	кривица (ж)	krivíca
desonra (f)	срамота (ж)	sramóta
protesto (m)	протест (м)	prótest
estresse (m)	стрес (м)	stres

perturbar (vt)	сметати (нг)	smétati
zangar-se com ...	љутити се	ljútiti se
zangado (irritado)	љут	ljut
terminar (vt)	прекидати (нг)	prekídati
praguejar	грдити (нг)	gŕditi

assustar-se	плашити се	plášiti se
golpear (vt)	ударити (нг)	údariti
brigar (na rua, etc.)	тући се	túći se

resolver (o conflito)	решити (нг)	réšiti
descontente (adj)	незадовољан	nézadovoljan
furioso (adj)	бесан	bésan

Não está bem!	То није добро!	To níje dóbro!
É ruim!	То је лоше!	To je lóše!

Medicina

doença (f)	болест (ж)	bólest
estar doente	боловати (нг)	bolóvati
saúde (f)	здравље (с)	zdrávlje
nariz (m) escorrendo	кијавица (ж)	kíjavica
amigdalite (f)	ангина (ж)	angína
resfriado (m)	прехлада (ж)	préhlada
ficar resfriado	прехладити се	prehláditi se
bronquite (f)	бронхитис (м)	bronhítis
pneumonia (f)	упала (ж) плућа	úpala plúća
gripe (f)	грип (м)	grip
míope (adj)	кратковид	kratkóvid
presbita (adj)	далековид	dalekóvid
estrabismo (m)	разрокост (ж)	rázrokost
estrábico, vesgo (adj)	разрок	rázrok
catarata (f)	катаракта (ж)	katarákta
glaucoma (m)	глауком (м)	gláukom
AVC (m), apoplexia (f)	мождани удар (м)	móždani údar
ataque (m) cardíaco	инфаркт (м)	ínfarkt
enfarte (m) do miocárdio	инфаркт (м) миокарда	ínfarkt míokarda
paralisia (f)	парализа (ж)	paralíza
paralisar (vt)	парализовати (нг)	parálizovati
alergia (f)	алергија (ж)	alérgija
asma (f)	астма (ж)	ástma
diabetes (f)	дијабетес (м)	dijabétes
dor (f) de dente	зубобоља (ж)	zubóbolja
cárie (f)	каријес (м)	kárijes
diarreia (f)	дијареја (ж), пролив (м)	dijaréja, próliv
prisão (f) de ventre	затвор (м)	zátvor
desarranjo (m) intestinal	лоша пробава (ж)	lóša próbava
intoxicação (f) alimentar	тровање (с)	tróvanje
intoxicar-se	отровати се	otróvati se
artrite (f)	артритис (м)	artrítis
raquitismo (m)	рахитис (м)	rahítis
reumatismo (m)	реуматизам (м)	reumatízam
arteriosclerose (f)	атеросклероза (ж)	ateroskleróza
gastrite (f)	гастритис (м)	gastrítis
apendicite (f)	апендицитис (м)	apendicítis

colecistite (f)	холециститис (м)	holecístitis
úlcera (f)	чир (м)	čir
sarampo (m)	мале богиње (мн)	mále bóginje
rubéola (f)	рубеола (ж)	rubéola
icterícia (f)	жутица (ж)	žútica
hepatite (f)	хепатитис (м)	hepatítis
esquizofrenia (f)	шизофренија (ж)	šizofrénija
raiva (f)	беснило (с)	bésnilo
neurose (f)	неуроза (ж)	neuróza
contusão (f) cerebral	потрес (м) мозга	pótres mózga
câncer (m)	рак (м)	rak
esclerose (f)	склероза (ж)	skleróza
esclerose (f) múltipla	мултипла склероза (ж)	múltipla skleróza
alcoolismo (m)	алкохолизам (м)	alkoholízam
alcoólico (m)	алкохоличар (м)	alkohóličar
sífilis (f)	сифилис (м)	sífilis
AIDS (f)	Сида (ж)	Sída
tumor (m)	тумор (м)	túmor
maligno (adj)	малигни, злоћудан	máligni, zlóćudan
benigno (adj)	доброћудан	dóbroćudan
febre (f)	грозница (ж)	gróznica
malária (f)	маларија (ж)	málarija
gangrena (f)	гангрена (ж)	gangréna
enjoo (m)	морска болест (ж)	mórska bólest
epilepsia (f)	епилепсија (ж)	epilépsija
epidemia (f)	епидемија (ж)	epidémija
tifo (m)	тифус (м)	tífus
tuberculose (f)	туберкулоза (ж)	tuberkulóza
cólera (f)	колера (ж)	koléra
peste (f) bubônica	куга (ж)	kúga

72. Sintomas. Tratamentos. Parte 1

sintoma (m)	симптом (м)	símptom
temperatura (f)	температура (ж)	temperatúra
febre (f)	висока температура (ж)	vísoka temperatúra
pulso (m)	пулс (м)	puls
vertigem (f)	вртоглавица (ж)	vrtóglavica
quente (testa, etc.)	врућ	vruć
calafrio (m)	језа (ж)	jéza
pálido (adj)	блед	bled
tosse (f)	кашаљ (м)	kášalj
tossir (vi)	кашљати (нг)	kášljati
espirrar (vi)	кијати (нг)	kíjati
desmaio (m)	несвестица (ж)	nésvestica

desmaiar (vi)	онесвестити се	onesvéstiti se
mancha (f) preta	модрица (ж)	módrica
galo (m)	чворуга (ж)	čvóruga
machucar-se (vr)	ударити се	údariti se
contusão (f)	озледа (ж)	ózleda
machucar-se (vr)	озледити се	ozléditi se

mancar (vi)	храмати (нг)	hrámati
deslocamento (f)	ишчашење (c)	iščašénje
deslocar (vt)	ишчашити (пг)	íščašiti
fratura (f)	прелом (м)	prélom
fraturar (vt)	задобити прелом	zadóbiti prélom

corte (m)	посекотина (ж)	posekótina
cortar-se (vr)	порезати се	pórezati se
hemorragia (f)	крварење (c)	krvárenje

queimadura (f)	опекотина (ж)	opekótina
queimar-se (vr)	опећи се	ópeći se

picar (vt)	убости (пг)	úbosti
picar-se (vr)	убости се	úbosti se
lesionar (vt)	повредити (пг)	povréditi
lesão (m)	повреда (ж)	póvreda
ferida (f), ferimento (m)	рана (ж)	rána
trauma (m)	траума (ж)	tráuma

delirar (vi)	бунцати (нг)	búncati
gaguejar (vi)	муцати (нг)	múcati
insolação (f)	сунчаница (ж)	súnčanica

73. Sintomas. Tratamentos. Parte 2

dor (f)	бол (ж)	bol
farpa (no dedo, etc.)	трн (м)	trn

suor (m)	зној (м)	znoj
suar (vi)	знојити се	znójiti se
vômito (m)	повраћање (c)	póvraćanje
convulsões (f pl)	грчеви (мн)	gŕčevi

grávida (adj)	трудна	trúdna
nascer (vi)	родити се	róditi se
parto (m)	порођај (м)	pórođaj
dar à luz	рађати (пг)	ráđati
aborto (m)	абортус, побачај (м)	abórtus, póbačaj

respiração (f)	дисање (c)	dísanje
inspiração (f)	удисај (м)	údisaj
expiração (f)	издах (м)	ízdah
expirar (vi)	издахнути (нг)	izdáhnuti
inspirar (vi)	удисати (нг)	údisati
inválido (m)	инвалид (м)	inválid
aleijado (m)	богаљ (м)	bógalj

drogado (m)	наркоман (м)	nárkoman
surdo (adj)	глув	gluv
mudo (adj)	нем	nem
surdo-mudo (adj)	глувонем	glúvonem

louco, insano (adj)	луд	lud
louco (m)	лудак (м)	lúdak
louca (f)	луда (ж)	lúda
ficar louco	полудети (нг)	polúdeti

gene (m)	ген (м)	gen
imunidade (f)	имунитет (м)	imunítet
hereditário (adj)	наследни	následni
congênito (adj)	урођен	úrođen

vírus (m)	вирус (м)	vírus
micróbio (m)	микроб (м)	míkrob
bactéria (f)	бактерија (ж)	baktérija
infecção (f)	инфекција (ж)	infékcija

74. Sintomas. Tratamentos. Parte 3

| hospital (m) | болница (ж) | bólnica |
| paciente (m) | пацијент (м) | pacíjent |

diagnóstico (m)	дијагноза (ж)	dijagnóza
cura (f)	лечење (с)	léčenje
tratamento (m) médico	медицински третман (м)	médicinski trétman
curar-se (vr)	лечити се	léčiti se
tratar (vt)	лечити (нг)	léčiti
cuidar (pessoa)	неговати (нг)	négovati
cuidado (m)	нега (ж)	néga

operação (f)	операција (ж)	operácija
enfaixar (vt)	превити (нг)	préviti
enfaixamento (m)	превијање (с)	prevíjanje

vacinação (f)	вакцинација (ж)	vakcinácija
vacinar (vt)	вакцинисати (нг)	vakcinísati
injeção (f)	ињекција (ж)	injékcija
dar uma injeção	даватиињекцију	dávati injékciju

ataque (~ de asma, etc.)	напад (м)	nápad
amputação (f)	ампутација (ж)	amputácija
amputar (vt)	ампутирати (нг)	amputírati
coma (f)	кома (ж)	kóma
estar em coma	бити у коми	bíti u kómi
reanimação (f)	реанимација (ж)	reanimácija

recuperar-se (vr)	оздрављати (нг)	ódzdravljati
estado (~ de saúde)	стање (с)	stánje
consciência (perder a ~)	свест (ж)	svest
memória (f)	памћење (с)	pámćenje
tirar (vt)	вадити (нг)	váditi

obturação (f)	пломба (ж)	plómba
obturar (vt)	пломбирати (пг)	plombírati

hipnose (f)	хипноза (ж)	hipnóza
hipnotizar (vt)	хипнотизирати (пг)	hipnotizírati

75. Médicos

médico (m)	лекар (м)	lékar
enfermeira (f)	медицинска сестра (ж)	médicinska séstra
médico (m) pessoal	лични лекар (м)	líčni lékar

dentista (m)	зубар (м)	zúbar
oculista (m)	окулиста (м)	okulísta
terapeuta (m)	терапеут (м)	terapéut
cirurgião (m)	хирург (м)	hírurg

psiquiatra (m)	психијатар (м)	psihijátar
pediatra (m)	педијатар (м)	pedíjatar
psicólogo (m)	психолог (м)	psihólog
ginecologista (m)	гинеколог (м)	ginekólog
cardiologista (m)	кардиолог (м)	kardiólog

76. Medicina. Drogas. Acessórios

medicamento (m)	лек (м)	lek
remédio (m)	средство (с)	srédstvo
receitar (vt)	преписивати (пг)	prepisívati
receita (f)	рецепт (м)	récept

comprimido (m)	таблета (ж)	tabléta
unguento (m)	маст (ж)	mast
ampola (f)	ампула (ж)	ámpula
solução, preparado (m)	микстура (ж)	mikstúra
xarope (m)	сируп (м)	sírup
cápsula (f)	пилула (ж)	pílula
pó (m)	прашак (м)	prášak

atadura (f)	завој (м)	závoj
algodão (m)	вата (ж)	váta
iodo (m)	јод (м)	jod

curativo (m) adesivo	фластер (м)	fláster
conta-gotas (m)	пипета (ж)	pipéta
termômetro (m)	термометар (м)	térmometar
seringa (f)	шприц (м)	špric

cadeira (f) de rodas	инвалидска колица (мн)	inválidska kolíca
muletas (f pl)	штаке (мн)	štáke

analgésico (m)	аналгетик (м)	analgétik
laxante (m)	лаксатив (м)	láksativ

álcool (m)	алкохол (м)	álkohol
ervas (f pl) medicinais	лековито биље (c)	lékovito bílje
de ervas (chá ~)	биљни	bíljni

77. Fumar. Produtos tabágicos

tabaco (m)	дуван (м)	dúvan
cigarro (m)	цигарета (ж)	cigaréta
charuto (m)	цигара (ж)	cigára
cachimbo (m)	лула (ж)	lúla
maço (~ de cigarros)	пакло (c)	páklo
fósforos (m pl)	шибице (мн)	šíbice
caixa (f) de fósforos	кутија (ж) шибица	kútija šíbica
isqueiro (m)	упаљач (м)	upáljač
cinzeiro (m)	пепељара (ж)	pepéljara
cigarreira (f)	табакера (ж)	tabakéra
piteira (f)	муштикла (ж)	múštikla
filtro (m)	филтар (м)	fíltar
fumar (vi, vt)	пушити (нг, пг)	púšiti
acender um cigarro	запалити цигарету	zapáliti cigarétu
tabagismo (m)	пушење (c)	púšenje
fumante (m)	пушач (м)	púšač
bituca (f)	опушак (м)	ópušak
fumaça (f)	дим (м)	dim
cinza (f)	пепео (м)	pépeo

HABITAT HUMANO

Cidade

cidade (f)	град (м)	grad
capital (f)	главни град (м), престоница (ж)	glávni grad, préstonica
aldeia (f)	село (с)	sélo
mapa (m) da cidade	план (м) града	plan gráda
centro (m) da cidade	центар (м) града	céntar gráda
subúrbio (m)	предграђе (с)	prédgrađe
suburbano (adj)	приградски	prígradski
periferia (f)	предграђе (с)	prédgrađe
arredores (m pl)	околина (ж)	ókolina
quarteirão (m)	четврт (ж)	čétvrt
quarteirão (m) residencial	стамбена четврт (ж)	stámbena četvrt
tráfego (m)	саобраћај (м)	sáobraćaj
semáforo (m)	семафор (м)	sémafor
transporte (m) público	градски превоз (м)	grádski prévoz
cruzamento (m)	раскрсница (ж)	ráskrsnica
faixa (f)	пешачки прелаз (м)	péšački prélaz
túnel (m) subterrâneo	подземни пролаз (м)	pódzemni prólaz
cruzar, atravessar (vt)	прелазити (пг)	prélaziti
pedestre (m)	пешак (м)	péšak
calçada (f)	тротоар (м)	trotóar
ponte (f)	мост (м)	most
margem (f) do rio	кеј (м)	kej
fonte (f)	чесма (ж)	čésma
alameda (f)	алеја (ж)	aléja
parque (m)	парк (м)	park
bulevar (m)	булевар (м)	bulévar
praça (f)	трг (м)	tŕg
avenida (f)	авенија (ж)	avénija
rua (f)	улица (ж)	úlica
travessa (f)	споредна улица (ж)	spóredna úlica
beco (m) sem saída	ћорсокак (м)	ćorsókak
casa (f)	кућа (ж)	kúća
edifício, prédio (m)	зграда (ж)	zgráda
arranha-céu (m)	небодер (м)	néboder
fachada (f)	фасада (ж)	fasáda

telhado (m)	кров (м)	krov
janela (f)	прозор (м)	prózor
arco (m)	лук (м)	luk
coluna (f)	колона (ж)	kolóna
esquina (f)	угао, ћошак (м)	úgao, ćóšak

vitrine (f)	излог (м)	ízlog
letreiro (m)	натпис (м)	nátpis
cartaz (do filme, etc.)	плакат (м)	plákat
cartaz (m) publicitário	рекламни постер (м)	réklamni póster
painel (m) publicitário	билборд (м)	bílbord

lixo (m)	смеће, ђубре (c)	smeće, đúbre
lata (f) de lixo	корпа (ж) за смеће	kórpa za sméće
jogar lixo na rua	бацати ђубре	bácati đúbre
aterro (m) sanitário	депонија (ж)	depónija

orelhão (m)	говорница (ж)	góvornica
poste (m) de luz	стуб (м)	stub
banco (m)	клупа (ж)	klúpa

polícia (m)	полицајац (м)	policájac
polícia (instituição)	полиција (ж)	policija
mendigo, pedinte (m)	просјак (м)	prósjak
desabrigado (m)	бескућник (м)	béskućnik

79. Instituições urbanas

loja (f)	продавница (ж)	pródavnica
drogaria (f)	апотека (ж)	apotéka
ótica (f)	оптика (ж)	óptika
centro (m) comercial	тржни центар (м)	tŕžni céntar
supermercado (m)	супермаркет (м)	supermárket

padaria (f)	пекара (ж)	pékara
padeiro (m)	пекар (м)	pékar
pastelaria (f)	посластичарница (ж)	poslastičárnica
mercearia (f)	бакалница (ж)	bakálnica
açougue (m)	месара (ж)	mésara

| fruteira (f) | пиљарница (ж) | píljarnica |
| mercado (m) | пијаца (ж) | píjaca |

cafeteria (f)	кафић (м), кафана (ж)	káfić, kafána
restaurante (m)	ресторан (м)	restóran
bar (m)	пивница (ж)	pívnica
pizzaria (f)	пицерија (ж)	picérija

salão (m) de cabeleireiro	фризерски салон (м)	frízerski sálon
agência (f) dos correios	пошта (ж)	pôšta
lavanderia (f)	хемијско чишћење (c)	hémijsko číšćenje
estúdio (m) fotográfico	фото атеље (м)	fóto atélje
sapataria (f)	продавница (ж) обуће	pródavnica óbuće
livraria (f)	књижара (ж)	knjížara

loja (f) de artigos esportivos	спортска радња (ж)	spórtska rádnja
costureira (m)	поправка (ж) одеће	pópravka ódeće
aluguel (m) de roupa	изнајмљивање (c) одеће	iznajmljívanje ódeće
videolocadora (f)	изнајмљивање (c) филмова	iznajmljívanje fílmova

circo (m)	циркус (м)	církus
jardim (m) zoológico	зоолошки врт (м)	zoólóški vŕt
cinema (m)	биоскоп (м)	bíoskop
museu (m)	музеј (м)	múzej
biblioteca (f)	библиотека (ж)	bibliotéka

teatro (m)	позориште (c)	pózorište
ópera (f)	опера (ж)	ópera
boate (casa noturna)	ноћни клуб (м)	nóćni klub
cassino (m)	коцкарница (ж)	kóckarnica

mesquita (f)	џамија (ж)	džámija
sinagoga (f)	синагога (ж)	sinagóga
catedral (f)	катедрала (ж)	katedrála
templo (m)	храм (м)	hram
igreja (f)	црква (ж)	cŕkva

faculdade (f)	институт (м)	institut
universidade (f)	универзитет (м)	univerzitét
escola (f)	школа (ж)	škóla

prefeitura (f)	управа (ж)	úprava
câmara (f) municipal	градска кућа (ж)	grádska kúća
hotel (m)	хотел (м)	hótel
banco (m)	банка (ж)	bánka

embaixada (f)	амбасада (ж)	ambasáda
agência (f) de viagens	туристичка агенција (ж)	turístička agéncija
agência (f) de informações	биро (c) за информације	bíro za informácije
casa (f) de câmbio	мењачница (ж)	menjáčnica

metrô (m)	метро (м)	métro
hospital (m)	болница (ж)	bólnica

posto (m) de gasolina	бензинска станица (ж)	bénzinska stánica
parque (m) de estacionamento	паркиралиште (c)	parkíralište

80. Sinais

letreiro (m)	натпис (м)	nátpis
aviso (m)	натпис (м)	nátpis
cartaz, pôster (m)	плакат (м)	plákat
placa (f) de direção	путоказ (м)	pútokaz
seta (f)	стрелица (ж)	strélica

aviso (advertência)	упозорење (c)	upozorénje
sinal (m) de aviso	знак (м) упозорења	znak upozorénja
avisar, advertir (vt)	упозорити (пг)	upozóriti

dia (m) de folga	слободан дан (м)	slóbodan dan
horário (~ dos trens, etc.)	распоред (м)	ráspored
horário (m)	радно време (c)	rádno vréme

BEM-VINDOS!	ДОБРО ДОШЛИ!	DOBRO DOŠLI!
ENTRADA	УЛАЗ	ULAZ
SAÍDA	ИЗЛАЗ	IZLAZ

EMPURRE	ГУРАЈ	GURAJ
PUXE	ВУЦИ	VUCI
ABERTO	ОТВОРЕНО	OTVORENO
FECHADO	ЗАТВОРЕНО	ZATVORENO

| MULHER | ЖЕНЕ | ŽENE |
| HOMEM | МУШКАРЦИ | MUŠKARCI |

DESCONTOS	ПОПУСТИ	POPUSTI
SALDOS, PROMOÇÃO	РАСПРОДАЈА	RASPRODAJA
NOVIDADE!	НОВО!	NOVO!
GRÁTIS	БЕСПЛАТНО	BESPLATNO

ATENÇÃO!	ПАЖЊА!	PAŽNJA!
NÃO HÁ VAGAS	НЕМА СЛОБОДНИХ СОБА	NEMA SLOBODNIH SOBA
RESERVADO	РЕЗЕРВИСАНО	REZERVISANO

| ADMINISTRAÇÃO | УПРАВА | UPRAVA |
| SOMENTE PESSOAL AUTORIZADO | САМО ЗА ОСОБЉЕ | SAMO ZA OSOBLJE |

CUIDADO CÃO FEROZ	ЧУВАЈ СЕ ПСА	ČUVAJ SE PSA
PROIBIDO FUMAR!	ЗАБРАЊЕНО ПУШЕЊЕ	ZABRANJENO PUŠENJE
NÃO TOCAR	НЕ ДИРАТИ	NE DIRATI

PERIGOSO	ОПАСНО	OPASNO
PERIGO	ОПАСНОСТ	OPASNOST
ALTA TENSÃO	ВИСОКИ НАПОН	VISOKI NAPON
PROIBIDO NADAR	ЗАБРАЊЕНО КУПАЊЕ	ZABRANJENO KUPANJE
COM DEFEITO	НЕ РАДИ	NE RADI

INFLAMÁVEL	ЗАПАЉИВО	ZAPALJIVO
PROIBIDO	ЗАБРАЊЕНО	ZABRANJENO
ENTRADA PROIBIDA	ЗАБРАЊЕН ПРОЛАЗ	ZABRANJEN PROLAZ
CUIDADO TINTA FRESCA	СВЕЖЕ ОФАРБАНО	SVEŽE OFARBANO

81. Transportes urbanos

ônibus (m)	аутобус (м)	autóbus
bonde (m) elétrico	трамвај (м)	trámvaj
trólebus (m)	тролејбус (м)	troléjbus
rota (f), itinerário (m)	маршрута (ж)	maršrúta
número (m)	број (м)	broj

| ir de ... (carro, etc.) | ићи ... | íći ... |
| entrar no ... | ући у ... | úći u ... |

descer do ...	сићи (нг), изаћи из ...	síći, ízaći iz ...
parada (f)	станица (ж)	stánica
próxima parada (f)	следећа станица (ж)	slédeća stánica
terminal (m)	последња станица (ж)	pósledtnja stánica
horário (m)	ред (м) вожње	red vóžnje
esperar (vt)	чекати (нг, пг)	čékati

passagem (f)	карта (ж)	kárta
tarifa (f)	цена (ж) карте	céna kárte

bilheteiro (m)	благајник (м)	blágajnik
controle (m) de passagens	контрола (ж)	kontróla
revisor (m)	контролер (м)	kontróler

atrasar-se (vr)	каснити (нг)	kásniti
perder (o autocarro, etc.)	пропустити (пг)	propústiti
estar com pressa	журити (нг)	žúriti

táxi (m)	такси (м)	táksi
taxista (m)	таксиста (м)	táksista
de táxi (ir ~)	таксијем	táksijem
ponto (m) de táxis	такси станица (ж)	táksi stánica
chamar um táxi	позвати такси	pózvati táksi
pegar um táxi	узети такси	úzeti taksi

tráfego (m)	саобраћај (м)	sáobraćaj
engarrafamento (m)	гужва (ж)	gúžva
horas (f pl) de pico	шпиц (м)	špic
estacionar (vi)	паркирати се	parkírati se
estacionar (vt)	паркирати (пг)	parkírati
parque (m) de estacionamento	паркиралиште (с)	parkíralište

metrô (m)	метро (м)	métro
estação (f)	станица (ж)	stánica
ir de metrô	ићи метроом	ići metróom
trem (m)	воз (м)	voz
estação (f) de trem	железничка станица (ж)	žélezniička stánica

82. Turismo

monumento (m)	споменик (м)	spómenik
fortaleza (f)	тврђава (ж)	tvŕđava
palácio (m)	палата (ж)	paláta
castelo (m)	замак (м)	zámak
torre (f)	кула (ж)	kúla
mausoléu (m)	маузолеј (м)	mauzólej

arquitetura (f)	архитектура (ж)	arhitektúra
medieval (adj)	средњовековни	srednjovékovni
antigo (adj)	старински	starínski
nacional (adj)	национални	nacionálni
famoso, conhecido (adj)	чувен	čúven
turista (m)	туриста (м)	turísta
guia (pessoa)	водич (м)	vódič

excursão (f)	екскурзија (ж)	ekskúrzija
mostrar (vt)	показивати (nr)	pokazívati
contar (vt)	причати (nr)	príčati

encontrar (vt)	наħи (nr)	náći
perder-se (vr)	изгубити се	izgúbiti se
mapa (~ do metrô)	мапа (ж)	mápa
mapa (~ da cidade)	план (м)	plan

lembrança (f), presente (m)	сувенир (м)	suvénir
loja (f) de presentes	продавница (ж) сувенира	pródavnica suveníra
tirar fotos, fotografar	сликати (nr)	slíkati
fotografar-se (vr)	сликати се	slíkati se

83. Compras

comprar (vt)	куповати (nr)	kupóvati
compra (f)	куповина (ж)	kupóvina
fazer compras	иħи у шопинг	íći u šóping
compras (f pl)	куповина (ж)	kupóvina

estar aberta (loja)	бити отворен	bíti ótvoren
estar fechada	бити затворен	bíti zátvoren

calçado (m)	обуħа (ж)	óbuća
roupa (f)	одеħа (ж)	ódeća
cosméticos (m pl)	козметика (ж)	kozmétika
alimentos (m pl)	намирнице (мн)	námirnice
presente (m)	поклон (м)	póklon

vendedor (m)	продавач (м)	prodávač
vendedora (f)	продавачица (ж)	prodaváčica

caixa (f)	благајна (ж)	blágajna
espelho (m)	огледало (с)	oglédalo
balcão (m)	тезга (ж)	tézga
provador (m)	кабина (ж)	kabína

provar (vt)	пробати (nr)	próbati
servir (roupa, caber)	пристајати (нг)	prístajati
gostar (apreciar)	свиħати се	svíđati se

preço (m)	цена (ж)	céna
etiqueta (f) de preço	ценовник (м)	cénovnik
custar (vt)	коштати (нг)	kóštati
Quanto?	Колико?	Kolíko?
desconto (m)	попуст (м)	pópust

não caro (adj)	није скуп	níje skup
barato (adj)	јефтин	jéftin
caro (adj)	скуп	skup
É caro	То је скупо	To je skúpo
aluguel (m)	изнајмљивање (с)	iznajmljívanje
alugar (roupas, etc.)	изнајмити (nr)	iznájmiti

| crédito (m) | кредит (м) | krédit |
| a crédito | на кредит | na krédit |

84. Dinheiro

dinheiro (m)	новац (м)	nóvac
câmbio (m)	размена (ж)	rázmena
taxa (f) de câmbio	курс (м)	kurs
caixa (m) eletrônico	банкомат (м)	bánkomat
moeda (f)	новчић (м)	nóvčić

| dólar (m) | долар (м) | dólar |
| euro (m) | евро (м) | évro |

lira (f)	италијанска лира (ж)	itálijanska líra
marco (m)	немачка марка (ж)	némačka márka
franco (m)	франак (м)	frának
libra (f) esterlina	фунта (ж)	fúnta
iene (m)	јен (м)	jen

dívida (f)	дуг (м)	dug
devedor (m)	дужник (м)	dúžnik
emprestar (vt)	посудити	posúditi
pedir emprestado	позајмити (пг)	pozájmiti

banco (m)	банка (ж)	bánka
conta (f)	рачун (м)	ráčun
depositar (vt)	положити (пг)	poróžiti
depositar na conta	положити на рачун	poróžiti na ráčun
sacar (vt)	подићи са рачуна	pódići sa račúna

cartão (m) de crédito	кредитна картица (ж)	kréditna kártica
dinheiro (m) vivo	готовина (ж)	gótovina
cheque (m)	чек (м)	ček
passar um cheque	написати чек	napísati ček
talão (m) de cheques	чековна књижица (ж)	čékovna knjížica

carteira (f)	новчаник (м)	novčánik
niqueleira (f)	новчаник (м)	novčánik
cofre (m)	сеф (м)	sef

herdeiro (m)	наследник (м)	následnik
herança (f)	наследство (с)	následstvo
fortuna (riqueza)	богатство (с)	bogátstvo

arrendamento (m)	закуп, најам (м)	zákup, nájam
aluguel (pagar o ~)	станарина (ж)	stánarina
alugar (vt)	изнајмити (пг)	iznájmiti

preço (m)	цена (ж)	céna
custo (m)	вредност (ж)	vrédnost
soma (f)	износ (м)	íznos
gastar (vt)	трошити (пг)	tróšiti
gastos (m pl)	трошкови (мн)	tróškovi

| economizar (vi) | штедети (нг, пг) | štédeti |
| econômico (adj) | штедљив | štédljiv |

pagar (vt)	платити (нг, пг)	plátiti
pagamento (m)	плаћање (c)	pláćanje
troco (m)	кусур (м)	kúsur

imposto (m)	порез (м)	pórez
multa (f)	новчана казна (ж)	nóvčana kázna
multar (vt)	кажњавати (пг)	kažnjávati

85. Correios. Serviço postal

agência (f) dos correios	пошта (ж)	póšta
correio (m)	пошта (ж)	póšta
carteiro (m)	поштар (м)	póštar
horário (m)	радно време (c)	rádno vréme

carta (f)	писмо (c)	písmo
carta (f) registada	препоручено писмо (c)	préporučeno písmo
cartão (m) postal	разгледница (ж)	rázglednica
telegrama (m)	телеграм (м)	télegram
encomenda (f)	пакет (м)	páket
transferência (f) de dinheiro	пренос (м) новца	prénos nóvca

receber (vt)	примити (пг)	prímiti
enviar (vt)	послати (пг)	póslati
envio (m)	слање (c)	slánje

endereço (m)	адреса (ж)	adrésa
código (m) postal	поштански број (м)	póštanski broj
remetente (m)	пошиљалац (м)	póšiljalac
destinatário (m)	прималац (м)	prímalac

| nome (m) | име (c) | íme |
| sobrenome (m) | презиме (c) | prézime |

tarifa (f)	тарифа (ж)	tarífa
ordinário (adj)	обичан	óbičan
econômico (adj)	економичан	ekónomičan

peso (m)	тежина (ж)	težína
pesar (estabelecer o peso)	вагати (пг)	vágati
envelope (m)	коверат (м)	kovérat
selo (m) postal	поштанска марка (ж)	poštanska márka
colar o selo	лепити марку	lépiti márku

Moradia. Casa. Lar

86. Casa. Habitação

casa (f)	кућа (ж)	kúća
em casa	код куће	kod kúće
pátio (m), quintal (f)	двориште (с)	dvórište
cerca, grade (f)	ограда (ж)	ógrada
tijolo (m)	опека, цигла (ж)	ópeka, cígla
de tijolos	циглени	cígleni
pedra (f)	камен (м)	kámen
de pedra	камени	kámeni
concreto (m)	бетон (м)	béton
concreto (adj)	бетонски	bétonski
novo (adj)	нов	nov
velho (adj)	стар	star
decrépito (adj)	трошан	tróšan
moderno (adj)	савремен	sávremen
de vários andares	вишеспратни	višesprátni
alto (adj)	висок	vísok
andar (m)	спрат (м)	sprat
de um andar	једноспратан	jédnospratan
térreo (m)	приземље (с)	prízemlje
andar (m) de cima	горњи спрат (м)	górnji sprat
telhado (m)	кров (м)	krov
chaminé (f)	димњак (м)	dímnjak
telha (f)	цреп (м)	crep
de telha	поплочан, од црепа	pópločan, od crépa
sótão (m)	поткровље (с), таван (м)	pótkrovlje, távan
janela (f)	прозор (м)	prózor
vidro (m)	стакло (с)	stáklo
parapeito (m)	прозорска даска (ж)	prózorska dáska
persianas (f pl)	прозорски капци (мн)	prózorski kápci
parede (f)	зид (м)	zid
varanda (f)	балкон (м)	bálkon
calha (f)	олучна цев (ж)	ólučna cev
em cima	на горњем спрату	na górnjem sprátu
subir (vi)	пењати се	pénjati se
descer (vi)	спуштати се	spúštati se
mudar-se (vr)	преселити се	preséliti se

87. Casa. Entrada. Elevador

entrada (f)	улаз (м)	úlaz
escada (f)	степениште (c)	stépenište
degraus (m pl)	степенице (мн)	stépenice
corrimão (m)	ограда (ж) за степенице	ógrada za stépenice
hall (m) de entrada	хол (м)	hol
caixa (f) de correio	поштанско сандуче (c)	póštansko sánduče
lata (f) do lixo	канта (ж) за ђубре	kánta za đúbre
calha (f) de lixo	одводна цев (ж) за ђубре	ódvodna cev za đúbre
elevador (m)	лифт (м)	lift
elevador (m) de carga	теретни лифт (м)	téretni lift
cabine (f)	кабина (ж)	kabína
pegar o elevador	возити се лифтом	vóziti se líftom
apartamento (m)	стан (м)	stan
residentes (pl)	станари (мн)	stánari
vizinho (m)	комшија (м)	kómšija
vizinha (f)	комшиница (ж)	kómšinica
vizinhos (pl)	комшије (мн)	kómšije

88. Casa. Eletricidade

eletricidade (f)	струја (ж)	strúja
lâmpada (f)	сијалица (ж)	síjalica
interruptor (m)	прекидач (м)	prekídač
fusível, disjuntor (m)	осигурач (м)	osigúrač
fio, cabo (m)	жица (ж), кабл (м)	žíca, kabl
instalação (f) elétrica	електрична инсталација (ж)	eléktrična instalácija
medidor (m) de eletricidade	струјомер (м)	strújomer
indicação (f), registro (m)	стање (c)	stánje

89. Casa. Portas. Fechaduras

porta (f)	врата (мн)	vráta
portão (m)	капија (ж)	kápija
maçaneta (f)	квака (ж)	kváka
destrancar (vt)	откључати (пг)	otkljúčati
abrir (vt)	отварати (пг)	otvárati
fechar (vt)	затварати (пг)	zatvárati
chave (f)	кључ (м)	ključ
molho (m)	свежањ (м)	svéžanj
ranger (vi)	шкрипати (нг)	škrípati
rangido (m)	шкрипа (ж)	škrípa
dobradiça (f)	шарка (ж)	šárka
capacho (m)	отирач (м)	otírač

fechadura (f)	брава (ж)	bráva
buraco (m) da fechadura	кључаоница (ж)	ključaónica
barra (f)	засун (м)	zásun
fecho (ferrolho pequeno)	реза (ж)	réza
cadeado (m)	катанац (м)	kátanac

tocar (vt)	звонити (нг)	zvóniti
toque (m)	звоно (с)	zvóno
campainha (f)	звонце (с)	zvónce
botão (m)	дугме (с)	dúgme
batida (f)	куцање (с)	kúcanje
bater (vi)	куцати (нг)	kúcati

código (m)	код (м)	kod
fechadura (f) de código	брава (ж) са шифром	bráva sa šífrom
interfone (m)	интерфон (м)	ínterfon
número (m)	број (м)	broj
placa (f) de porta	плочица (ж) на вратима	plóčica na vrátima
olho (m) mágico	шпијунка (ж)	špíjunka

90. Casa de campo

aldeia (f)	село (с)	sélo
horta (f)	повртњак (м)	póvrtnjak
cerca (f)	ограда (ж)	ógrada
cerca (f) de piquete	дрвена ограда (ж)	dŕvena ógrada
portão (f) do jardim	капија (ж), капиџик (м)	kápija, kapídžik

celeiro (m)	амбар (м)	ámbar
adega (f)	подрум (м)	pódrum
galpão, barracão (m)	шупа (ж)	šúpa
poço (m)	бунар (м)	búnar

fogão (m)	пећ (ж)	peć
atiçar o fogo	ложити пећ	lóžiti peć
lenha (carvão ou ~)	дрва (мн)	dŕva
acha, lenha (f)	цепаница (ж)	cépanica

varanda (f)	веранда (ж)	veránda
alpendre (m)	тераса (ж)	terása
degraus (m pl) de entrada	трем (м)	trem
balanço (m)	љуљашка (ж)	ljúljaška

91. Moradia. Mansão

casa (f) de campo	сеоска кућа (ж)	séoska kúća
vila (f)	вила (ж)	víla
ala (~ do edifício)	крило (с)	krílo

jardim (m)	врт (м)	vŕt
parque (m)	парк (м)	park
estufa (f)	стакленик (м)	stáklenik

cuidar de ...	припазити на ...	pripaziti na ...
piscina (f)	базен (м)	bázen
academia (f) de ginástica	теретана (ж)	teretána
quadra (f) de tênis	тениски терен (м)	téniski téren
cinema (m)	кућни биоскоп (м)	kúći bíoskop
garagem (f)	гаража (ж)	garáža
propriedade (f) privada	приватна својина (ж)	prívatna svójina
terreno (m) privado	приватни посед (м)	prívatni pósed
advertência (f)	упозорење (с)	upozorénje
sinal (m) de aviso	знак (м) упозорења	znak upozorénja
guarda (f)	обезбеђење (с)	obezbeđénje
guarda (m)	чувар (м)	čúvar
alarme (m)	аларм (м)	alárm

92. Castelo. Palácio

castelo (m)	замак (м)	zámak
palácio (m)	палата (ж)	paláta
fortaleza (f)	тврђава (ж)	tvŕđava
muralha (f)	зид (м)	zid
torre (f)	кула (ж)	kúla
calabouço (m)	главна кула (ж)	glávna kúla
grade (f) levadiça	подизна решетка (ж)	pódizna réšetka
passagem (f) subterrânea	подземни пролаз (м)	pódzemni prólaz
fosso (m)	шанац (м)	šánac
corrente, cadeia (f)	ланац (м)	lánac
seteira (f)	пушкарница (ж)	púškarnica
magnífico (adj)	велелепан	velelépan
majestoso (adj)	величанствен	veličánstven
inexpugnável (adj)	неосвојив	neosvójiv
medieval (adj)	средњовековни	srednjovékovni

93. Apartamento

apartamento (m)	стан (м)	stan
quarto, cômodo (m)	соба (ж)	sóba
quarto (m) de dormir	спаваћа соба (ж)	spávaća sóba
sala (f) de jantar	трпезарија (ж)	trpezárija
sala (f) de estar	дневна соба (ж)	dnévna sóba
escritório (m)	кабинет (м)	kabínet
sala (f) de entrada	ходник (м)	hódnik
banheiro (m)	купатило (с)	kupátilo
lavabo (m)	тоалет (м)	toálet
teto (m)	плафон (м)	pláfon
chão, piso (m)	под (м)	pod
canto (m)	угао, ћошак (м)	úgao, ćóšak

94. Apartamento. Limpeza

arrumar, limpar (vt)	поспремати (пг)	posprémati
guardar (no armário, etc.)	склонити (пг)	sklóniti
pó (m)	прашина (ж)	prášina
empoeirado (adj)	прашњав	prášnjav
tirar o pó	брисати прашину	brísati prášinu
aspirador (m)	усисивач (м)	usisívač
aspirar (vt)	усисавати (нг, пг)	usisávati
varrer (vt)	мести (нг, пг)	mésti
sujeira (f)	прљавштина (ж)	prljávština
arrumação, ordem (f)	ред (м)	red
desordem (f)	неред (м)	néred
esfregão (m)	џогер (м)	džóger
pano (m), trapo (m)	крпа (ж)	kŕpa
vassoura (f)	метла (ж)	métla
pá (f) de lixo	ђубровник (м)	đúbrovnik

95. Mobiliário. Interior

mobiliário (m)	намештај (м)	námeštaj
mesa (f)	сто (м)	sto
cadeira (f)	столица (ж)	stólica
cama (f)	кревет (м)	krévet
sofá, divã (m)	диван (м)	dívan
poltrona (f)	фотеља (ж)	fotélja
estante (f)	орман (м) за књиге	órman za knjíge
prateleira (f)	полица (ж)	pólica
guarda-roupas (m)	орман (м)	órman
cabide (m) de parede	вешалица (ж)	véšalica
cabideiro (m) de pé	чивилук (м)	číviluk
cômoda (f)	комода (ж)	komóda
mesinha (f) de centro	столић (м) за кафу	stólic za kafu
espelho (m)	огледало (с)	oglédalo
tapete (m)	тепих (м)	tépih
tapete (m) pequeno	ћилимче (с)	ćilímče
lareira (f)	камин (м)	kámin
vela (f)	свећа (ж)	svéća
castiçal (m)	свећњак (м)	svéćnjak
cortinas (f pl)	завесе (мн)	závese
papel (m) de parede	тапете (мн)	tapéte
persianas (f pl)	ролетна (ж)	róletna
luminária (f) de mesa	стона лампа (ж)	stóna lámpa
luminária (f) de parede	зидна светиљка (ж)	zídna svétiljka

| abajur (m) de pé | подна лампа (ж) | pódna lámpa |
| lustre (m) | лустер (м) | lúster |

pé (de mesa, etc.)	нога (ж)	nóga
braço, descanso (m)	наслон (м) за руку	náslon za rúku
costas (f pl)	наслон (м)	náslon
gaveta (f)	фиока (ж)	fióka

96. Quarto de dormir

roupa (f) de cama	постељина (ж)	posteljína
travesseiro (m)	јастук (м)	jástuk
fronha (f)	јастучница (ж)	jástučnica
cobertor (m)	јорган (м)	jórgan
lençol (m)	чаршав (м)	čáršav
colcha (f)	покривач (м)	pokrívač

97. Cozinha

cozinha (f)	кухиња (ж)	kúhinja
gás (m)	гас (м)	gas
fogão (m) a gás	плински шпорет (м)	plínski špóret
fogão (m) elétrico	електрични шпорет (м)	eléktrični šporet
forno (m)	рерна (ж)	rérna
forno (m) de micro-ondas	микроталасна рерна (ж)	mikrotálasna rérna

geladeira (f)	фрижидер (м)	frížider
congelador (m)	замрзивач (м)	zamrzívač
máquina (f) de lavar louça	машина (ж) за прање судова	mašína za pránje súdova

moedor (m) de carne	млин (м) за месо	mlin za méso
espremedor (m)	соковник (м)	sókovnik
torradeira (f)	тостер (м)	tóster
batedeira (f)	миксер (м)	míkser

máquina (f) de café	апарат (м) за кафу	apárat za káfu
cafeteira (f)	лонче (с) за кафу	lónče za káfu
moedor (m) de café	млин (м) за кафу	mlin za káfu

chaleira (f)	кувало, чајник (м)	kúvalo, čájnik
bule (m)	чајник (м)	čájnik
tampa (f)	поклопац (м)	póklopac
coador (m) de chá	цедиљка (ж)	cédiljka

colher (f)	кашика (ж)	kášika
colher (f) de chá	кашичица (ж)	kášičica
colher (f) de sopa	супена кашика (ж)	súpena kášika
garfo (m)	виљушка (ж)	víljuška
faca (f)	нож (м)	nož
louça (f)	посуђе (с)	pósuđe
prato (m)	тањир (м)	tánjir

pires (m)	тацна (ж)	tácna
cálice (m)	чашица (ж)	čášica
copo (m)	чаша (ж)	čáša
xícara (f)	шоља (ж)	šólja

açucareiro (m)	шећерница (ж)	šéćernica
saleiro (m)	сланик (м)	slánik
pimenteiro (m)	биберница (ж)	bíbernica
manteigueira (f)	посуда (ж) за маслац	pósuda za máslac

panela (f)	шерпа (ж), лонац (м)	šerpa, lónac
frigideira (f)	тигањ (м)	tíganj
concha (f)	кутлача (ж)	kútlača
coador (m)	цедиљка (ж)	cédiljka
bandeja (f)	послужавник (м)	poslúžavnik

garrafa (f)	боца, флаша (ж)	bóca, fláša
pote (m) de vidro	тегла (ж)	tégla
lata (~ de cerveja)	лименка (ж)	límenka

abridor (m) de garrafa	отварач (м)	otvárač
abridor (m) de latas	отварач (м)	otvárač
saca-rolhas (m)	вадичеп (м)	vádičep
filtro (m)	филтар (м)	fíltar
filtrar (vt)	филтрирати (пг)	filtrírati

| lixo (m) | смеће, ђубре (с) | smeće, đúbre |
| lixeira (f) | канта (ж) за ђубре | kánta za đúbre |

98. Casa de banho

banheiro (m)	купатило (с)	kupátilo
água (f)	вода (ж)	vóda
torneira (f)	славина (ж)	slávina
água (f) quente	топла вода (ж)	tópla vóda
água (f) fria	хладна вода (ж)	hládna vóda

pasta (f) de dente	паста (ж) за зубе	pásta za zúbe
escovar os dentes	прати зубе	práti zúbe
escova (f) de dente	четкица (ж) за зубе	čétkica za zúbe

barbear-se (vr)	бријати се	bríjati se
espuma (f) de barbear	пена (ж) за бријање	péna za bríjanje
gilete (f)	бријач (м)	bríjač

lavar (vt)	прати (пг)	práti
tomar banho	купати се	kúpati se
chuveiro (m), ducha (f)	туш (м)	tuš
tomar uma ducha	туширати се	tušírati se

banheira (f)	када (ж)	káda
vaso (m) sanitário	ВЦ шоља (ж)	VC šólja
pia (f)	лавабо (м)	lavábo
sabonete (m)	сапун (м)	sápun

saboneteira (f)	кутија (ж) за сапун	kútija za sápun
esponja (f)	сунђер (м)	súnđer
xampu (m)	шампон (м)	šámpon
toalha (f)	пешкир (м)	péškir
roupão (m) de banho	баде мантил (м)	báde mántil

lavagem (f)	прање (с)	pránje
lavadora (f) de roupas	веш машина (ж)	veš mašína
lavar a roupa	прати веш	práti veš
detergente (m)	прашак (м) за веш	prášak za veš

99. Eletrodomésticos

televisor (m)	телевизор (м)	televízor
gravador (m)	касетофон (м)	kasetofon
videogravador (m)	видео рекордер (м)	vídeo rekórder
rádio (m)	радио (м)	rádio
leitor (m)	плејер (м)	pléjer

projetor (m)	видео пројектор (м)	vídeo projéktor
cinema (m) em casa	кућни биоскоп (м)	kućni bíoskop
DVD Player (m)	ДВД плејер (м)	DVD plejer
amplificador (m)	појачало (с)	pojáčalo
console (f) de jogos	играћа конзола (ж)	ígraća konzóla

câmera (f) de vídeo	видеокамера (ж)	vídeokámera
máquina (f) fotográfica	фотоапарат (м)	fotoapárat
câmera (f) digital	дигитални фотоапарат (м)	dígitalni fotoapárat

aspirador (m)	усисивач (м)	usisívač
ferro (m) de passar	пегла (ж)	pégla
tábua (f) de passar	даска (ж) за пеглање	dáska za péglanje

telefone (m)	телефон (м)	teléfon
celular (m)	мобилни телефон (м)	móbilni teléfon
máquina (f) de escrever	писаћа машина (ж)	písaća mašína
máquina (f) de costura	шиваћа машина (ж)	šívaća mašína

microfone (m)	микрофон (м)	míkrofon
fone (m) de ouvido	слушалице (мн)	slúšalice
controle remoto (m)	даљински управљач (м)	daljínski uprávljač

CD (m)	ЦД диск (м)	CD disk
fita (f) cassete	касета (ж)	kaséta
disco (m) de vinil	плоча (ж)	plóča

100. Reparações. Renovação

renovação (f)	реновирање (с)	renovíranje
renovar (vt), fazer obras	реновирати (нг)	renovírati
reparar (vt)	поправљати (нг)	pópravljati
consertar (vt)	доводити у ред	dovóditi u red

refazer (vt)	поново урадити	pónovo uráditi
tinta (f)	фарба (ж)	fárba
pintar (vt)	бојити (нг)	bójiti
pintor (m)	молер (м)	móler
pincel (m)	четка (ж)	čétka
cal (f)	белило (с), креч (м)	bélilo, kreč
caiar (vt)	белити (нг)	béliti
papel (m) de parede	тапете (мн)	tapéte
colocar papel de parede	налепити тапете	nálepiti tapéte
verniz (m)	лак (м)	lak
envernizar (vt)	лакирати	lakírati

101. Canalizações

água (f)	вода (ж)	vóda
água (f) quente	топла вода (ж)	tópla vóda
água (f) fria	хладна вода (ж)	hládna vóda
torneira (f)	славина (ж)	slávina
gota (f)	кап (ж)	kap
gotejar (vi)	капати (нг)	kápati
vazar (vt)	цурити (нг)	cúriti
vazamento (m)	цурење (с)	cúrenje
poça (f)	бара (ж)	bára
tubo (m)	цев (ж)	cev
válvula (f)	вентил (м)	véntil
entupir-se (vr)	зачепити се	začépiti se
ferramentas (f pl)	алати (мн)	álati
chave (f) inglesa	подешавајући кључ (м)	podešávajući ključ
desenroscar (vt)	одврнути (нг)	odvŕnuti
enroscar (vt)	заврнути, стегнути (нг)	závrnuti, stégnuti
desentupir (vt)	отпушити (нг)	otpúšiti
encanador (m)	водоинсталатер (м)	vodoinstaláter
porão (m)	подрум (м)	pódrum
rede (f) de esgotos	канализација (ж)	kanalizácija

102. Fogo. Deflagração

incêndio (m)	пожар (м)	póžar
chama (f)	пламен (м)	plámen
faísca (f)	искра (ж)	ískra
fumaça (f)	дим (м)	dim
tocha (f)	бакља (ж)	báklja
fogueira (f)	логорска ватра (ж)	lógorska vátra
gasolina (f)	бензин (м)	bénzin
querosene (m)	керозин (м)	kerózin

inflamável (adj)	запаљив	zápaljiv
explosivo (adj)	експлозиван	éksplozivan
PROIBIDO FUMAR!	ЗАБРАЊЕНО ПУШЕЊЕ	ZABRANJENO PUŠENJE
segurança (f)	безбедност (ж)	bezbédnost
perigo (m)	опасност (ж)	opásnost
perigoso (adj)	опасан	ópasan
incendiar-se (vr)	запалити се	zapáliti se
explosão (f)	експлозија (ж)	eksplózija
incendiar (vt)	запалити (пг)	zapáliti
incendiário (m)	потпаљивач (м)	potpaljívač
incêndio (m) criminoso	палеж (м), паљевина (ж)	pálež, páljevina
flamejar (vi)	пламтети (нг)	plámteti
queimar (vi)	горети (нг)	góreti
queimar tudo (vi)	изгорети (нг)	izgóreti
chamar os bombeiros	позвати ватрогасце	pózvati vátrogasce
bombeiro (m)	ватрогасац (м)	vatrogásac
caminhão (m) de bombeiros	ватрогасно возило (с)	vátrogasno vózilo
corpo (m) de bombeiros	ватрогасна бригада (ж)	vátrogasna brigáda
escada (f) extensível	ватрогасне мердевине (мн)	vátrogasne mérdevine
mangueira (f)	црево (с)	crévo
extintor (m)	противпожарни апарат (м)	protivpóžarni apárat
capacete (m)	шлем (м)	šlem
sirene (f)	сирена (ж)	siréna
gritar (vi)	викати (нг)	víkati
chamar por socorro	звати у помоћ	zváti u pómoć
socorrista (m)	спасилац (м)	spásilac
salvar, resgatar (vt)	спасавати (пг)	spasávati
chegar (vi)	пристићи (нг)	prístići
apagar (vt)	гасити (пг)	gásiti
água (f)	вода (ж)	vóda
areia (f)	песак (м)	pésak
ruínas (f pl)	рушевине (мн)	rúševine
ruir (vi)	срушити се	srúšiti se
desmoronar (vi)	срушити се	srúšiti se
desabar (vi)	срушити се	srúšiti se
fragmento (m)	крхотина (ж)	krhótina
cinza (f)	пепео (м)	pépeo
sufocar (vi)	загушити се	zagušiti se
perecer (vi)	погинути (нг)	póginuti

ATIVIDADES HUMANAS

Emprego. Negócios. Parte 1

103. Escritório. O trabalho no escritório

escritório (~ de advogados)	биро (с)	bíro
escritório (do diretor, etc.)	кабинет (м)	kabínet
recepção (f)	рецепција (ж)	recépcija
secretário (m)	секретар (м)	sekrétar
secretária (f)	секретарица (ж)	sekretárica
diretor (m)	директор (м)	dírektor
gerente (m)	менаџер (м)	ménadžer
contador (m)	књиговођа (м)	knjígovođa
empregado (m)	радник (м)	rádnik
mobiliário (m)	намештај (м)	námeštaj
mesa (f)	сто (м)	sto
cadeira (f)	столица (ж)	stólica
gaveteiro (m)	мобилна касета (ж)	móbilna kaseta
cabideiro (m) de pé	чивилук (м)	číviluk
computador (m)	рачунар (м)	račúnar
impressora (f)	штампач (м)	štámpač
fax (m)	факс (м)	faks
fotocopiadora (f)	фотокопир (м)	fotokópir
papel (m)	папир (м)	pápir
artigos (m pl) de escritório	канцеларијски прибор (м)	kancelárijski príbor
tapete (m) para mouse	подлога (ж) за миша	pódloga za miša
folha (f)	лист (м)	list
pasta (f)	фасцикла (ж)	fáscikla
catálogo (m)	каталог (м)	katálog
lista (f) telefônica	телефонски именик (м)	teléfonski ímenik
documentação (f)	документација (ж)	dokumentácija
brochura (f)	брошура (ж)	brošúra
panfleto (m)	летак (м)	létak
amostra (f)	узорак (м)	úzorak
formação (f)	тренинг (м)	tréning
reunião (f)	састанак (м)	sástanak
hora (f) de almoço	пауза (ж) за ручак	páuza za rúčak
fazer uma cópia	**направити копију**	nápraviti kópiju
tirar cópias	**направити копије**	nápraviti kópije
receber um fax	**примати факс**	prímati faks

enviar um fax	послати факс	póslati faks
fazer uma chamada	позвати (пг)	pózvati
responder (vt)	јавити се	jáviti se
passar (vt)	повезати (пг)	povézati

marcar (vt)	наместити (пг)	námestiti
demonstrar (vt)	показати (пг)	pokázati
estar ausente	одсуствовати (нг)	ódsustvovati
ausência (f)	пропуштање (с)	propúštanje

104. Processos negociais. Parte 1

negócio (m)	посао (м)	pósao
ocupação (f)	занимање (с)	zanímanje
firma, empresa (f)	фирма (ж)	fírma
companhia (f)	компанија (ж)	kompánija
corporação (f)	корпорација (ж)	korporácija
empresa (f)	предузеће (с)	preduzéće
agência (f)	агенција (ж)	agéncija

acordo (documento)	споразум (м)	spórazum
contrato (m)	уговор (м)	úgovor
acordo (transação)	погодба (ж)	pógodba
pedido (m)	наруцбина (ж)	nárudžbina
termos (m pl)	услов (м)	úslov

por atacado	на велико	na véliko
por atacado (adj)	на велико	na véliko
venda (f) por atacado	велепродаја (ж)	velepródaja
a varejo	малопродајни	malopródajni
venda (f) a varejo	малопродаја (ж)	malopródaja

concorrente (m)	конкурент (м)	konkúrent
concorrência (f)	конкуренција (ж)	konkuréncija
competir (vi)	конкурисати (пг)	konkúrisati

| sócio (m) | партнер (м) | pártner |
| parceria (f) | партнерство (с) | pártnerstvo |

crise (f)	криза (ж)	kríza
falência (f)	банкротство (с)	bankrótstvo
entrar em falência	банкротирати (нг)	bankrotírati
dificuldade (f)	потешкоћа (ж)	poteškóća
problema (m)	проблем (м)	próblem
catástrofe (f)	катастрофа (ж)	katastrófa

economia (f)	економика (ж)	ekonómika
econômico (adj)	економски	ekónomski
recessão (f) econômica	економски пад (м)	ekónomski pad

objetivo (m)	циљ (м)	cilj
tarefa (f)	задатак (м)	zadátak
comerciar (vi, vt)	трговати (нг)	trgóvati
rede (de distribuição)	мрежа (ж)	mréža

| estoque (m) | залихе (мн) | zálihe |
| sortimento (m) | асортиман (м) | asortíman |

líder (m)	вођа (м)	vóđa
grande (~ empresa)	велик	vélik
monopólio (m)	монопол (м)	mónopol

teoria (f)	теорија (ж)	téorija
prática (f)	пракса (ж)	práksa
experiência (f)	искуство (с)	iskústvo
tendência (f)	тенденција (ж)	tendéncija
desenvolvimento (m)	развој (м)	rázvoj

105. Processos negociais. Parte 2

| rentabilidade (f) | профит (м), добит (ж) | prófit, dóbit |
| rentável (adj) | пробитачан | próbitačan |

delegação (f)	делегација (ж)	delegácija
salário, ordenado (m)	плата, зарада (ж)	pláta, zárada
corrigir (~ um erro)	исправљати (пг)	íspravljati
viagem (f) de negócios	службено путовање (с)	slúžbeno putovánje
comissão (f)	комисија (ж)	komísija

controlar (vt)	контролисати (пг)	kontrólisati
conferência (f)	конференција (ж)	konferéncija
licença (f)	лиценца (ж)	licénca
confiável (adj)	поуздан	póuzdan

empreendimento (m)	иницијатива (ж)	inicijatíva
norma (f)	норма (ж)	nórma
circunstância (f)	околност (ж)	okólnost
dever (do empregado)	дужност (ж)	dúžnost

empresa (f)	организација (ж)	organizácija
organização (f)	организација (ж)	organizácija
organizado (adj)	организован	orgánizovan
anulação (f)	отказивање (с)	otkazívanje
anular, cancelar (vt)	отказати (пг)	otkázati
relatório (m)	извештај (м)	ízveštaj

patente (f)	патент (м)	pátent
patentear (vt)	патентирати (пг)	patentírati
planejar (vt)	планирати (пг)	planírati

bônus (m)	бонус (м)	bónus
profissional (adj)	професионалан	prófesionalan
procedimento (m)	поступак (м)	póstupak

examinar (~ a questão)	размотрити (пг)	razmótriti
cálculo (m)	обрачун (м)	óbračun
reputação (f)	репутација (ж)	reputácija
risco (m)	ризик (м)	rízik
dirigir (~ uma empresa)	руководити (пг)	rukovóditi

informação (f)	информације (мн)	informácije
propriedade (f)	својина (ж)	svojína
união (f)	савез (м)	sávez

seguro (m) de vida	животно осигурање (с)	žívotno osigúránje
fazer um seguro	осигурати (пг)	osigúrati
seguro (m)	осигурање (с)	osigúránje

leilão (m)	лицитација (ж)	licitácija
notificar (vt)	обавестити (пг)	obavéstiti
gestão (f)	управљање (с)	úpravljanje
serviço (indústria de ~s)	услуга (ж)	úsluga

fórum (m)	форум (м)	fórum
funcionar (vi)	функционисати (нг)	funkcionísati
estágio (m)	етапа (ж)	etápa
jurídico, legal (adj)	правни	právni
advogado (m)	правник (м)	právnik

106. Produção. Trabalhos

usina (f)	фабрика (ж)	fábrika
fábrica (f)	фабрика (ж)	fábrika
oficina (f)	радионица (ж)	radiónica
local (m) de produção	производња (ж)	próizvodnja

indústria (f)	индустрија (ж)	indústrija
industrial (adj)	индустријски	indústrijski
indústria (f) pesada	тешка индустрија (ж)	téška indústrija
indústria (f) ligeira	лака индустрија (ж)	láka indústrija

produção (f)	производ (м)	próizvod
produzir (vt)	производити (пг)	proizvóditi
matérias-primas (f pl)	сировине (мн)	sírovine

chefe (m) de obras	бригадир, предрадник (м)	brigádir, prédradnik
equipe (f)	екипа (ж)	ekípa
operário (m)	радник (м)	rádnik

dia (m) de trabalho	радни дан (м)	rádni dan
intervalo (m)	станка (ж)	stánka
reunião (f)	састанак (м)	sástanak
discutir (vt)	расправљати (пг)	ráspravljati

plano (m)	план (м)	plan
cumprir o plano	испунити план	íspuniti plan
taxa (f) de produção	норма (ж) производње	nórma próizvodnje
qualidade (f)	квалитет (м)	kvalítet
controle (m)	контрола (ж)	kontróla
controle (m) da qualidade	контрола (ж) квалитета	kontróla kvalitéta

segurança (f) no trabalho	безбедност (ж) на раду	bezbédnost na rádu
disciplina (f)	дисциплина (ж)	disciplína
infração (f)	кршење (с)	kŕšenje

violar (as regras)	кршити (пг)	kŕšiti
greve (f)	штрајк (м)	štrajk
grevista (m)	штрајкач (м)	štrájkač
estar em greve	штрајковати (нг)	štrájkovati
sindicato (m)	синдикат (м)	sindíkat

inventar (vt)	проналазити (пг)	pronálaziti
invenção (f)	проналазак, изум (м)	pronálazak, ízum
pesquisa (f)	истраживање (с)	istražívanje
melhorar (vt)	побољшати (пг)	pobóljšati
tecnologia (f)	технологија (ж)	tehnológija
desenho (m) técnico	цртеж (м)	cŕtež

carga (f)	терет (м)	téret
carregador (m)	утоваривач (м)	utovarívač
carregar (o caminhão, etc.)	товарити (пг)	tóvariti
carregamento (m)	утовар (м)	útovar
descarregar (vt)	истоваривати (пг)	istovarívati
descarga (f)	истовар (м)	ístovar

transporte (m)	превоз (м)	prévoz
companhia (f) de transporte	транспортно предузеће (с)	tránsportno preduzéće
transportar (vt)	превозити (пг)	prevóziti

vagão (m) de carga	теретни вагон (м)	téretni vágon
tanque (m)	цистерна (ж)	cistérna
caminhão (m)	камион (м)	kamíon

máquina (f) operatriz	строј (м), машина (ж) токарски	stroj, mašina tokarski
mecanismo (m)	механизам (м)	mehanízam

resíduos (m pl) industriais	отпад (м)	ótpad
embalagem (f)	паковање (с)	pákovanje
embalar (vt)	упаковати (пг)	upakóvati

107. Contrato. Acordo

contrato (m)	уговор (м)	úgovor
acordo (m)	споразум (м)	spórazum
adendo, anexo (m)	прилог (м)	prílog

assinar o contrato	склопити уговор	sklópiti úgovor
assinatura (f)	потпис (м)	pótpis
assinar (vt)	потписати (пг)	potpísati
carimbo (m)	печат (м)	péčat

objeto (m) do contrato	предмет (м) уговора	prédmet úgovora
cláusula (f)	тачка (ж)	táčka
partes (f pl)	стране (мн)	stráne
domicílio (m) legal	легална адреса (ж)	légalna adrésa

violar o contrato	прекршити уговор	prékršiti úgovor
obrigação (f)	обавеза (ж)	óbaveza

responsabilidade (f)	одговорност (ж)	odgovórnost
força (f) maior	виша сила (ж)	viša sila
litígio (m), disputa (f)	спор (м)	spor
multas (f pl)	казне (мн)	kázne

108. Importação & Exportação

importação (f)	увоз (м)	úvoz
importador (m)	увозник (м)	úvoznik
importar (vt)	импортирати, увозити	importírati, uvóziti
de importação	увозни	úvozni
exportação (f)	извоз (м)	ízvoz
exportador (m)	извозник (м)	ízvoznik
exportar (vt)	извозити (пг)	izvóziti
de exportação	извозни	ízvozni
mercadoria (f)	роба (ж)	róba
lote (de mercadorias)	партија (ж)	pártija
peso (m)	тежина (ж)	težína
volume (m)	запремина (ж)	zápremina
metro (m) cúbico	кубни метар (м)	kúbni métar
produtor (m)	произвођач (м)	proizvóđač
companhia (f) de transporte	превозник (м)	prévoznik
contêiner (m)	контејнер (м)	kontéjner
fronteira (f)	граница (ж)	gránica
alfândega (f)	царина (ж)	cárina
taxa (f) alfandegária	царинска дажбина (ж)	cárinska dážbina
funcionário (m) da alfândega	цариник (м)	cárinik
contrabando (atividade)	шверц (м)	šverc
contrabando (produtos)	шверцована роба (ж)	švércovana róba

109. Finanças

ação (f)	акција (ж)	ákcija
obrigação (f)	обвезница (ж)	óbveznica
nota (f) promissória	меница (ж)	ménica
bolsa (f) de valores	берза (ж)	bérza
cotação (m) das ações	цена (ж) акција	céna ákcija
tornar-se mais barato	појефтинити (нг)	pojeftíniti
tornar-se mais caro	поскупети (нг)	poskúpjeti
parte (f)	удео (м)	údeo
participação (f) majoritária	контролни пакет (м)	kóntrolni páket
investimento (m)	инвестиција (ж)	investícija
investir (vt)	инвестирати (нг, пг)	investírati
porcentagem (f)	проценат, постотак (м)	prócenat, póstotak

juros (m pl)	камата (ж)	kámata
lucro (m)	профит (м)	prófit
lucrativo (adj)	профитабилан	prófitabilan
imposto (m)	порез (м)	pórez

divisa (f)	валута (ж)	valúta
nacional (adj)	национални	nacionálni
câmbio (m)	размена (ж)	rázmena

contador (m)	књиговођа (м)	knjígovođa
contabilidade (f)	књиговодство (с)	knjigovódstvo

falência (f)	банкротство (с)	bankrótstvo
falência, quebra (f)	крах (м)	krah
ruína (f)	пропаст (ж)	própast
estar quebrado	пропасти (нг)	própasti
inflação (f)	инфлација (ж)	inflácija
desvalorização (f)	девалвација (ж)	devalvácija

capital (m)	капитал (м)	kapítal
rendimento (m)	приход (м)	príhod
volume (m) de negócios	промет (м)	prómet
recursos (m pl)	ресурси (мн)	resúrsi
recursos (m pl) financeiros	новац (м)	nóvac
despesas (f pl) gerais	режијски трошкови (мн)	réžijski tróškovi
reduzir (vt)	смањити (нг)	smánjiti

110. Marketing

marketing (m)	маркетинг (м)	márketing
mercado (m)	тржиште (с)	tŕžište
segmento (m) do mercado	тржишни сегмент (м)	tŕžišni ségment
produto (m)	производ (м)	proízvod
mercadoria (f)	роба (ж)	róba

marca (f)	марка (ж), бренд (м)	márka, brend
marca (f) registrada	заштитни знак (м)	záštitni znak
logotipo (m)	логотип, лого (м)	lógotip, lógo
logo (m)	лого (м)	lógo

demanda (f)	потражња (ж)	pótražnja
oferta (f)	понуда (ж)	pónuda
necessidade (f)	потреба (ж)	pótreba
consumidor (m)	потрошач (м)	potróšač

análise (f)	анализа (ж)	analíza
analisar (vt)	анализирати (нг)	analizírati

posicionamento (m)	позиционирање (с)	pozicioníranje
posicionar (vt)	позиционирати (нг)	pozicionírati

preço (m)	цена (ж)	céna
política (f) de preços	политика (ж) цена	polítika céna
formação (f) de preços	формирање (с) цена	formíranje céna

111. Publicidade

publicidade (f)	реклама (ж)	rekláma
fazer publicidade	рекламирати (пг)	reklamírati
orçamento (m)	буџет (м)	búdžet

anúncio (m)	реклама (ж)	rekláma
publicidade (f) na TV	телевизијска реклама (ж)	televízijska rekláma
publicidade (f) na rádio	радио оглашавање (с)	rádio oglašávanje
publicidade (f) exterior	спољна реклама (ж)	spóljna réklama

comunicação (f) de massa	масовни медији (мн)	másovni médiji
periódico (m)	периодично издање (с)	periódično izdánje
imagem (f)	имиџ (м)	ímidž

| slogan (m) | слоган (м) | slógan |
| mote (m), lema (f) | девиза (ж) | devíza |

campanha (f)	кампања (ж)	kampánja
campanha (f) publicitária	рекламна кампања (ж)	réklamna kampánja
grupo (m) alvo	циљна група (ж)	cíljna grúpa

cartão (m) de visita	визиткарта (ж)	vízitkarta
panfleto (m)	летак (м)	létak
brochura (f)	брошура (ж)	brošúra
folheto (m)	брошура (ж)	brošúra
boletim (~ informativo)	билтен (м)	bílten

letreiro (m)	натпис (м)	nátpis
cartaz, pôster (m)	плакат (м)	plákat
painel (m) publicitário	билборд (м)	bílbord

112. Banca

| banco (m) | банка (ж) | bánka |
| balcão (f) | експозитура (ж) | ekspozitúra |

| consultor (m) bancário | банкарски службеник (м) | bánkarski slúžbenik |
| gerente (m) | менаџер (м) | ménadžer |

conta (f)	рачун (м)	ráčun
número (m) da conta	број (м) рачуна	broj račúna
conta (f) corrente	текући рачун (м)	tékući ráčun
conta (f) poupança	штедни рачун (м)	štédni ráčun

abrir uma conta	отворити рачун	ótvoriti ráčun
fechar uma conta	затворити рачун	zatvóriti ráčun
depositar na conta	поставити на рачун	póstaviti na ráčun
sacar (vt)	подићи са рачуна	pódići sa račúna

depósito (m)	депозит (м)	depózit
fazer um depósito	ставити новац на рачун	stáviti nóvac na ráčun
transferência (f) bancária	трансфер (м) новца	tránsfer nóvca

transferir (vt)	послати новац	póslati nóvac
soma (f)	износ (м)	íznos
Quanto?	Колико?	Kolíko?

assinatura (f)	потпис (м)	pótpis
assinar (vt)	потписати (пг)	potpísati

cartão (m) de crédito	кредитна картица (ж)	kréditna kártica
senha (f)	код (м)	kod
número (m) do cartão de crédito	број (м) кредитне картице	broj kréditne kártice
caixa (m) eletrônico	банкомат (м)	bánkomat

cheque (m)	чек (м)	ček
passar um cheque	написати чек	napísati ček
talão (m) de cheques	чековна књижица (ж)	čékovna knjížica

empréstimo (m)	кредит (м)	krédit
pedir um empréstimo	затражити кредит	zátražiti krédit
obter empréstimo	узимати кредит	uzímati krédit
dar um empréstimo	давати кредит	dávati krédit
garantia (f)	гаранција (ж)	garáncija

113. Telefone. Conversação telefônica

telefone (m)	телефон (м)	teléfon
celular (m)	мобилни телефон (м)	móbilni teléfon
secretária (f) eletrônica	секретарица (ж)	sekretárica

fazer uma chamada	звати (пг)	zváti
chamada (f)	позив (м)	póziv

discar um número	позвати број	pózvati broj
Alô!	Хало!	Hálo!
perguntar (vt)	упитати (пг)	upítati
responder (vt)	јавити се	jáviti se

ouvir (vt)	чути (нг, пг)	čúti
bem	добро	dóbro
mal	лоше	loše
ruído (m)	сметње (мн)	smétnje

fone (m)	слушалица (ж)	slúšalica
pegar o telefone	подићи слушалицу	pódići slúšalicu
desligar (vi)	спустити слушалицу	spústiti slúšalicu

ocupado (adj)	заузето	záuzeto
tocar (vi)	звонити (нг)	zvóniti
lista (f) telefônica	телефонски именик (м)	teléfonski ímenik
local (adj)	локалан	lókalan
chamada (f) local	локални позив (м)	lókalni póziv
de longa distância	међуградски	međugrádski
chamada (f) de longa distância	међуградски позив (м)	međugrádski póziv

internacional (adj)	међународни	međunárodni
chamada (f) internacional	међународни позив (м)	međunárodni póziv

114. Telefone móvel

celular (m)	мобилни телефон (м)	móbilni teléfon
tela (f)	дисплеј (м)	displéj
botão (m)	дугме (c)	dúgme
cartão SIM (m)	СИМ картица (ж)	SIM kártica

bateria (f)	батерија (ж)	báterija
descarregar-se (vr)	испразнити се	isprázniti se
carregador (m)	пуњач (м)	púnjač

menu (m)	мени (м)	méni
configurações (f pl)	подешавања (мн)	podešávanja

melodia (f)	мелодија (ж)	mélodija
escolher (vt)	изабрати (пг)	izábrati

calculadora (f)	калкулатор (м)	kalkulátor
correio (m) de voz	говорна пошта (ж)	góvorna póšta
despertador (m)	будилник (м)	búdilnik
contatos (m pl)	контакти (мн)	kóntakti

mensagem (f) de texto	СМС порука (ж)	SMS póruka
assinante (m)	претплатник (м)	prétplatnik

115. Estacionário

caneta (f)	хемијска оловка (ж)	hémijska ólovka
caneta (f) tinteiro	наливперо (c)	nálivpero

lápis (m)	оловка (ж)	ólovka
marcador (m) de texto	маркер (м)	márker
caneta (f) hidrográfica	фломастер (м)	flómaster

bloco (m) de notas	нотес (м)	nótes
agenda (f)	роковник (м)	rokóvnik

régua (f)	лењир (м)	lénjir
calculadora (f)	калкулатор (м)	kalkulátor
borracha (f)	гумица (ж)	gúmica

alfinete (m)	пајснадла (ж)	pájsnadla
clipe (m)	спајалица (ж)	spájalica

cola (f)	лепак (м)	lépak
grampeador (m)	хефталица (ж)	héftalica

furador (m) de papel	бушилица (ж) за папир	búšilica za pápir
apontador (m)	резач (м)	rézač

116. Vários tipos de documentos

relatório (m)	извештај (м)	ízveštaj
acordo (m)	споразум (м)	spórazum
ficha (f) de inscrição	пријава (ж)	príjava
autêntico (adj)	оригиналан	óriginalan
crachá (m)	бец (м), ИД картица (ж)	bédž, ID kartica
cartão (m) de visita	визиткарта (ж)	vízitkarta
certificado (m)	сертификат (м)	sertífikat
cheque (m)	чек (м)	ček
conta (f)	рачун (м)	ráčun
constituição (f)	устав (м)	ústav
contrato (m)	уговор (м)	úgovor
cópia (f)	копија (ж)	kópija
exemplar (~ assinado)	примерак (м)	prímerak
declaração (f) alfandegária	царинска декларација (ж)	cárinska deklarácija
documento (m)	документ (м)	dokúmenat
carteira (f) de motorista	возачка дозвола (ж)	vózačka dózvola
adendo, anexo (m)	прилог (м)	prílog
questionário (m)	анкета (ж)	ankéta
carteira (f) de identidade	легитимација (ж)	legitimácija
inquérito (m)	упит (м)	úpit
convite (m)	позивница (ж)	pózivnica
fatura (f)	рачун (м), фактура (ж)	ráčun, faktúra
lei (f)	закон (м)	zákon
carta (correio)	писмо (с)	písmo
papel (m) timbrado	меморандум (м)	memorándum
lista (f)	списак (м)	spísak
manuscrito (m)	рукопис (м)	rúkopis
boletim (~ informativo)	билтен (м)	bílten
bilhete (mensagem breve)	порука, белешка (ж)	póruka, béleška
passe (m)	пропусница (ж)	própusnica
passaporte (m)	пасош (м)	pásoš
permissão (f)	дозвола (ж)	dózvola
currículo (m)	резиме (м)	rezíme
nota (f) promissória	признаница (ж)	príznanica
recibo (m)	признаница (ж)	príznanica
talão (f)	фискални рачун (м)	fískalni ráčun
relatório (m)	рапорт, извештај (м)	ráport, ízveštaj
mostrar (vt)	показивати (пг)	pokazívati
assinar (vt)	потписати (пг)	potpísati
assinatura (f)	потпис (м)	pótpis
carimbo (m)	печат (м)	péčat
texto (m)	текст (м)	tekst
ingresso (m)	улазница (ж)	úlaznica
riscar (vt)	прецртати (пг)	précrtati
preencher (vt)	попунити (пг)	pópuniti

| carta (f) de porte | товарни лист (м) | tóvarni list |
| testamento (m) | тестамент (м) | téstament |

117. Tipos de negócios

serviços (m pl) de contabilidade	рачуноводствене услуге (мн)	računovódstvene úsluge
publicidade (f)	реклама (ж)	rekláma
agência (f) de publicidade	рекламна агенција (ж)	réklamna agéncija
ar (m) condicionado	клима уређаји (мн)	klíma úređaji
companhia (f) aérea	авио-компанија (ж)	ávio-kompánija

bebidas (f pl) alcoólicas	алкохолна пића (мн)	álkoholna píća
comércio (m) de antiguidades	антиквитет (м)	antikvitét
galeria (f) de arte	уметничка галерија (ж)	umétnička gálerija
serviços (m pl) de auditoria	ревизорске услуге (мн)	revízorske úsluge

negócios (m pl) bancários	банкарство (с)	bankárstvo
bar (m)	бар (м)	bar
salão (m) de beleza	козметички салон (м)	kozmétički sálon
livraria (f)	књижара (ж)	knjížara
cervejaria (f)	пивара (ж)	pívara
centro (m) de escritórios	пословни центар (м)	póslovni céntar
escola (f) de negócios	пословна школа (ж)	póslovna škóla

cassino (m)	коцкарница (ж)	kóckarnica
construção (f)	грађевинарство (с)	građevinárstvo
consultoria (f)	консалтинг (м)	konsálting

clínica (f) dentária	стоматологија (ж)	stomatológija
design (m)	дизајн (м)	dízajn
drogaria (f)	апотека (ж)	apotéka
lavanderia (f)	хемијско чишћење (с)	hémijsko číšćenje
agência (f) de emprego	регрутна агенција (ж)	régrutna agéncija

serviços (m pl) financeiros	финансијске услуге (мн)	finánsijske úsluge
alimentos (m pl)	намирнице (мн)	námirnice
funerária (f)	погребно предузеће (с)	pógrebno preduzéće
mobiliário (m)	намештај (м)	námeštaj
roupa (f)	одећа (ж)	ódeća
hotel (m)	хотел (м)	hótel

sorvete (m)	сладолед (м)	sládoled
indústria (f)	индустрија (ж)	indústrija
seguro (~ de vida, etc.)	осигурање (с)	osiguránje
internet (f)	интернет (м)	ínternet
investimento (m)	инвестиције (мн)	investícije

joalheiro (m)	златар (м)	zlátar
joias (f pl)	накит (м)	nákit
lavanderia (f)	перионица (ж)	periónica
assessorias (f pl) jurídicas	правне услуге (мн)	právne úsluge
indústria (f) ligeira	лака индустрија (ж)	láka indústrija
revista (f)	часопис (м)	čásopis

vendas (f pl) por catálogo	каталошка продаја (ж)	katáloška pródaja
medicina (f)	медицина (ж)	medicína
cinema (m)	биоскоп (м)	bíoskop
museu (m)	музеј (м)	múzej

agência (f) de notícias	новинска агенција (ж)	nóvinska agéncija
jornal (m)	новине (мн)	nóvine
boate (casa noturna)	ноћни клуб (м)	nóćni klub

petróleo (m)	нафта (ж)	náfta
serviços (m pl) de remessa	курирска служба (ж)	kúrirska slúžba
indústria (f) farmacêutica	фармацеутика (ж)	farmacéutika
tipografia (f)	полиграфија (ж)	poligráfija
editora (f)	издавачка кућа (ж)	izdávačka kúća

rádio (m)	радио (м)	rádio
imobiliário (m)	некретнина (ж)	nekretnína
restaurante (m)	ресторан (м)	restóran

empresa (f) de segurança	агенција (ж) за обезбеђење	agéncija za obezbeđénje
esporte (m)	спорт (м)	sport
bolsa (f) de valores	берза (ж)	bérza
loja (f)	продавница (ж)	pródavnica
supermercado (m)	супермаркет (м)	supermárket
piscina (f)	базен (м)	bázen

alfaiataria (f)	кројачка радња (ж)	krójačka rádnja
televisão (f)	телевизија (ж)	televízija
teatro (m)	позориште (с)	pózorište
comércio (m)	трговина (ж)	trgóvina
serviços (m pl) de transporte	превоз (м)	prévoz
viagens (f pl)	туризам (м)	turízam

veterinário (m)	ветеринар (м)	veterínar
armazém (m)	складиште (с)	skládište
recolha (f) do lixo	одношење (с) смећа	ódnošenje sméća

Emprego. Negócios. Parte 2

118. Espetáculo. Feira

feira, exposição (f)	изложба (ж)	ízložba
feira (f) comercial	трговински сајам (м)	trgóvinski sájam
participação (f)	учешће (c)	účešće
participar (vi)	учествовати (нг)	účestvovati
participante (m)	учесник (м)	účesnik
diretor (m)	директор (м)	dírektor
direção (f)	дирекција (ж)	dirékcija
organizador (m)	организатор (м)	orgánizator
organizar (vt)	организовати (пг)	orgánizovati
ficha (f) de inscrição	пријава (ж) за излагаче	príjava za izlagače
preencher (vt)	попунити (пг)	pópuniti
detalhes (m pl)	детаљи (мн)	détalji
informação (f)	информација (ж)	informácija
preço (m)	цена (ж)	céna
incluindo	укључујући	uključújući
incluir (vt)	укључивати (пг)	uključívati
pagar (vt)	платити (нг, пг)	plátiti
taxa (f) de inscrição	уписнина (ж)	upisnína
entrada (f)	улаз (м)	úlaz
pavilhão (m), salão (f)	павиљон (м)	pavíljon
inscrever (vt)	регистровати (пг)	régistrovati
crachá (m)	беџ (м), ИД картица (ж)	bédž, ID kartica
stand (m)	штанд (м)	štand
reservar (vt)	резервисати (пг)	rezervísati
vitrine (f)	витрина (ж)	vitrína
lâmpada (f)	рефлектор (м)	réflektor
design (m)	дизајн (м)	dízajn
pôr (posicionar)	сместати (пг)	sméštati
ser colocado, -a	бити постављен	bíti póstavljen
distribuidor (m)	дистрибутер (м)	distribúter
fornecedor (m)	добављач (м)	dobávljač
fornecer (vt)	снабдевати (пг)	snabdévati
país (m)	земља (ж)	zémlja
estrangeiro (adj)	стран	stran
produto (m)	производ (м)	proízvod
associação (f)	удружење (c)	udrúženje
sala (f) de conferência	сала (ж) за конференције	sála za konferéncije

congresso (m)	конгрес (м)	kóngres
concurso (m)	конкурс (м)	kónkurs

visitante (m)	посетилац (м)	posétilac
visitar (vt)	посећивати (пг)	posećívati
cliente (m)	муштерија (м)	muštérija

119. Media

jornal (m)	новине (мн)	nóvine
revista (f)	часопис (м)	čásopis
imprensa (f)	штампа (ж)	štámpa
rádio (m)	радио (м)	rádio
estação (f) de rádio	радио станица (ж)	rádio stánica
televisão (f)	телевизија (ж)	televízija

apresentador (m)	водитељ (м)	vóditelj
locutor (m)	спикер (м)	spíker
comentarista (m)	коментатор (м)	koméntator

jornalista (m)	новинар (м)	nóvinar
correspondente (m)	дописник (м)	dópisnik
repórter (m) fotográfico	фоторепортер (м)	fotorepórter
repórter (m)	репортер (м)	repórter

redator (m)	уредник (м)	úrednik
redator-chefe (m)	главни уредник (м)	glávni úrednik

assinar a ...	претплатити се	pretplátiti se
assinatura (f)	претплата (ж)	prétplata
assinante (m)	претплатник (м)	prétplatnik
ler (vt)	читати (нг, пг)	čítati
leitor (m)	читалац (м)	čítalac

tiragem (f)	тираж (м)	tíraž
mensal (adj)	месечни	mésečni
semanal (adj)	недељни	nédeljni
número (jornal, revista)	број (м)	broj
recente, novo (adj)	нов	nov

manchete (f)	наслов (м)	náslov
pequeno artigo (m)	чланак (м)	člának
coluna (~ semanal)	рубрика (ж)	rúbrika
artigo (m)	чланак (м)	člának
página (f)	страна (ж)	strána

reportagem (f)	репортажа (ж)	reportáža
evento (festa, etc.)	догађај (м)	dógađaj
sensação (f)	сензација (ж)	senzácija
escândalo (m)	скандал (м)	skándal
escandaloso (adj)	скандалозан	skándalozan
grande (adj)	велики	véliki
programa (m)	емисија (ж)	emísija
entrevista (f)	интервју (м)	intérvju

transmissão (f) ao vivo	директан пренос (м)	diréktan prénos
canal (m)	канал (м)	kánal

120. Agricultura

agricultura (f)	пољопривреда (ж)	poljoprívreda
camponês (m)	сељак (м)	séljak
camponesa (f)	сељанка (ж)	séljanka
agricultor, fazendeiro (m)	фармер (м)	fármer

trator (m)	трактор (м)	tráktor
colheitadeira (f)	комбајн (м)	kómbajn

arado (m)	плуг (м)	plug
arar (vt)	орати (пг)	órati
campo (m) lavrado	ораница (ж)	óranica
sulco (m)	бразда (ж)	brázda

semear (vt)	сејати (нг, пг)	séjati
plantadeira (f)	сејалица (ж)	séjalica
semeadura (f)	сетва (ж)	sétva

foice (m)	коса (ж)	kósa
cortar com foice	косити (пг)	kósiti

pá (f)	лопата (ж)	lópata
cavar (vt)	орати (пг)	órati

enxada (f)	мотика (ж)	mótika
capinar (vt)	плевити (пг)	pléviti
erva (f) daninha	коров (м)	kórov

regador (m)	канта (ж) за заливање	kánta za zalívanje
regar (plantas)	заливати (пг)	zalívati
rega (f)	заливање (с)	zalívanje

forquilha (f)	виле (ж)	víle
ancinho (m)	грабуље (мн)	grábulje

fertilizante (m)	ђубриво (с)	đúbrivo
fertilizar (vt)	ђубрити (пг)	đúbriti
estrume, esterco (m)	балега (ж)	bálega

campo (m)	поље (с)	pólje
prado (m)	ливада (ж)	lívada
horta (f)	повртњак (м)	póvrtnjak
pomar (m)	воћњак (м)	vóćnjak

pastar (vt)	пасти (пг)	pásti
pastor (m)	пастир, чобан (м)	pástir, čóban
pastagem (f)	пашњак (м)	pášnjak

pecuária (f)	сточарство (с)	stočárstvo
criação (f) de ovelhas	овчарство (с)	ovčárstvo

plantação (f)	плантажа (ж)	plantáža
canteiro (m)	гредица (ж)	grédica
estufa (f)	стакленик (м)	stáklenik

seca (f)	суша (ж)	súša
seco (verão ~)	сушан	súšan

grão (m)	зрно (с)	zŕno
cereais (m pl)	житарице (мн)	žitárice
colher (vt)	брати (пг)	bráti

moleiro (m)	млинар (м)	mlínar
moinho (m)	млин (м)	mlin
moer (vt)	мљети (пг)	mljéti
farinha (f)	брашно (с)	brášno
palha (f)	слама (ж)	sláma

121. Construção. Processo de construção

canteiro (m) de obras	градилиште (с)	grádilište
construir (vt)	градити (пг)	gráditi
construtor (m)	грађевинар (м)	građevínar

projeto (m)	пројекат (м)	projékat
arquiteto (m)	архитекта (м)	arhitékta
operário (m)	радник (м)	rádnik

fundação (f)	темељ (м)	témelj
telhado (m)	кров (м)	krov
estaca (f)	шип (м)	šip
parede (f)	зид (м)	zid

colunas (f pl) de sustentação	арматура (ж)	armatúra
andaime (m)	скеле (мн)	skéle

concreto (m)	бетон (м)	béton
granito (m)	гранит (м)	gránit
pedra (f)	камен (м)	kámen
tijolo (m)	опека, цигла (ж)	ópeka, cígla

areia (f)	песак (м)	pésak
cimento (m)	цемент (м)	cément
emboço, reboco (m)	малтер (м)	málter
emboçar, rebocar (vt)	малтерисати (пг)	maltérisati
tinta (f)	фарба (ж)	fárba
pintar (vt)	бојити (пг)	bójiti
barril (m)	буре (с)	búre

grua (f), guindaste (m)	дизалица (ж)	dízalica
erguer (vt)	дизати (пг)	dízati
baixar (vt)	спуштати (пг)	spúštati

buldózer (m)	булдожер (м)	búldožer
escavadora (f)	багер (м)	báger

caçamba (f)	кашика (ж)	kášika
escavar (vt)	копати (пг)	kópati
capacete (m) de proteção	шлем (м)	šlem

122. Ciência. Investigação. Cientistas

ciência (f)	наука (ж)	náuka
científico (adj)	научни	náučni
cientista (m)	научник (м)	náučnik
teoria (f)	теорија (ж)	téorija

axioma (m)	аксиом (м)	aksíom
análise (f)	анализа (ж)	analíza
analisar (vt)	анализирати (пг)	analizírati
argumento (m)	аргумент (м)	argúment
substância (f)	материја, супстанца (ж)	máterija, supstánca

hipótese (f)	хипотеза (ж)	hipotéza
dilema (m)	дилема (ж)	diléma
tese (f)	дисертација (ж)	disertácija
dogma (m)	догма (ж)	dógma

doutrina (f)	доктрина (ж)	doktrína
pesquisa (f)	истраживање (с)	istražívanje
pesquisar (vt)	истраживати (пг)	istražívati
testes (m pl)	контрола (ж)	kontróla
laboratório (m)	лабораторија (ж)	laboratórija

método (m)	метода (ж)	metóda
molécula (f)	молекул (м)	molékul
monitoramento (m)	мониторинг, надзор (м)	monitóring, nádzor
descoberta (f)	откриће (с)	otkríće

postulado (m)	постулат (м)	postúlat
princípio (m)	принцип (м)	príncip
prognóstico (previsão)	прогноза (ж)	prognóza
prognosticar (vt)	прогнозирати (пг)	prognozírati

síntese (f)	синтеза (ж)	sintéza
tendência (f)	тенденција (ж)	tendéncija
teorema (m)	теорема (ж)	teoréma

ensinamentos (m pl)	учење (с)	účenje
fato (m)	чињеница (ж)	čínjenica

expedição (f)	експедиција (ж)	ekspedícija
experiência (f)	експеримент (м)	eksperíment

acadêmico (m)	академик (м)	akadémik
bacharel (m)	бакалавр (м)	bákalavr
doutor (m)	доктор (м)	dóktor
professor (m) associado	доцент (м)	dócent
mestrado (m)	магистар (м)	magístar
professor (m)	професор (м)	prófesor

Profissões e ocupações

trabalho (m)	посао (м)	pósao
equipe (f)	особље (с)	ósoblje
pessoal (m)	особље (с)	ósoblje
carreira (f)	каријера (ж)	karijéra
perspectivas (f pl)	изгледи (мн)	ízgledi
habilidades (f pl)	мајсторство (с)	májstorstvo
seleção (f)	одабирање (с)	odábiranje
agência (f) de emprego	регрутна агенција (ж)	régrutna agéncija
currículo (m)	резиме (м)	rezíme
entrevista (f) de emprego	разговор (м) за посао	rázgovor za pósao
vaga (f)	слободно место (с)	slóbodno mésto
salário (m)	плата, зарада (ж)	pláta, zárada
salário (m) fixo	фиксна зарада (ж)	fíksna zárada
pagamento (m)	плата (ж)	pláta
cargo (m)	положај (м)	póložaj
dever (do empregado)	дужност (ж)	dúžnost
gama (f) de deveres	радни задаци (мн)	rádni zadáci
ocupado (adj)	заузет	záuzet
despedir, demitir (vt)	отпустити (пг)	otpústiti
demissão (f)	отпуст (м)	ótpust
desemprego (m)	незапосленост (ж)	nezáposlenost
desempregado (m)	незапослен (м)	nezáposlen
aposentadoria (f)	пензија (ж)	pénzija
aposentar-se (vr)	отићи у пензију	ótići u pénziju

diretor (m)	директор (м)	dírektor
gerente (m)	менаџер (м)	ménadžer
patrão, chefe (m)	шеф (м)	šef
superior (m)	шеф, начелник (м)	šef, náčelnik
superiores (m pl)	руководство (с)	rúkovodstvo
presidente (m)	председник (м)	prédsednik
chairman (m)	председник (м)	prédsednik
substituto (m)	заменик (м)	zámenik
assistente (m)	помоћник (м)	pomóćnik
secretário (m)	секретар (м),	sekrétar,
	секретарица (ж)	sekretárica

secretário (m) pessoal	лични секретар (м)	líčni sekrétar
homem (m) de negócios	бизнисмен (м)	bíznismen
empreendedor (m)	предузетник (м)	preduzétnik
fundador (m)	оснивач (м)	osnívač
fundar (vt)	основати (пг)	osnóvati
principiador (m)	оснивач (м)	osnívač
parceiro, sócio (m)	партнер (м)	pártner
acionista (m)	акционар (м)	akciónar
milionário (m)	милионер (м)	milióner
bilionário (m)	милијардер (м)	milijárder
proprietário (m)	власник (м)	vlásnik
proprietário (m) de terras	земљопоседник (м)	zemljopósednik
cliente (m)	клијент (м)	klíjent
cliente (m) habitual	стална муштерија (м)	stálna múšterija
comprador (m)	купац (м)	kúpac
visitante (m)	посетилац (м)	posétilac
profissional (m)	професионалац (м)	profesionálac
perito (m)	експерт (м)	ékspert
especialista (m)	стручњак (м)	strúčnjak
banqueiro (m)	банкар (м)	bánkar
corretor (m)	брокер (м)	bróker
caixa (m, f)	благајник (м)	blágajnik
contador (m)	књиговођа (м)	knjígovođa
guarda (m)	чувар (м)	čúvar
investidor (m)	инвеститор (м)	invéstitor
devedor (m)	дужник (м)	dúžnik
credor (m)	зајмодавац, поверилац (м)	zajmodávac, povérilac
mutuário (m)	зајмопримац (м)	zajmoprímac
importador (m)	увозник (м)	úvoznik
exportador (m)	извозник (м)	ízvoznik
produtor (m)	произвођач (м)	proizvóđač
distribuidor (m)	дистрибутер (м)	distribúter
intermediário (m)	посредник (м)	pósrednik
consultor (m)	саветодавац (м)	savetodávac
representante comercial	представник (м)	prédstavnik
agente (m)	агент (м)	ágent
agente (m) de seguros	агент (м) осигурања	ágent osiguránja

125. Profissões de serviços

cozinheiro (m)	кувар (м)	kúvar
chefe (m) de cozinha	главни кувар (м)	glávni kúvar
padeiro (m)	пекар (м)	pékar
barman (m)	бармен (м)	bármen

| garçom (m) | конобар (м) | kónobar |
| garçonete (f) | конобарица (ж) | konobárica |

advogado (m)	адвокат (м)	advókat
jurista (m)	правник (м)	právnik
notário (m)	јавни бележник (м)	jávni béležnik

eletricista (m)	електричар (м)	eléktričar
encanador (m)	водоинсталатер (м)	vodoinstaláter
carpinteiro (m)	столар (м)	stólar

massagista (m)	масер (м)	máser
massagista (f)	масерка (ж)	máserka
médico (m)	лекар (м)	lékar

taxista (m)	таксиста (м)	táksista
condutor (automobilista)	возач (м)	vózač
entregador (m)	курир (м)	kúrir

camareira (f)	собарица (ж)	sóbarica
guarda (m)	чувар (м)	čúvar
aeromoça (f)	стјуардеса (ж)	stjuardésa

professor (m)	учитељ (м)	účitelj
bibliotecário (m)	библиотекар (м)	bibliotékar
tradutor (m)	преводилац (м)	prevódilac
intérprete (m)	преводилац (м)	prevódilac
guia (m)	водич (м)	vódič

cabeleireiro (m)	фризер (м)	frízer
carteiro (m)	поштар (м)	póštar
vendedor (m)	продавач (м)	prodávač

jardineiro (m)	баштован (м)	báštovan
criado (m)	слуга (м)	slúga
criada (f)	слушкиња (ж)	slúškinja
empregada (f) de limpeza	чистачица (ж)	čistáčica

126. Profissões militares e postos

soldado (m) raso	редов (м)	rédov
sargento (m)	наредник (м)	nárednik
tenente (m)	поручник (м)	póručnik
capitão (m)	капетан (м)	kapétan

major (m)	мајор (м)	májor
coronel (m)	пуковник (м)	púkovnik
general (m)	генерал (м)	genéral
marechal (m)	маршал (м)	máršal
almirante (m)	адмирал (м)	admíral

militar (m)	војно лице (с)	vójno líce
soldado (m)	војник (м)	vójnik
oficial (m)	официр (м)	ofícir

comandante (m)	командант (м)	komándant
guarda (m) de fronteira	граничар (м)	gráničar
operador (m) de rádio	радио оператер (м)	rádio operáter
explorador (m)	извиђач (м)	izvíđač
sapador-mineiro (m)	деминер (м)	demíner
atirador (m)	стрелац (м)	strélac
navegador (m)	навигатор (м)	navígator

127. Oficiais. Padres

rei (m)	краљ (м)	kralj
rainha (f)	краљица (ж)	králjica
príncipe (m)	принц (м)	princ
princesa (f)	принцеза (ж)	princéza
czar (m)	цар (м)	car
czarina (f)	царица (ж)	cárica
presidente (m)	председник (м)	prédsednik
ministro (m)	министар (м)	mínistar
primeiro-ministro (m)	премијер (м)	prémijer
senador (m)	сенатор (м)	sénator
diplomata (m)	дипломат (м)	diplómat
cônsul (m)	конзул (м)	kónzul
embaixador (m)	амбасадор (м)	ambásador
conselheiro (m)	саветник (м)	sávetnik
funcionário (m)	чиновник (м)	činóvnik
prefeito (m)	префект (м)	préfekt
Presidente (m) da Câmara	градоначелник (м)	gradonáčelnik
juiz (m)	судија (м)	súdija
procurador (m)	тужилац (м)	túžilac
missionário (m)	мисионар (м)	misiónar
monge (m)	монах (м)	mónah
abade (m)	опат (м)	ópat
rabino (m)	рабин (м)	rábin
vizir (m)	везир (м)	vézir
xá (m)	шах (м)	šah
xeique (m)	шеик (м)	šéik

128. Profissões agrícolas

abelheiro (m)	пчелар (м)	pčélar
pastor (m)	пастир, чобан (м)	pástir, čóban
agrônomo (m)	агроном (м)	agrónom
criador (m) de gado	сточар (м)	stóčar
veterinário (m)	ветеринар (м)	veterínar

agricultor, fazendeiro (m)	фармер (м)	fármer
vinicultor (m)	винар (м)	vínar
zoólogo (m)	зоолог (м)	zoólog
vaqueiro (m)	каубој (м)	káuboj

129. Profissões artísticas

| ator (m) | глумац (м) | glúmac |
| atriz (f) | глумица (ж) | glúmica |

| cantor (m) | певач (м) | pévač |
| cantora (f) | певачица (ж) | peváčica |

| bailarino (m) | плесач (м) | plésač |
| bailarina (f) | плесачица (ж) | plesáčica |

| artista (m) | Уметник (м) | Úmetnik |
| artista (f) | Уметница (ж) | Úmetnica |

músico (m)	музичар (м)	múzičar
pianista (m)	пијаниста (м)	pijanísta
guitarrista (m)	гитариста (м)	gitárista

maestro (m)	диригент (м)	dírigent
compositor (m)	композитор (м)	kompózitor
empresário (m)	импресарио (м)	impresário

diretor (m) de cinema	редитељ (м)	réditelj
produtor (m)	продуцент (м)	prodúcent
roteirista (m)	сценариста (м)	scenárista
crítico (m)	критичар (м)	krítičar

escritor (m)	писац (м)	písac
poeta (m)	песник (м)	pésnik
escultor (m)	вајар (м)	vájar
pintor (m)	сликар (м)	slíkar

malabarista (m)	жонглер (м)	žóngler
palhaço (m)	кловн (м)	klovn
acrobata (m)	акробата (м)	akróbata
ilusionista (m)	мађионичар (м)	mađióničar

130. Várias profissões

médico (m)	лекар (м)	lékar
enfermeira (f)	медицинска сестра (ж)	médicinska séstra
psiquiatra (m)	психијатар (м)	psihijátar
dentista (m)	стоматолог (м)	stomatólog
cirurgião (m)	хирург (м)	hírurg

| astronauta (m) | астронаут (м) | astronáut |
| astrônomo (m) | астроном (м) | astrónom |

piloto (m)	пилот (м)	pílot
motorista (m)	возач (м)	vózač
maquinista (m)	машиновођа (м)	mašinóvođa
mecânico (m)	механичар (м)	meháničar
mineiro (m)	рудар (м)	rúdar
operário (m)	радник (м)	rádnik
serralheiro (m)	бравар (м)	brávar
marceneiro (m)	столар (м)	stólar
torneiro (m)	стругар (м)	strúgar
construtor (m)	грађевинар (м)	građevínar
soldador (m)	варилац (м)	várilac
professor (m)	професор (м)	prófesor
arquiteto (m)	архитекта (м)	arhitékta
historiador (m)	историчар (м)	istóričar
cientista (m)	научник (м)	náučnik
físico (m)	физичар (м)	fízičar
químico (m)	хемичар (м)	hémičar
arqueólogo (m)	археолог (м)	arheólog
geólogo (m)	геолог (м)	geólog
pesquisador (cientista)	истраживач (м)	istražívač
babysitter, babá (f)	дадиља (ж)	dádilja
professor (m)	учитељ, наставник (м)	účitelj, nástavnik
redator (m)	уредник (м)	úrednik
redator-chefe (m)	главни уредник (м)	glávni úrednik
correspondente (m)	дописник (м)	dópisnik
datilógrafa (f)	дактилографкиња (ж)	daktilógrafkinja
designer (m)	дизајнер (м)	dizájner
especialista (m) em informática	компјутерски стручњак (м)	kompjúterski strúčnjak
programador (m)	програмер (м)	prográmer
engenheiro (m)	инжењер (м)	inžénjer
marujo (m)	поморац, морнар (м)	pómorac, mórnar
marinheiro (m)	морнар (м)	mórnar
socorrista (m)	спасилац (м)	spásilac
bombeiro (m)	ватрогасац (м)	vatrogásac
polícia (m)	полицајац (м)	policájac
guarda-noturno (m)	чувар (м)	čúvar
detetive (m)	детектив (м)	detéktiv
funcionário (m) da alfândega	цариник (м)	cárinik
guarda-costas (m)	телохранитељ (м)	telohránitelj
guarda (m) prisional	чувар (м)	čúvar
inspetor (m)	инспектор (м)	ínspektor
esportista (m)	спортиста (м)	sportísta
treinador (m)	тренер (м)	tréner
açougueiro (m)	касапин (м)	kásapin
sapateiro (m)	обућар (м)	óbućar

comerciante (m)	трговац (м)	tŕgovac
carregador (m)	утоваривач (м)	utovarívač
estilista (m)	модни креатор (м)	módni kreátor
modelo (f)	манекенка (ж)	manékenka

131. Ocupações. Estatuto social

estudante (~ de escola)	ђак (м)	đak
estudante (~ universitária)	студент (м)	stúdent
filósofo (m)	филозоф (м)	filózof
economista (m)	економиста (м)	ekonómista
inventor (m)	проналазач (м)	pronalázač
desempregado (m)	незапослен (м)	nezáposlen
aposentado (m)	пензионер (м)	penzióner
espião (m)	шпијун (м)	špíjun
preso, prisioneiro (m)	затвореник (м)	zatvorénik
grevista (m)	штрајкач (м)	štrájkač
burocrata (m)	бирократа (м)	birókrata
viajante (m)	путник (м)	pútnik
homossexual (m)	хомосексуалац (м)	homoseksuálac
hacker (m)	хакер (м)	háker
hippie (m, f)	хипији (мн)	hípiji
bandido (m)	бандит (м)	bándit
assassino (m)	плаћени убица (м)	plaćeni úbica
drogado (m)	наркоман (м)	nárkoman
traficante (m)	продавац (м) дроге	prodávac dróge
prostituta (f)	проститутка (ж)	próstitutka
cafetão (m)	макро (м)	mákro
bruxo (m)	чаробњак (м)	čaróbnjak
bruxa (f)	чаробница (ж)	čárobnica
pirata (m)	гусар (м)	gúsar
escravo (m)	роб (м)	rob
samurai (m)	самурај (м)	samúraj
selvagem (m)	дивљак (м)	dívljak

Desportos

esportista (m)	спортиста (м)	sportísta
tipo (m) de esporte	врста (ж) спорта	vŕsta spórta
basquete (m)	кошарка (ж)	kóšarka
jogador (m) de basquete	кошаркаш (м)	košárkaš
beisebol (m)	бејзбол (м)	béjzbol
jogador (m) de beisebol	играч бејзбола (м)	ígrač béjzbola
futebol (m)	фудбал (м)	fúdbal
jogador (m) de futebol	фудбалер (м)	fudbáler
goleiro (m)	голман (м)	gólman
hóquei (m)	хокеj (м)	hókej
jogador (m) de hóquei	хокеjаш (м)	hokéjaš
vôlei (m)	одбоjка (ж)	ódbojka
jogador (m) de vôlei	одбоjкаш (м)	odbójkaš
boxe (m)	бокс (м)	boks
boxeador (m)	боксер (м)	bókser
luta (f)	рвање (с), борба (ж)	rvánje, bórba
lutador (m)	рвач (м)	ŕvač
caratê (m)	карате (м)	karáte
carateca (m)	каратиста (м)	karátista
judô (m)	џудо (с)	džúdo
judoca (m)	џудиста (м)	džudísta
tênis (m)	тенис (м)	ténis
tenista (m)	тенисер (м)	téniser
natação (f)	пливање (с)	plívanje
nadador (m)	пливач (м)	plívač
esgrima (f)	мачевање (с)	mačévanje
esgrimista (m)	мачевалац (м)	mačévalac
xadrez (m)	шах (м)	šah
jogador (m) de xadrez	шахиста (м)	šahísta
alpinismo (m)	планинарење (с)	planinárenje
alpinista (m)	планинар (м)	planínar
corrida (f)	трчање (с)	tŕčanje

corredor (m)	тркач (м)	tŕkač
atletismo (m)	лака атлетика (ж)	láka atlétika
atleta (m)	атлетичар (м)	atlétičar

hipismo (m)	jахање (с)	jáhanje
cavaleiro (m)	jахач (м)	jáhač

patinação (f) artística	уметничко клизање (с)	umétničko klízanje
patinador (m)	Клизач (м)	Klízač
patinadora (f)	клизачица (ж)	klizáčica

halterofilismo (m)	дизање (с) тегова	dízanje tégova
halterofilista (m)	дизач (м) тегова	dízač tégova
corrida (f) de carros	аутомобилске трке (мн)	automóbilske tŕke
piloto (m)	возач (м)	vózač

ciclismo (m)	бициклизам (м)	biciklízam
ciclista (m)	бициклиста (м)	bicíklista

salto (m) em distância	скок (м) у даљ	skok u dalj
salto (m) com vara	скок (м) с мотком	skok s mótkom
atleta (m) de saltos	скакач (м)	skákač

133. Tipos de desportos. Diversos

futebol (m) americano	амерички фудбал (м)	amérički fúdbal
badminton (m)	бадминтон (м)	bádminton
biatlo (m)	биатлон (м)	bíatlon
bilhar (m)	билијар (м)	bilíjar

bobsled (m)	боб (м)	bob
musculação (f)	бодибилдинг (м)	bódibilding
polo (m) aquático	ватерполо (м)	váterpolo
handebol (m)	рукомет (м)	rúkomet
golfe (m)	голф (м)	golf

remo (m)	веслање (с)	véslanje
mergulho (m)	роњење (с)	rónjenje
corrida (f) de esqui	скијашко трчање (с)	skíjaško tŕčanje
tênis (m) de mesa	стони тенис (м)	stóni ténis

vela (f)	jедрење (с)	jédrenje
rali (m)	рели (м)	réli
rúgbi (m)	рагби (м)	rágbi
snowboard (m)	сноуборд (м)	snóubord
arco-e-flecha (m)	стреличарство (с)	stréličarstvo

134. Ginásio

barra (f)	шипка (ж) за тегове	šípka za tégove
halteres (m pl)	бучице (мн)	búčice
aparelho (m) de musculação	справа (ж) за вежбање	správa za vézbanje

bicicleta (f) ergométrica	собни бицикл (м)	sóbni bicíkl
esteira (f) de corrida	тркачка стаза (ж)	tŕkačka stáza
barra (f) fixa	вратило (с)	vrátilo
barras (f pl) paralelas	разбој (м)	rázboj
cavalo (m)	коњ (м)	konj
tapete (m) de ginástica	струњача (ж)	strúnjača
corda (f) de saltar	вијача (ж), уже (с)	víjača, úže
aeróbica (f)	аеробик (м)	aeróbik
ioga, yoga (f)	јога (ж)	jóga

135. Hóquei

hóquei (m)	хокеј (м)	hókej
jogador (m) de hóquei	хокејаш (м)	hokéjaš
jogar hóquei	играти хокеј	ígrati hókej
gelo (m)	лед (м)	led
disco (m)	пак (м)	pak
taco (m) de hóquei	палица (ж)	pálica
patins (m pl) de gelo	клизаљке (мн)	klízaljke
muro (m)	ограда (ж)	ógrada
tiro (m)	хитац (м)	hítac
goleiro (m)	голман (м)	gólman
gol (m)	гол (м)	gol
marcar um gol	постићи гол	póstići gol
tempo (m)	трећина (ж)	trećína
segundo tempo (m)	друга трећина	drúga trećína
banco (m) de reservas	резервна клупа (ж)	rézervna klúpa

136. Futebol

futebol (m)	фудбал (м)	fúdbal
jogador (m) de futebol	фудбалер (м)	fudbáler
jogar futebol	играти фудбал	ígrati fúdbal
Time (m) Principal	виша лига (ж)	víša líga
time (m) de futebol	фудбалски клуб (м)	fúdbalski klub
treinador (m)	тренер (м)	tréner
proprietário (m)	власник (м)	vlásnik
equipe (f)	екипа (ж)	ekípa
capitão (m)	капитен (м) екипе	kapíten ekípe
jogador (m)	играч (м)	ígrač
jogador (m) reserva	резервни играч (м)	rézervni ígrač
atacante (m)	нападач (м)	napádač
centroavante (m)	центарфор (м)	céntarfor

marcador (m)	стрелац (м)	strélac
defesa (f)	играч (м) одбране	ígrač odbrane
meio-campo (m)	везни играч (м)	vézni ígrač

jogo (m), partida (f)	меч (м)	meč
encontrar-se (vr)	сусрести се	súsresti se
final (m)	финале (с)	finále
semifinal (f)	полуфинале (м)	polufinále
campeonato (m)	првенство (с)	prvénstvo

tempo (m)	полувреме (с)	póluvreme
primeiro tempo (m)	прво полувреме (с)	pŕvo póluvreme
intervalo (m)	одмор (м)	ódmor

goleira (f)	гол (м)	gol
goleiro (m)	голман (м)	gólman
trave (f)	статива (ж)	statíva
travessão (m)	пречка (ж)	préčka
rede (f)	мрежа (ж)	mréža
tomar um gol	примити гол	prímiti gol

bola (f)	лопта (ж)	lópta
passe (m)	пас (м)	pas
chute (m)	ударац (м)	údarac
chutar (vt)	шутнути (пг)	šútnuti
pontapé (m)	казнени ударац (м)	kázneni údarac
escanteio (m)	корнер (м)	kórner

ataque (m)	напад (м)	nápad
contra-ataque (m)	контранапад (м)	kontranápad
combinação (f)	комбинација (ж)	kombinácija

árbitro (m)	судија (м)	súdija
apitar (vi)	звиждати (нг)	zvíždati
apito (m)	звиждаљка (ж)	zvíždaljka
falta (f)	прекршај (м)	prékršaj
cometer a falta	прекршити (пг)	prekŕšiti
expulsar (vt)	одстранити с терена	ódstraniti s teréna

cartão (m) amarelo	жути картон (м)	žúti kárton
cartão (m) vermelho	црвени картон (м)	crvéni kárton
desqualificação (f)	дисквалификација (ж)	diskvalifikácija
desqualificar (vt)	дисквалификовати (пг)	diskvalifikóvati

pênalti (m)	пенал (м)	pénal
barreira (f)	живи зид (м)	žívi zid
marcar (vt)	забити (пг)	zábiti
gol (m)	гол (м)	gol
marcar um gol	постићи гол	póstići gol

substituição (f)	измена (ж)	ízmena
substituir (vt)	заменити (пг)	zaméniti
regras (f pl)	правила (мн)	právila
tática (f)	тактика (ж)	táktika
estádio (m)	стадион (м)	stádion
arquibancadas (f pl)	трибина (ж)	tríbina

| fã, torcedor (m) | навијач (м) | navíjač |
| gritar (vi) | викати (нг) | víkati |

| placar (m) | семафор (м) | sémafor |
| resultado (m) | резултат (м) | rezúltat |

| derrota (f) | пораз (м) | póraz |
| perder (vt) | изгубити (нг, пг) | izgúbiti |

| empate (m) | нерешена игра (ж) | neréšena ígra |
| empatar (vi) | одиграти нерешено | ódigrati nérešeno |

vitória (f)	победа (ж)	póbeda
vencer (vi, vt)	победити (нг)	pobéditi
campeão (m)	шампион (м)	šampíon
melhor (adj)	најбољи	najbólji
felicitar (vt)	честитати (пг)	čestítati

comentarista (m)	коментатор (м)	koméntator
comentar (vt)	коментарисати (пг)	komentárisati
transmissão (f)	емисија (ж)	emísija

137. Esqui alpino

esqui (m)	скије (мн)	skíje
esquiar (vi)	скијати (нг)	skíjati
estação (f) de esqui	скијалиште (с)	skíjalište
teleférico (m)	ски лифт (м)	ski lift

bastões (m pl) de esqui	штапови (мн)	štápovi
declive (m)	нагиб (м)	nágib
slalom (m)	слалом (м)	slálom

138. Tênis. Golfe

golfe (m)	голф (м)	golf
clube (m) de golfe	голф клуб (м)	golf klub
jogador (m) de golfe	играч (м) голфа	ígrač gólfa

buraco (m)	рупа (ж)	rúpa
taco (m)	палица (ж)	pálica
trolley (m)	колица (мн) за палице	kolíca za pálice

| tênis (m) | тенис (м) | ténis |
| quadra (f) de tênis | тениски терен (м) | téniski téren |

| saque (m) | сервис (м) | sérvis |
| sacar (vi) | сервирати (пг) | servírati |

raquete (f)	рекет (м)	réket
rede (f)	мрежа (ж)	mréža
bola (f)	лоптица (ж)	lóptica

139. Xadrez

xadrez (m)	шах (м)	šah
peças (f pl) de xadrez	шаховске фигуре (мн)	šáhovske figúre
jogador (m) de xadrez	шахиста (м)	šahísta
tabuleiro (m) de xadrez	шаховска табла (ж)	šáhovska tábla
peça (f)	фигура (ж)	figúra
brancas (f pl)	беле фигуре (мн)	béle figúre
pretas (f pl)	црне (мн)	cŕne
peão (m)	пешак, пион (м)	péšak, píon
bispo (m)	ловац (м)	lóvac
cavalo (m)	коњ (м)	konj
torre (f)	топ (м)	top
dama (f)	краљица (ж)	králjica
rei (m)	краљ (м)	kralj
vez (f)	потез (м)	pótez
mover (vt)	повлачити потез	povláčiti pótez
sacrificar (vt)	жртвовати (пг)	žŕtvovati
roque (m)	рокада (ж)	rokáda
xeque (m)	шах (м)	šah
xeque-mate (m)	мат (м)	mat
torneio (m) de xadrez	шаховски турнир (м)	šáhovski túrnir
grão-mestre (m)	велемајстор (м)	velemájstor
combinação (f)	комбинација (ж)	kombinácija
partida (f)	партија (ж)	pártija
jogo (m) de damas	даме (мн)	dáme

140. Boxe

boxe (m)	бокс (м)	boks
combate (m)	бокс-меч (м)	boks-meč
luta (f) de boxe	двобој (м)	dvóboj
round (m)	рунда (ж)	rúnda
ringue (m)	ринг (м)	ring
gongo (m)	гонг (м)	gong
murro, soco (m)	ударац (м)	údarac
derrubada (f)	нокдаун (м)	nokdáun
nocaute (m)	нокаут (м)	nokáut
nocautear (vt)	нокаутирати (пг)	nokautírati
luva (f) de boxe	боксерска рукавица (ж)	bókserska rukávica
juiz (m)	судија (м)	súdija
peso-pena (m)	лака категорија (ж)	láka kategórija
peso-médio (m)	средња категорија (ж)	srédnja kategórija
peso-pesado (m)	тешка категорија (ж)	téška kategórija

141. Desportos. Diversos

Jogos (m pl) Olímpicos	Олимпијске игре (мн)	Olímpijske ígre
vencedor (m)	победник (м)	póbednik
vencer (vi)	побеђивати (нг)	pobeđívati
vencer (vi, vt)	победити (нг), добити (пг)	pobéditi, dóbiti

líder (m)	лидер (м)	líder
liderar (vt)	бити у воћству	bíti u vóđstvu

primeiro lugar (m)	прво место (с)	pŕvo mésto
segundo lugar (m)	друго место (с)	drúgo mésto
terceiro lugar (m)	треће место (с)	tréće mésto

medalha (f)	медаља (ж)	médalja
troféu (m)	трофеј (м)	trófej
taça (f)	куп (м)	kup
prêmio (m)	награда (ж)	nágrada
prêmio (m) principal	главна награда (ж)	glávna nágrada

recorde (m)	рекорд (м)	rékord
estabelecer um recorde	поставити рекорд	póstaviti rékord

final (m)	финале (с)	finále
final (adj)	финални	fínalni

campeão (m)	шампион (м)	šampíon
campeonato (m)	првенство (с)	prvénstvo

estádio (m)	стадион (м)	stádion
arquibancadas (f pl)	трибина (ж)	tríbina
fã, torcedor (m)	навијач (м)	navíjač
adversário (m)	противник (м)	prótivnik

partida (f)	старт (м)	start
linha (f) de chegada	циљ (м)	cilj

derrota (f)	пораз (м)	póraz
perder (vt)	изгубити (нг, пг)	izgúbiti

árbitro, juiz (m)	судија (м)	súdija
júri (m)	жири (м)	žíri
resultado (m)	резултат (м)	rezúltat
empate (m)	нерешена игра (ж)	neréšena ígra
empatar (vi)	одиграти нерешено	ódigrati nérešeno
ponto (m)	бод (м)	bod
resultado (m) final	резултат (м)	rezúltat

tempo (m)	период (м)	períod
intervalo (m)	одмор (м)	ódmor
doping (m)	допинг (м)	dóping
penalizar (vt)	кажњавати (пг)	kažnjávati
desqualificar (vt)	дисквалификовати (пг)	diskvalifikóvati
aparelho, aparato (m)	справа (ж)	správa
dardo (m)	копље (с)	kóplje

peso (m)	кугла (ж)	kúgla
bola (f)	кугла (ж)	kúgla
alvo, objetivo (m)	циљ (м)	cilj
alvo (~ de papel)	мета (ж)	méta
disparar, atirar (vi)	пуцати (нг)	púcati
preciso (tiro ~)	тачан	táčan
treinador (m)	тренер (м)	tréner
treinar (vt)	тренирати (пг)	trenírati
treinar-se (vr)	тренирати (нг)	trenírati
treino (m)	тренинг (м), вежбање (с)	tréning, véžbanje
academia (f) de ginástica	теретана (ж)	teretána
exercício (m)	вежба (ж)	véžba
aquecimento (m)	загревање (с)	zágrevanje

Educação

escola (f)	школа (ж)	škóla
diretor (m) de escola	директор (м)	dírektor
aluno (m)	ученик (м)	účenik
aluna (f)	ученица (ж)	účenica
estudante (m)	школарац, ђак (м)	škólarac, đak
estudante (f)	школарка, ђак (ж)	škólarka, đak
ensinar (vt)	учити (пг)	účiti
aprender (vt)	учити (пг)	účiti
decorar (vt)	учити напамет	účiti nápamet
estudar (vi)	учити (нг)	účiti
estar na escola	ходати у школу	hódati u škólu
ir à escola	ићи у школу	íći u škólu
alfabeto (m)	азбука, абецеда (ж)	ázbuka, abecéda
disciplina (f)	предмет (м)	prédmet
sala (f) de aula	учионица (ж)	učiónica
lição, aula (f)	час (м)	čas
recreio (m)	одмор (м)	ódmor
toque (m)	звоно (с)	zvóno
classe (f)	клупа (ж)	klúpa
quadro (m) negro	школска табла (ж)	škólska tábla
nota (f)	оцена (ж)	ócena
boa nota (f)	добра оцена (ж)	dóbra ócena
nota (f) baixa	лоша оцена (ж)	lóša ócena
dar uma nota	давати оцену	dávati ócenu
erro (m)	грешка (ж)	gréška
errar (vi)	правити грешке	práviti gréške
corrigir (~ um erro)	исправљати (пг)	íspravljati
cola (f)	пушкица (ж)	púškica
dever (m) de casa	домаћи задатак (м)	dómaći zadátak
exercício (m)	вежба (ж)	véžba
estar presente	присуствовати (нг)	prísustvovati
estar ausente	одсуствовати (нг)	ódsustvovati
faltar às aulas	пропуштати школу	propúštati škólu
punir (vt)	кажњавати (пг)	kažnjávati
punição (f)	казна (ж)	kázna
comportamento (m)	понашање (с)	ponášanje

boletim (m) escolar	ђачка књижица (ж)	đáčka knjížica
lápis (m)	оловка (ж)	ólovka
borracha (f)	гумица (ж)	gúmica
giz (m)	креда (ж)	kréda
porta-lápis (m)	перница (ж)	pérnica

mala, pasta, mochila (f)	торба (ж)	tórba
caneta (f)	оловка (ж)	ólovka
caderno (m)	свеска (ж)	svéska
livro (m) didático	уџбеник (м)	údžbenik
compasso (m)	шестар (м)	šéstar

| traçar (vt) | цртати (нг, пг) | cŕtati |
| desenho (m) técnico | цртеж (м) | cŕtež |

poesia (f)	песма (ж)	pésma
de cor	напамет	nápamet
decorar (vt)	учити напамет	účiti nápamet

férias (f pl)	распуст (м)	ráspust
estar de férias	бити на распусту	bíti na ráspustu
passar as férias	провести распуст	próvesti ráspust

teste (m), prova (f)	контролни рад (м)	kóntrolni rad
redação (f)	састав (м)	sástav
ditado (m)	диктат (м)	díktat
exame (m), prova (f)	испит (м)	íspit
fazer prova	полагати испит	polágati íspit
experiência (~ química)	експеримент (м)	eksperíment

143. Colégio. Universidade

academia (f)	академија (ж)	akadémija
universidade (f)	универзитет (м)	univerzitét
faculdade (f)	факултет (м)	fakúltet

estudante (m)	студент (м)	stúdent
estudante (f)	студенткиња (ж)	stúdentkinja
professor (m)	предавач (м)	predávač

| auditório (m) | слушаоница (ж) | slušaónica |
| graduado (m) | дипломац (м) | diplómac |

| diploma (m) | диплома (ж) | diplóma |
| tese (f) | дисертација (ж) | disertácija |

| estudo (obra) | истраживање (с) | istraživanje |
| laboratório (m) | лабораторија (ж) | laboratórija |

| palestra (f) | предавање (с) | predávanje |
| colega (m) de curso | факултетски друг (м) | fakúltetski drug |

| bolsa (f) de estudos | стипендија (ж) | stipéndija |
| grau (m) acadêmico | академски степен (м) | ákademski stépen |

144. Ciências. Disciplinas

matemática (f)	математика (ж)	matemátika
álgebra (f)	алгебра (ж)	álgebra
geometria (f)	геометрија (ж)	geométrija

astronomia (f)	астрономија (ж)	astronómija
biologia (f)	биологија (ж)	biológija
geografia (f)	географија (ж)	geográfija
geologia (f)	геологија (ж)	geológija
história (f)	историја (ж)	istórija

medicina (f)	медицина (ж)	medicína
pedagogia (f)	педагогија (ж)	pedagógija
direito (m)	право (с)	právo

física (f)	физика (ж)	fízika
química (f)	хемија (ж)	hémija
filosofia (f)	филозофија (ж)	filozófija
psicologia (f)	психологија (ж)	psihológija

145. Sistema de escrita. Ortografia

gramática (f)	граматика (ж)	gramátika
vocabulário (m)	лексикон (м)	léksikon
fonética (f)	фонетика (ж)	fonétika

substantivo (m)	именица (ж)	ímenica
adjetivo (m)	придев (м)	prídev
verbo (m)	глагол (м)	glágol
advérbio (m)	прилог (м)	prílog

pronome (m)	заменица (ж)	zámenica
interjeição (f)	узвик (м)	úzvik
preposição (f)	предлог (м)	prédlog

raiz (f)	корен (м) речи	koŕen réči
terminação (f)	наставак (м)	nástavak
prefixo (m)	префикс (м)	préfiks
sílaba (f)	слог (м)	slog
sufixo (m)	суфикс (м)	súfiks

acento (m)	акцент (м)	ákcent
apóstrofo (f)	апостроф (м)	ápostrof

ponto (m)	тачка (ж)	táčka
vírgula (f)	зарез (м)	zárez
ponto e vírgula (m)	тачка (ж) и зарез	táčka i zárez
dois pontos (m pl)	две тачке (мн)	dve táčke
reticências (f pl)	три тачке (мн)	tri táčke

ponto (m) de interrogação	упитник (м)	úpitnik
ponto (m) de exclamação	ускличник, узвичник (м)	úskličnik, úzvičnik

aspas (f pl)	наводници (мн)	návodnici
entre aspas	под наводницима	pod návodnicima
parênteses (m pl)	заграда (ж)	zágrada
entre parênteses	у загради	u zágradi
hífen (m)	цртица (ж)	cŕtica
travessão (m)	повлака (ж)	póvlaka
espaço (m)	размак (м)	rázmak
letra (f)	слово (с)	slóvo
letra (f) maiúscula	велико слово (с)	véliko slóvo
vogal (f)	самогласник (м)	sámoglasnik
consoante (f)	сугласник (м)	súglasnik
frase (f)	реченица (ж)	rečénica
sujeito (m)	субјект (м)	súbjekt
predicado (m)	предикат (м)	prédikat
linha (f)	ред (м)	red
em uma nova linha	у новом реду	u nóvom rédu
parágrafo (m)	пасус (м)	pásus
palavra (f)	реч (ж)	reč
grupo (m) de palavras	група (ж) речи	grúpa réči
expressão (f)	израз (м)	ízraz
sinônimo (m)	синоним (м)	sinónim
antônimo (m)	антоним (м)	antónim
regra (f)	правило (с)	právilo
exceção (f)	изузетак (м)	izuzétak
correto (adj)	исправан	íspravan
conjugação (f)	коњугација (ж)	konjugácija
declinação (f)	деклинација (ж)	deklinácija
caso (m)	падеж (м)	pádež
pergunta (f)	питање (с)	pítanje
sublinhar (vt)	подвући (пг)	pódvući
linha (f) pontilhada	испрекидана линија (ж)	isprékidana línija

146. Línguas estrangeiras

língua (f)	језик (м)	jézik
estrangeiro (adj)	стран	stran
língua (f) estrangeira	страни језик (м)	stráni jézik
estudar (vt)	студирати (пг)	studírati
aprender (vt)	учити (пг)	účiti
ler (vt)	читати (нг, пг)	čítati
falar (vi)	говорити (нг)	govóriti
entender (vt)	разумевати (пг)	razumévati
escrever (vt)	писати (пг)	písati
rapidamente	брзо	bŕzo
devagar, lentamente	споро, полако	spóro, poláko

fluentemente	течно (мн)	téčno
regras (f pl)	правила (мн)	právila
gramática (f)	граматика (ж)	gramátika
vocabulário (m)	лексикон (м)	léksikon
fonética (f)	фонетика (ж)	fonétika
livro (m) didático	уџбеник (м)	údžbenik
dicionário (m)	речник (м)	réčnik
manual (m) autodidático	приручник (м)	príručnik
guia (m) de conversação	приручник (м) за конверзацију	príručnik za konverzáciju
fita (f) cassete	касета (ж)	kaséta
videoteipe (m)	видео касета (ж)	vídeo kaséta
CD (m)	ЦД диск (м)	CD disk
DVD (m)	ДВД (м)	DVD
alfabeto (m)	азбука, абецеда (ж)	ázbuka, abecéda
soletrar (vt)	спеловати (пг)	spélovati
pronúncia (f)	изговор (м)	ízgovor
sotaque (m)	нагласак (м)	náglasak
com sotaque	са нагласком	sa náglaskom
sem sotaque	без нагласка	bez náglaska
palavra (f)	реч (ж)	reč
sentido (m)	смисао (м)	smísao
curso (m)	течај (м)	téčaj
inscrever-se (vr)	уписати се	upísati se
professor (m)	професор (м)	prófesor
tradução (processo)	превођење (с)	prevóđenje
tradução (texto)	превод (м)	prévod
tradutor (m)	преводилац (м)	prevódilac
intérprete (m)	преводилац (м)	prevódilac
poliglota (m)	полиглота (м)	poliglóta
memória (f)	памћење (с)	pámćenje

147. Personagens de contos de fadas

Papai Noel (m)	Деда Мраз (м)	Déda Mraz
Cinderela (f)	Пепељуга (ж)	Pepéljuga
sereia (f)	сирена (ж)	siréna
Netuno (m)	Нептун (м)	Néptun
bruxo, feiticeiro (m)	чаробњак (м)	čaróbnjak
fada (f)	чаробница (ж)	čárobnica
mágico (adj)	чаробан	čároban
varinha (f) mágica	чаробни штап (м)	čárobni štap
conto (m) de fadas	бајка (ж)	bájka
milagre (m)	чудо (с)	čúdo

anão (m)	патуљак (м)	patúljak
transformar-se em …	претворити се у …	pretvóriti se u …

fantasma (m)	сабласт (ж)	sáblast
fantasma (m)	дух (м)	duh
monstro (m)	чудовиште (с)	čúdovište
dragão (m)	змај (м)	zmaj
gigante (m)	див (м)	div

148. Signos do Zodíaco

Áries (f)	Ован (м)	Óvan
Touro (m)	Бик (м)	Bik
Gêmeos (m pl)	Близанци (мн)	Blizánci
Câncer (m)	Рак (м)	Rak
Leão (m)	Лав (м)	Lav
Virgem (f)	Девица (ж)	Dévica

Libra (f)	Вага (ж)	Vága
Escorpião (m)	Шкорпија (ж)	Škórpija
Sagitário (m)	Стрелац (м)	Strélac
Capricórnio (m)	Јарац (м)	Járac
Aquário (m)	Водолија (м)	Vodólija
Peixes (pl)	Рибе (мн)	Ríbe

caráter (m)	карактер (м)	karákter
traços (m pl) do caráter	црте (мн) карактера	cŕte káraktera
comportamento (m)	понашање (с)	ponášanje
prever a sorte	гатати (нг)	gátati
adivinha (f)	гатара (ж)	gátara
horóscopo (m)	хороскоп (м)	hóroskop

Artes

teatro (m)	позориште (c)	pózorište
ópera (f)	опера (ж)	ópera
opereta (f)	оперета (ж)	operéta
balé (m)	балет (м)	bálet

cartaz (m)	плакат (м)	plákat
companhia (f) de teatro	трупа (ж)	trúpa
turnê (f)	гостовање (c)	góstovanje
estar em turnê	гостовати (нг)	gostóvati
ensaiar (vt)	пробати (пг)	próbati
ensaio (m)	проба (ж)	próba
repertório (m)	репертоар (м)	repertóar

apresentação (f)	представа (ж)	prédstava
espetáculo (m)	представа (ж)	prédstava
peça (f)	драма (ж)	dráma

entrada (m)	улазница (ж)	úlaznica
bilheteira (f)	благајна (ж)	blágajna
hall (m)	фоаје (м)	foáje
vestiário (m)	гардероба (ж)	garderóba
senha (f) numerada	број (м)	broj
binóculo (m)	двоглед (м)	dvógled
lanterninha (m)	разводник (м)	rázvodnik

plateia (f)	партер (м)	párter
balcão (m)	балкон (м)	bálkon
primeiro balcão (m)	прва галерија (ж)	pŕva galérija
camarote (m)	ложа (ж)	lóža
fila (f)	ред (м)	red
assento (m)	седиште (c)	sédište

público (m)	публика (ж)	públika
espectador (m)	гледалац (м)	glédalac
aplaudir (vt)	тапшати (нг)	tápšati
aplauso (m)	аплауз (м)	áplauz
ovação (f)	овација (ж)	ovácija

palco (m)	бина (ж)	bína
cortina (f)	завеса (ж)	závesa
cenário (m)	декорација (ж)	dekorácija
bastidores (m pl)	кулиса (ж)	kulísa

cena (f)	сцена (ж)	scéna
ato (m)	акт, чин (м)	akt, čin
intervalo (m)	пауза (ж)	páuza

150. Cinema

ator (m)	глумац (м)	glúmac
atriz (f)	глумица (ж)	glúmica
cinema (m)	кино (c)	kino
filme (m)	филм (м)	film
episódio (m)	епизода (ж)	epizóda
filme (m) policial	детектив (м)	detéktiv
filme (m) de ação	акциони филм (м)	ákcioni film
filme (m) de aventuras	авантуристички филм (м)	avantúristički film
filme (m) de ficção científica	научнофантастични филм (м)	náučnofantástični film
filme (m) de horror	хорор филм (м)	hóror film
comédia (f)	комедија (ж)	kómedija
melodrama (m)	мелодрама (ж)	mélodrama
drama (m)	драма (ж)	dráma
filme (m) de ficção	играни филм (м)	ígrani fílm
documentário (m)	документарни филм (м)	dókumentarni film
desenho (m) animado	цртани филм (м)	cŕtani film
cinema (m) mudo	неми филм (м)	némi film
papel (m)	улога (ж)	úloga
papel (m) principal	главна улога (ж)	glávna úloga
representar (vt)	играти (пг)	ígrati
estrela (f) de cinema	филмска звезда (ж)	fílmska zvézda
conhecido (adj)	чувен	čúven
famoso (adj)	познат	póznat
popular (adj)	популаран	pópularan
roteiro (m)	сценарио (м)	scenário
roteirista (m)	сценариста (м)	scenárista
diretor (m) de cinema	режисер (м)	režíser
produtor (m)	продуцент (м)	prodúcent
assistente (m)	асистент (м)	asístent
diretor (m) de fotografia	сниматељ (м)	snímatelj
dublê (m)	каскадер (м)	kaskáder
dublê (m) de corpo	двојник (м)	dvójnik
filmar (vt)	снимати филм	snímati film
audição (f)	аудиција (ж)	audícija
filmagem (f)	снимање (c)	snímanje
equipe (f) de filmagem	филмска екипа (ж)	fílmska ekípa
set (m) de filmagem	терен (м)	téren
câmera (f)	филмска камера (ж)	fílmska kámera
cinema (m)	биоскоп (м)	bíoskop
tela (f)	екран (м)	ékran
exibir um filme	приказивати филм	prikazívati film
trilha (f) sonora	звучни запис (м)	zvúčni zápis
efeitos (m pl) especiais	специјални ефекти (мн)	spécijalni efékti

legendas (f pl)	титлови (мн)	títlovi
crédito (m)	имена (мн) глумаца	iména glúmaca
tradução (f)	превод (м)	prévod

151. Pintura

arte (f)	уметност (ж)	úmetnost
belas-artes (f pl)	ликовна уметност (ж)	líkovna úmetnost
galeria (f) de arte	уметничка галерија (ж)	umétnička gálerija
exibição (f) de arte	изложба (ж) слика	ízložba slíka

pintura (f)	сликарство (c)	slikárstvo
arte (f) gráfica	графика (ж)	gráfika
arte (f) abstrata	апстракционизам (м)	apstrakcionízam
impressionismo (m)	импресионизам (м)	impresionízam

pintura (f), quadro (m)	слика (ж)	slíka
desenho (m)	цртеж (м)	cŕtež
cartaz, pôster (m)	постер (м)	póster

ilustração (f)	илустрација (ж)	ilustrácija
miniatura (f)	минијатура (ж)	minijatúra
cópia (f)	копија (ж)	kópija
reprodução (f)	репродукција (ж)	reprodúkcija

mosaico (m)	мозаик (м)	mozáik
vitral (m)	витраж (м)	vítraž
afresco (m)	фреска (ж)	fréska
gravura (f)	гравура (ж)	gravúra

busto (m)	попрсје (c)	póprsje
escultura (f)	скулптура (ж)	skulptúra
estátua (f)	кип (м)	kip
gesso (m)	гипс (м)	gips
em gesso (adj)	од гипса	od gípsa

retrato (m)	портрет (м)	pórtret
autorretrato (m)	аутопортрет (м)	autopórtret
paisagem (f)	пејзаж (м)	péjzaž
natureza (f) morta	мртва природа (ж)	mŕtva príroda
caricatura (f)	карикатура (ж)	karikatúra
esboço (m)	нацрт (м)	nacrt

tinta (f)	боја (ж)	bója
aquarela (f)	акварел (м)	akvárel
tinta (f) a óleo	уљана боја (ж)	úljana bója
lápis (m)	оловка (ж)	ólovka
tinta (f) nanquim	туш (м)	tuš
carvão (m)	угаљ (м)	úgalj

desenhar (vt)	цртати (нг, пг)	cŕtati
pintar (vt)	сликати (пг)	slíkati
posar (vi)	позирати (нг)	pozírati
modelo (m)	сликарски модел (м)	slíkarski módel

modelo (f)	сликарски модел (м)	slíkarski módel
pintor (m)	сликар (м)	slíkar
obra (f)	уметничко дело (с)	umétničko délo
obra-prima (f)	ремек-дело (с)	rémek-délo
estúdio (m)	радионица (ж)	radiónica

tela (f)	платно (м)	plátno
cavalete (m)	штафелај (м)	štafélaj
paleta (f)	палета (ж)	paléta

moldura (f)	оквир (м)	ókvir
restauração (f)	рестаурација (ж)	restaurácija
restaurar (vt)	рестаурирати (пг)	restaurírati

152. Literatura & Poesia

literatura (f)	књижевност (ж)	knjíževnost
autor (m)	аутор (м)	áutor
pseudônimo (m)	псеудоним (м)	pseudónim

livro (m)	књига (ж)	knjíga
volume (m)	том (м)	tom
índice (m)	садржај (м)	sádržaj
página (f)	страна (ж)	strána
protagonista (m)	главни јунак (м)	glávni júnak
autógrafo (m)	аутограм (м)	autógram

conto (m)	кратка прича (ж)	krátka príča
novela (f)	прича (ж)	príča
romance (m)	роман (м)	róman
obra (f)	дело (с)	délo
fábula (m)	басна (ж)	básna
romance (m) policial	детектив (м)	detéktiv

verso (m)	песма (ж)	pésma
poesia (f)	поезија (ж)	póezija
poema (m)	поема (ж)	póema
poeta (m)	песник (м)	pésnik

ficção (f)	белетристика (ж)	beletrístika
ficção (f) científica	научна фантастика (ж)	náučna fantástika
aventuras (f pl)	доживљаји (мн)	dóživljaji
literatura (f) didática	образовна литература (ж)	óbrazovna literatúra
literatura (f) infantil	книжевност (ж) за децу	knižévnost za décu

153. Circo

circo (m)	циркус (м)	církus
circo (m) ambulante	путујући циркус (м)	pútujući církus
programa (m)	програм (м)	prógram
apresentação (f)	представа (ж)	prédstava
número (m)	тачка (ж)	táčka

picadeiro (f)	арена (ж)	aréna
pantomima (f)	пантомима (ж)	pantomíma
palhaço (m)	кловн (м)	klovn

acrobata (m)	акробата (м)	akróbata
acrobacia (f)	акробатика (ж)	akrobátika
ginasta (m)	гимнастичар (м)	gimnástičar
ginástica (f)	гимнастика (ж)	gimnástika
salto (m) mortal	салто (м)	sálto

homem (m) forte	атлета (м)	atleta
domador (m)	укротитељ (м)	ukrótitelj
cavaleiro (m) equilibrista	јахач (м)	jáhač
assistente (m)	асистент (м)	asístent

truque (m)	трик (м)	trik
truque (m) de mágica	трик (м)	trik
ilusionista (m)	мађионичар (м)	mađióničar

malabarista (m)	жонглер (м)	žóngler
fazer malabarismos	жонглирати (нг)	žonglírati
adestrador (m)	дресер (м)	dréser
adestramento (m)	дресура (ж)	dresúra
adestrar (vt)	дресирати (пг)	dresírati

154. Música. Música popular

música (f)	музика (ж)	múzika
músico (m)	музичар (м)	múzičar
instrumento (m) musical	музички инструмент (м)	múzički instrúment
tocar ...	свирати ...	svírati ...

guitarra (f)	гитара (ж)	gitára
violino (m)	виолина (ж)	violína
violoncelo (m)	виолончело (с)	violónčelo
contrabaixo (m)	контрабас (м)	kóntrabas
harpa (f)	харфа (ж)	hárfa

piano (m)	клавир (м)	klávir
piano (m) de cauda	велики клавир (м)	véliki klávir
órgão (m)	оргуље (мн)	órgulje

instrumentos (m pl) de sopro	дувачки инструменти (мн)	dúvački instruménti
oboé (m)	обоа (ж)	obóa
saxofone (m)	саксофон (м)	sáksofon
clarinete (m)	кларинет (м)	klarínet
flauta (f)	флаута (ж)	fláuta
trompete (m)	труба (ж)	trúba

| acordeão (m) | хармоника (ж) | harmónika |
| tambor (m) | бубањ (м) | búbanj |

| dueto (m) | дует (м) | dúet |
| trio (m) | трио (м) | trío |

quarteto (m)	квартет (м)	kvártet
coro (m)	хор (м)	hor
orquestra (f)	оркестар (м)	órkestar

música (f) pop	поп музика (ж)	pop múzika
música (f) rock	рок музика (ж)	rok múzika
grupo (m) de rock	рок група (ж)	rok grúpa
jazz (m)	џез (м)	džez

| ídolo (m) | идол (м) | ídol |
| fã, admirador (m) | поштовалац (м) | poštóvalac |

concerto (m)	концерт (м)	kóncert
sinfonia (f)	симфонија (ж)	símfonija
composição (f)	дело (с)	délo
compor (vt)	компоновати (пг)	komponóvati

canto (m)	певање (с)	pévanje
canção (f)	песма (ж)	pésma
melodia (f)	мелодија (ж)	mélodija
ritmo (m)	ритам (м)	rítam
blues (m)	блуз (м)	blúz

notas (f pl)	ноте (мн)	nóte
batuta (f)	палица (ж)	pálica
arco (m)	гудало (с)	gúdalo
corda (f)	жица (ж)	žíca
estojo (m)	футрола (ж)	futróla

Descanso. Entretenimento. Viagens

155. Viagens

turismo (m)	туризам (м)	turízam
turista (m)	туриста (м)	turísta
viagem (f)	путовање (с)	putovánje
aventura (f)	авантура (ж)	avantúra
percurso (curta viagem)	путовање (с)	putovánje

férias (f pl)	одмор (м)	ódmor
estar de férias	бити на годишњем одмору	bíti na gódišnjem ódmoru
descanso (m)	одмор (м)	ódmor

trem (m)	воз (м)	voz
de trem (chegar ~)	возом	vózom
avião (m)	авион (м)	avíon
de avião	авионом	avіónom
de carro	колима, аутом	kólima, áutom
de navio	бродом	bródom

bagagem (f)	пртљаг (м)	pŕtljag
mala (f)	кофер (м)	kófer
carrinho (m)	колица (мн) за пртљаг	kolíca za pŕtljag

passaporte (m)	пасош (м)	pásoš
visto (m)	виза (ж)	víza
passagem (f)	карта (ж)	kárta
passagem (f) aérea	авионска карта (ж)	avіónska kárta

guia (m) de viagem	водич (м)	vódič
mapa (m)	мапа (ж)	mápa
área (f)	подручје (с)	pódručje
lugar (m)	место (с)	mésto

exotismo (m)	егзотика (ж)	egzótika
exótico (adj)	егзотичан	egzótičan
surpreendente (adj)	диван	dívan

grupo (m)	група (ж)	grúpa
excursão (f)	екскурзија (ж)	ekskúrzija
guia (m)	водич (м)	vódič

156. Hotel

hotel (m)	хотел (м)	hótel
motel (m)	мотел (м)	mótel

três estrelas	три звездице	tri zvézdice
cinco estrelas	пет звездица	pet zvézdica
ficar (vi, vt)	одсести (нг)	ódsesti

quarto (m)	соба (ж)	sóba
quarto (m) individual	једнокреветна соба (ж)	jédnokrevetna sóba
quarto (m) duplo	двокреветна соба (ж)	dvókrevetna sóba
reservar um quarto	резервисати собу	rezervísati sóbu

| meia pensão (f) | полупансион (м) | polupansíon |
| pensão (f) completa | пун пансион (м) | pun pansíon |

com banheira	са кадом	sa kádom
com chuveiro	са тушем	sa túšem
televisão (m) por satélite	сателитска телевизија (ж)	satelítska televízija
ar (m) condicionado	клима (ж)	klíma
toalha (f)	пешкир (м)	péškir
chave (f)	кључ (м)	ključ

administrador (m)	администратор (м)	administrátor
camareira (f)	собарица (ж)	sóbarica
bagageiro (m)	носач (м)	nósač
porteiro (m)	вратар (м)	vrátar

restaurante (m)	ресторан (м)	restóran
bar (m)	бар (м)	bar
café (m) da manhã	доручак (м)	dóručak
jantar (m)	вечера (ж)	véčera
bufê (m)	шведски сто (м)	švédski sto

| saguão (m) | фоаје (м) | foáje |
| elevador (m) | лифт (м) | lift |

| NÃO PERTURBE | НЕ УЗНЕМИРАВАТИ | NE UZNEMIRAVATI |
| PROIBIDO FUMAR! | ЗАБРАЊЕНО ПУШЕЊЕ | ZABRANJENO PUŠENJE |

157. Livros. Leitura

livro (m)	књига (ж)	knjíga
autor (m)	аутор (м)	áutor
escritor (m)	писац (м)	písac
escrever (~ um livro)	написати (пг)	napísati

leitor (m)	читалац (м)	čítalac
ler (vt)	читати (нг, пг)	čítati
leitura (f)	читање (с)	čítanje

| para si | у себи | u sébi |
| em voz alta | наглас | náglas |

publicar (vt)	издавати (пг)	izdávati
publicação (f)	издање (с)	izdánje
editor (m)	издавач (м)	izdávač
editora (f)	издавачка кућа (ж)	izdávačka kúća

sair (vi)	изаћи (нг)	ízaći
lançamento (m)	излазак (м)	ízlazak
tiragem (f)	тираж (м)	tíraž

livraria (f)	књижара (ж)	knjížara
biblioteca (f)	библиотека (ж)	bibliotéka

novela (f)	прича (ж)	príča
conto (m)	кратка прича (ж)	krátka príča
romance (m)	роман (м)	róman
romance (m) policial	детектив (м)	detéktiv

memórias (f pl)	мемоари (мн)	memoári
lenda (f)	легенда (ж)	légenda
mito (m)	мит (м)	mit

poesia (f)	песме (мн)	pésme
autobiografia (f)	аутобиографија (ж)	autobiográfija
obras (f pl) escolhidas	изабрана дела (мн)	ízabrana déla
ficção (f) científica	научна фантастика (ж)	náučna fantástika

título (m)	назив (м)	náziv
introdução (f)	увод (м)	úvod
folha (f) de rosto	насловна страна (ж)	náslovna strána

capítulo (m)	поглавље (с)	póglavlje
excerto (m)	одломак (м)	ódlomak
episódio (m)	епизода (ж)	epizóda

enredo (m)	сиже (м)	síže
conteúdo (m)	садржина (ж)	sádržina
índice (m)	садржај (м)	sádržaj
protagonista (m)	главни јунак (м)	glávni júnak

volume (m)	том (м)	tom
capa (f)	корица (ж)	kórica
encadernação (f)	корице (мн)	kórice
marcador (m) de página	ознака (ж)	óznaka

página (f)	страна (ж)	strána
folhear (vt)	листати (нг)	lístati
margem (f)	маргине (мн)	márgine
anotação (f)	забелешка (ж)	zábeleška
nota (f) de rodapé	фуснота (ж)	fúsnota

texto (m)	текст (м)	tekst
fonte (f)	фонт (м)	font
falha (f) de impressão	штампарска грешка (ж)	štámparska gréška

tradução (f)	превод (м)	prévod
traduzir (vt)	преводити (нг)	prevóditi
original (m)	оригинал (м)	oríginal

famoso (adj)	познат	póznat
desconhecido (adj)	непознат	népoznat
interessante (adj)	интересантан	interesántan

best-seller (m)	бестселер (м)	bestséler
dicionário (m)	речник (м)	réčnik
livro (m) didático	уџбеник (м)	údžbenik
enciclopédia (f)	енциклопедија (ж)	enciklopédija

158. Caça. Pesca

caça (f)	лов (м)	lov
caçar (vi)	ловити (нг)	lóviti
caçador (m)	ловац (м)	lóvac

disparar, atirar (vi)	пуцати (нг)	púcati
rifle (m)	пушка (ж)	púška
cartucho (m)	метак (м)	métak
chumbo (m) de caça	сачма (ж)	sáčma

armadilha (f)	замка (ж)	zámka
armadilha (com corda)	клопка (ж)	klópka
cair na armadilha	упасти у замку	úpasti u zámku
pôr a armadilha	поставити замку	póstaviti zámku

caçador (m) furtivo	ловокрадица (м)	lovokrádica
caça (animais)	дивљач (ж)	dívljač
cão (m) de caça	ловачки пас (м)	lóvački pas
safári (m)	сафари (м)	safári
animal (m) empalhado	препарирана животиња (ж)	preparírana živótinja

pescador (m)	риболовац, пецарош (м)	ríbolovac, pécaroš
pesca (f)	пецање (с), риболов (м)	pecanje, ríbolov
pescar (vt)	пецати (нг)	pécati

vara (f) de pesca	пецаљка (ж)	pécaljka
linha (f) de pesca	струна (ж)	strúna
anzol (m)	удица (ж)	údica
boia (f), flutuador (m)	пловак (м)	plóvak
isca (f)	мамац (м)	mámac

| lançar a linha | бацити удицу | báciti údicu |
| morder (peixe) | гристи (нг) | grísti |

| pesca (f) | улов (м) | úlov |
| buraco (m) no gelo | рупа (ж) у леду | rúpa u lédu |

rede (f)	мрежа (ж)	mréža
barco (m)	чамац (м)	čámac
pescar com rede	ловити мрежом	lóviti mréžom
lançar a rede	бацати мрежу	bácati mréžu

| puxar a rede | извлачити мрежу | izvláčiti mréžu |
| cair na rede | упасти у мрежу | úpasti u mréžu |

baleeiro (m)	китоловац (м)	kitolóvac
baleeira (f)	китоловац (м)	kitolóvac
arpão (m)	харпун (м)	hárpun

159. Jogos. Bilhar

bilhar (m)	билијар (м)	bilíjar
sala (f) de bilhar	билијарска сала (ж)	bilíjarska sála
bola (f) de bilhar	билијарска кугла (ж)	bilíjarska kugla

embolsar uma bola	убацити (пг) куглу	úbaciti kúglu
taco (m)	так (м)	tak
caçapa (f)	рупа (ж)	rúpa

160. Jogos. Jogar cartas

ouros (m pl)	каро (м)	káro
espadas (f pl)	пик (м)	pik
copas (f pl)	херц (м)	herc
paus (m pl)	треф (м)	tref

ás (m)	кец (м)	kec
rei (m)	краљ (м)	kralj
dama (f), rainha (f)	дама (ж)	dáma
valete (m)	жандар (м)	žándar

carta (f) de jogar	карта (ж) за играње	kárta za ígranje
cartas (f pl)	карте (мн)	kárte
trunfo (m)	адут (м)	ádut
baralho (m)	шпил (м)	špil

ponto (m)	бод (м)	bod
dar, distribuir (vt)	делити (пг)	déliti
embaralhar (vt)	мешати (пг)	méšati
vez, jogada (f)	потез (м)	pótez
trapaceiro (m)	варалица (м)	váralica

161. Casino. Roleta

cassino (m)	коцкарница (ж)	kóckarnica
roleta (f)	рулет (м)	rulét
aposta (f)	улог (м)	úlog
apostar (vt)	кладити се (нг)	kláditi se

vermelho (m)	црвено (с)	cŕveno
preto (m)	црно (с)	cŕno
apostar no vermelho	ставити на црвено	stáviti na crvéno
apostar no preto	ставити на црно	stáviti na cŕno

croupier (m, f)	крупје (м)	krúpje
girar da roleta	вртети рулет	vŕteti rúlet
regras (f pl) do jogo	правила (мн) игре	právila ígre
ficha (f)	жетон (м)	žéton
ganhar (vi, vt)	добити (пг)	dóbiti
ganho (m)	добитак (м)	dobítak

| perder (dinheiro) | изгубити (нг, пг) | izgúbiti |
| perda (f) | губитак (м) | gubítak |

jogador (m)	играч (м)	ígrač
blackjack, vinte-e-um (m)	блек џек (м)	blek džek
jogo (m) de dados	игра (ж) са коцкицама	ígra sa kóckicama
dados (m pl)	коцкице (мн)	kóckice
caça-níqueis (m)	слот машина (ж)	slot mašína

162. Descanso. Jogos. Diversos

passear (vi)	шетати се	šétati se
passeio (m)	шетња (ж)	šétnja
viagem (f) de carro	излет (м)	ízlet
aventura (f)	авантура (ж)	avantúra
piquenique (m)	пикник (м)	píknik

jogo (m)	игра (ж)	ígra
jogador (m)	играч (м)	ígrač
partida (f)	партија (ж)	pártija

colecionador (m)	колекционар (м)	kolékcionar
colecionar (vt)	колектирати (пг)	kolektírati
coleção (f)	колекција (ж)	kolékcija

palavras (f pl) cruzadas	укрштеница (ж)	úkrštenica
hipódromo (m)	хиподром (м)	hípodrom
discoteca (f)	дискотека (ж)	diskotéka

| sauna (f) | сауна (ж) | sáuna |
| loteria (f) | лутрија (ж) | lútrija |

campismo (m)	камповање (с)	kampovanje
acampamento (m)	камп (м)	kamp
barraca (f)	шатор (м)	šátor
bússola (f)	компас (м)	kómpas
campista (m)	кампер (м)	kámper

ver (vt), assistir à ...	гледати (пг)	glédati
telespectador (m)	гледалац (м)	glédalac
programa (m) de TV	телевизијска емисија (ж)	televízijska emísija

163. Fotografia

| máquina (f) fotográfica | фотоапарат (м) | fotoapárat |
| foto, fotografia (f) | фотографија (ж) | fotográfija |

fotógrafo (m)	фотограф (м)	fotógraf
estúdio (m) fotográfico	фото студио (м)	fóto stúdio
álbum (m) de fotografias	фото албум (м)	fóto álbum
lente (f) fotográfica	објектив (м)	óbjektiv
lente (f) teleobjetiva	телеобјектив (м)	teleobjéktiv

| filtro (m) | филтар (м) | fíltar |
| lente (f) | сочиво (c) | sóčivo |

ótica (f)	оптика (ж)	óptika
abertura (f)	дијафрагма (ж)	dijafrágma
exposição (f)	експозиција (ж)	ekspozícija
visor (m)	тражило (c)	trážilo

câmera (f) digital	дигитална камера (ж)	dígitalna kámera
tripé (m)	троножац (м)	trónožac
flash (m)	блиц (м)	blic

fotografar (vt)	сликати (нг)	slíkati
tirar fotos	сликати (нг)	slíkati
fotografar-se (vr)	сликати се	slíkati se

foco (m)	фокус (м)	fókus
focar (vt)	фокусирати (нг)	fokusírati
nítido (adj)	оштар	óštar
nitidez (f)	оштрина (ж)	oštrína

| contraste (m) | контраст (м) | kóntrast |
| contrastante (adj) | контрастан | kóntrastan |

retrato (m)	слика (ж)	slíka
negativo (m)	негатив (м)	négativ
filme (m)	филм (м)	film
fotograma (m)	кадар (м)	kádar
imprimir (vt)	штампати (нг)	štámpati

164. Praia. Natação

praia (f)	плажа (ж)	pláža
areia (f)	песак (м)	pésak
deserto (adj)	пуст	pust

bronzeado (m)	препланулост (ж)	preplánulost
bronzear-se (vr)	сунчати се	súnčati se
bronzeado (adj)	преплануо	preplánuo
protetor (m) solar	крема (ж) за сунчање	kréma za súnčanje

biquíni (m)	бикини (м)	bikíni
maiô (m)	купаћи костим (м)	kúpaći kóstim
calção (m) de banho	купаће гаће (мн)	kúpaće gáće

piscina (f)	базен (м)	bázen
nadar (vi)	пливати (нг)	plívati
chuveiro (m), ducha (f)	туш (м)	tuš
mudar, trocar (vt)	пресвлачити се	presvláčiti se
toalha (f)	пешкир (м)	péškir

barco (m)	чамац (м)	čámac
lancha (f)	моторни брод (м)	mótorni brod
esqui (m) aquático	водене скије (мн)	vódene skije

barco (m) de pedais	педалина (ж)	pedalína
surf, surfe (m)	сурфовање (с)	súrfovanje
surfista (m)	сурфер (м)	súrfer

equipamento (m) de mergulho	ронилачка опрема (ж)	rónilačka óprema
pé (m pl) de pato	пераја (мн)	péraja
máscara (f)	маска (ж)	máska
mergulhador (m)	ронилац (м)	rónilac
mergulhar (vi)	ронити (нг)	róniti
debaixo d'água	под водом	pod vódom

guarda-sol (m)	сунцобран (м)	súncobran
espreguiçadeira (f)	лежаљка (ж)	léžaljka
óculos (m pl) de sol	наочаре (мн)	náočare
colchão (m) de ar	душек (м) за пливање	dúšek za plívanje

brincar (vi)	играти се	ígrati se
ir nadar	купати се	kúpati se

bola (f) de praia	лопта (ж)	lópta
encher (vt)	пумпати (нг)	púmpati
inflável (adj)	на надувавање	na naduvavanje

onda (f)	талас (м)	tálas
boia (f)	бова (ж)	bóva
afogar-se (vr)	давити се	dáviti se

salvar (vt)	спасавати (нг)	spasávati
colete (m) salva-vidas	прслук (м) за спасавање	pŕsluk za spásavanje
observar (vt)	посматрати (нг)	posmátrati
salva-vidas (pessoa)	спасилац (м)	spásilac

EQUIPAMENTO TÉCNICO. TRANSPORTES

Equipamento técnico

165. Computador

computador (m)	рачунар (м)	račúnar
computador (m) portátil	лаптоп (м)	láptop
ligar (vt)	укључити (пг)	uključiti
desligar (vt)	искључити (пг)	isključiti
teclado (m)	тастатура (ж)	tastatúra
tecla (f)	тастер (м)	táster
mouse (m)	миш (ж)	miš
tapete (m) para mouse	подлога (ж) за миша	pódloga za miša
botão (m)	дугме (с)	dúgme
cursor (m)	курсор (м)	kúrsor
monitor (m)	монитор (м)	mónitor
tela (f)	екран (м)	ékran
disco (m) rígido	хард диск (м)	hard disk
capacidade (f) do disco rígido	капацитет (м) хард диска	kapacítet hard díska
memória (f)	меморија (ж)	mémorija
memória RAM (f)	РАМ меморија (ж)	RAM mémorija
arquivo (m)	фајл (м)	fajl
pasta (f)	фолдер (м)	fólder
abrir (vt)	отворити (пг)	ótvoriti
fechar (vt)	затворити (пг)	zatvóriti
salvar (vt)	снимити, сачувати (пг)	snímiti, sačúvati
deletar (vt)	избрисати (пг)	ízbrisati
copiar (vt)	копирати (пг)	kopírati
ordenar (vt)	сортирати (пг)	sortírati
copiar (vt)	пребацити (пг)	prebáciti
programa (m)	програм (м)	prógram
software (m)	софтвер (м)	sóftver
programador (m)	програмер (м)	prográmer
programar (vt)	програмирати (пг)	programírati
hacker (m)	хакер (м)	háker
senha (f)	лозинка (ж)	lózinka
vírus (m)	вирус (м)	vírus
detectar (vt)	пронаћи (пг)	prónaći
byte (m)	бајт (м)	bajt

megabyte (m)	мегабајт (м)	mégabajt
dados (m pl)	подаци (мн)	pódaci
base (f) de dados	база (ж) података	báza pódataka
cabo (m)	кабл (м)	kabl
desconectar (vt)	искључити (пр)	isključiti
conectar (vt)	спојити (пр)	spójiti

166. Internet. E-mail

internet (f)	интернет (м)	ínternet
browser (m)	прегледач (м)	prégledač
motor (m) de busca	претраживач (м)	pretražívač
provedor (m)	провајдер (м)	provájder
webmaster (m)	вебмастер (м)	vebmáster
website (m)	веб-сајт (м)	veb-sajt
web page (f)	веб-страница (ж)	veb-stránica
endereço (m)	адреса (ж)	adrésa
livro (m) de endereços	адресар (м)	adrésar
caixa (f) de correio	поштанско сандуче (с)	póštansko sánduče
correio (m)	пошта (ж)	póšta
cheia (caixa de correio)	пун	pun
mensagem (f)	порука (ж)	póruka
mensagens (f pl) recebidas	долазне поруке (мн)	dólazne póruke
mensagens (f pl) enviadas	одлазне поруке (мн)	ódlazne póruke
remetente (m)	пошиљалац (м)	póšiljalac
enviar (vt)	послати (пр)	póslati
envio (m)	слање (с)	slánje
destinatário (m)	прималац (м)	prímalac
receber (vt)	примити (пр)	prímiti
correspondência (f)	дописивање (с)	dopisívanje
corresponder-se (vr)	водити преписку	vóditi prépisku
arquivo (m)	фајл (м)	fajl
fazer download, baixar (vt)	преузети (пр)	preúzeti
criar (vt)	створити (пр)	stvóriti
deletar (vt)	избрисати (пр)	ízbrisati
deletado (adj)	избрисан	ízbrisan
conexão (f)	веза (ж)	véza
velocidade (f)	брзина (ж)	brzína
modem (m)	модем (м)	módem
acesso (m)	приступ (м)	prístup
porta (f)	порт (м)	port
conexão (f)	повезивање (с)	povezívanje
conectar (vi)	повезати се	povézati se
escolher (vt)	изабрати (пр)	izábrati
buscar (vt)	тражити (пр)	trážiti

167. Eletricidade

eletricidade (f)	струја (ж)	strúja
elétrico (adj)	електрични	eléktrični
planta (f) elétrica	електрана (ж)	elektrána
energia (f)	енергија (ж)	enérgija
energia (f) elétrica	електрична енергија (ж)	eléktrična enérgija
lâmpada (f)	сијалица (ж)	síjalica
lanterna (f)	батеријска лампа (ж)	batérijska lámpa
poste (m) de iluminação	улична расвета (ж)	úlična rásveta
luz (f)	светло (с)	svétlo
ligar (vt)	укључивати (нг)	uključívati
desligar (vt)	угасити (нг)	ugásiti
apagar a luz	угасити светло	ugásiti svétlo
queimar (vi)	прегорети (нг)	pregóreti
curto-circuito (m)	кратак спој (м)	krátak spoj
ruptura (f)	прекид (м)	prékid
contato (m)	контакт (м)	kóntakt
interruptor (m)	прекидач (м)	prekídač
tomada (de parede)	утичница (ж)	útičnica
plugue (m)	утикач (м)	utíkač
extensão (f)	продужни кабл (м)	pródužni kabl
fusível (m)	осигурач (м)	osigúrač
fio, cabo (m)	жица (ж), кабл (м)	žíca, kabl
instalação (f) elétrica	електрична инсталација (ж)	eléktrična instalácija
ampère (m)	ампер (м)	ámper
amperagem (f)	јачина (ж) струје	jačína strúje
volt (m)	волт (м)	volt
voltagem (f)	напон (м)	nápon
aparelho (m) elétrico	електрични апарат (м)	eléktrični apárat
indicador (m)	индикатор (м)	indikátor
eletricista (m)	електричар (м)	eléktričar
soldar (vt)	лемити (нг)	lémiti
soldador (m)	лемилица (с)	lémilica
corrente (f) elétrica	струја (ж)	strúja

168. Ferramentas

ferramenta (f)	алат (м)	álat
ferramentas (f pl)	алати (мн)	álati
equipamento (m)	опрема (ж)	óprema
martelo (m)	чекић (м)	čékić
chave (f) de fenda	шрафцигер (м)	šráfciger

machado (m)	секира (ж)	sekíra
serra (f)	тестера (ж)	téstera
serrar (vt)	тестерисати (пг)	testérisati
plaina (f)	блања (ж)	blánja
aplainar (vt)	стругати (пг)	strúgati
soldador (m)	лемилица (с)	lémilica
soldar (vt)	лемити (пг)	lémiti
lima (f)	турпија (ж)	túrpija
tenaz (f)	клешта (ж)	kléšta
alicate (m)	пљосната клешта (ж)	pljósnata kléšta
formão (m)	длето (с)	dléto
broca (f)	бургија (ж)	búrgija
furadeira (f) elétrica	бушилица (ж)	búšilica
furar (vt)	бушити (пг)	búšiti
faca (f)	нож (м)	nož
lâmina (f)	сечиво (с)	séčivo
afiado (adj)	оштар	óštar
cego (adj)	тупи	túpi
embotar-se (vr)	затупити се	zatúpiti se
afiar, amolar (vt)	оштрити (пг)	óštriti
parafuso (m)	завртањ (м)	závrtanj
porca (f)	навртка (ж)	návrtka
rosca (f)	навој (м)	návoj
parafuso (para madeira)	шраф (м)	šraf
prego (m)	ексер (м)	ékser
cabeça (f) do prego	глава (ж)	gláva
régua (f)	лењир (м)	lénjir
fita (f) métrica	метар (м)	métar
nível (m)	либела (ж)	libéla
lupa (f)	лупа (ж)	lúpa
medidor (m)	апарат (м) за мерење	apárat za mérenje
medir (vt)	измерити (пг)	ízmeriti
escala (f)	скала (ж)	skála
indicação (f), registro (m)	стање (с)	stánje
compressor (m)	компресор (м)	kómprésor
microscópio (m)	микроскоп (м)	míkroskop
bomba (f)	пумпа (ж)	púmpa
robô (m)	робот (м)	róbot
laser (m)	ласер (м)	láser
chave (f) de boca	матични кључ (м)	mátični ključ
fita (f) adesiva	лепљива трака (ж)	lépljiva tráka
cola (f)	лепак (м)	lépak
lixa (f)	шмиргла (ж)	šmírgla
mola (f)	опруга (ж)	ópruga

ímã (m)	магнет (м)	mágnet
luva (f)	рукавице (мн)	rukávice

corda (f)	уже (с)	úže
cabo (~ de nylon, etc.)	врпца (ж)	vȑpca
fio (m)	жица (ж), кабл (м)	žíca, kabl
cabo (~ elétrico)	кабл (м)	kabl

marreta (f)	маљ (м)	malj
pé de cabra (m)	ћускија (ж)	ćúskija
escada (f) de mão	мердевине (мн)	mérdevine
escada (m)	мердевине (мн) на расклапање	mérdevine na rásklapanje

enroscar (vt)	завртати (пг)	závrtati
desenroscar (vt)	одвртати (пг)	ódvrtati
apertar (vt)	стезати (пг)	stézati
colar (vt)	прилепити (пг)	prilépiti
cortar (vt)	сећи (пг)	séći

falha (f)	неисправност (ж)	neisprávnost
conserto (m)	поправка (ж)	pópravka
consertar, reparar (vt)	поправљати (пг)	pópravljati
regular, ajustar (vt)	регулисати (пг)	regulísati

verificar (vt)	проверавати (пг)	proverávati
verificação (f)	провера (ж)	próvera
indicação (f), registro (m)	стање (с)	stánje

seguro (adj)	поуздан	póuzdan
complicado (adj)	сложен	slóžen

enferrujar (vi)	рђати (нг)	rđati
enferrujado (adj)	рђав	rđav
ferrugem (f)	рђа (ж)	rđa

Transportes

169. Avião

avião (m)	авион (м)	avíon
passagem (f) aérea	авионска карта (ж)	aviónska kárta
companhia (f) aérea	авио-компанија (ж)	ávio-kompánija
aeroporto (m)	аеродром (м)	aeródrom
supersônico (adj)	суперсоничан	supersóničan
comandante (m) do avião	капетан (м) авиона	kapétan avíona
tripulação (f)	посада (ж)	pósada
piloto (m)	пилот (м)	pílot
aeromoça (f)	стјуардеса (ж)	stjuardésa
copiloto (m)	навигатор (м)	navígator
asas (f pl)	крила (мн)	kríla
cauda (f)	реп (м)	rep
cabine (f)	кабина (ж)	kabína
motor (m)	мотор (м)	mótor
trem (m) de pouso	шасија (ж)	šásija
turbina (f)	турбина (ж)	turbína
hélice (f)	пропелер (м)	propéler
caixa-preta (f)	црна кутија (ж)	cŕna kútija
coluna (f) de controle	управљач (м)	uprávljač
combustível (m)	гориво (м)	górivo
instruções (f pl) de segurança	упутство (с) за ванредне ситуације	úputstvo za vanredne situácije
máscara (f) de oxigênio	маска (ж) за кисеоник	máska za kiseónik
uniforme (m)	униформа (ж)	úniforma
colete (m) salva-vidas	прслук (м) за спасавање	pŕsluk za spásavanje
paraquedas (m)	падобран (м)	pádobran
decolagem (f)	полетање, узлетање (с)	polétanje, uzlétanje
descolar (vi)	полетати (нг)	polétati
pista (f) de decolagem	писта (ж)	písta
visibilidade (f)	видљивост (ж)	vídljivost
voo (m)	лет (м)	let
altura (f)	висина (ж)	visína
poço (m) de ar	ваздушни џеп (м)	vázdušni džep
assento (m)	седиште (с)	sédište
fone (m) de ouvido	слушалице (мн)	slúšalice
mesa (f) retrátil	сточић (м) на расклапање	stóčić na rasklápanje
janela (f)	прозор (м)	prózor
corredor (m)	пролаз (м)	prólaz

170. Comboio

trem (m)	воз (м)	voz
trem (m) elétrico	електрични воз (м)	električni voz
trem (m)	брзи воз (м)	bȑzi voz
locomotiva (f) diesel	дизел локомотива (ж)	dízel lokomotíva
locomotiva (f) a vapor	парна локомотива (ж)	párna lokomotíva
vagão (f) de passageiros	вагон (м)	vágon
vagão-restaurante (m)	вагон ресторан (м)	vágon restóran
carris (m pl)	шине (мн)	šíne
estrada (f) de ferro	железница (ж)	žéleznica
travessa (f)	праг (м)	prag
plataforma (f)	перон (м)	péron
linha (f)	колосек (м)	kólosek
semáforo (m)	семафор (м)	sémafor
estação (f)	станица (ж)	stánica
maquinista (m)	машиновођа (м)	mašinóvođa
bagageiro (m)	носач (м)	nósač
hospedeiro, -a (m, f)	послужитељ (м) у возу	poslúžitelj u vózu
passageiro (m)	путник (м)	pútnik
revisor (m)	контролер (м)	kontróler
corredor (m)	ходник (м)	hódnik
freio (m) de emergência	кочница (ж)	kóčnica
compartimento (m)	купе (м)	kúpe
cama (f)	лежај (м)	léžaj
cama (f) de cima	горњи лежај (м)	górnji léžaj
cama (f) de baixo	доњи лежај (м)	dónji léžaj
roupa (f) de cama	постељина (ж)	posteljína
passagem (f)	карта (ж)	kárta
horário (m)	ред (м) вожње	red vóžnje
painel (m) de informação	табла (ж)	tábla
partir (vt)	одлазити (нг)	ódlaziti
partida (f)	полазак (м)	pólazak
chegar (vi)	долазити (нг)	dólaziti
chegada (f)	долазак (м)	dólazak
chegar de trem	доћи возом	dóći vózom
pegar o trem	сести у воз	sésti u voz
descer de trem	сићи с воза	síći s vóza
acidente (m) ferroviário	железничка несрећа (ж)	žéleznička nésreća
descarrilar (vi)	исклизнути из шина	ískliznuti iz šína
locomotiva (f) a vapor	парна локомотива (ж)	párna lokomotíva
foguista (m)	ложач (м)	lóžač
fornalha (f)	ложиште (с)	lóžište
carvão (m)	угаљ (м)	úgalj

171. Barco

navio (m)	брод (м)	brod
embarcação (f)	брод (м)	brod
barco (m) a vapor	пароброд (м)	párobrod
barco (m) fluvial	речни брод (м)	réčni brod
transatlântico (m)	прекоокеански брод (м)	prekookéanski brod
cruzeiro (m)	крстарица (ж)	krstárica
iate (m)	јахта (ж)	jáhta
rebocador (m)	тегљач (м)	tégljač
barcaça (f)	шлеп (м)	šlép
ferry (m)	трајект (м)	trájekt
veleiro (m)	једрењак (м)	jedrénjak
bergantim (m)	бригантина (ж)	brigantína
quebra-gelo (m)	ледоломац (м)	ledolómac
submarino (m)	подморница (ж)	pódmornica
bote, barco (m)	чамац (м)	čámac
baleeira (bote salva-vidas)	чамац (м)	čámac
bote (m) salva-vidas	чамац (м) за спасавање	čámac za spásavanje
lancha (f)	моторни брод (м)	mótorni brod
capitão (m)	капетан (м)	kapétan
marinheiro (m)	морнар (м)	mórnar
marujo (m)	поморац, морнар (м)	pómorac, mórnar
tripulação (f)	посада (ж)	pósada
contramestre (m)	вођа (м) палубе	vóđa pálube
grumete (m)	бродски момак (м)	bródski mómak
cozinheiro (m) de bordo	кувар (м)	kúvar
médico (m) de bordo	бродски лекар (м)	bródski lékar
convés (m)	палуба (ж)	páluba
mastro (m)	јарбол (м)	járbol
vela (f)	једро (с)	jédro
porão (m)	потпалубље (с)	pótpalublje
proa (f)	прамац (м)	prámac
popa (f)	крма (ж)	kŕma
remo (m)	весло (с)	véslo
hélice (f)	бродски пропелер (м)	bródski propéler
cabine (m)	кабина (ж)	kabína
sala (f) dos oficiais	официрска менза (ж)	ofícirska ménza
sala (f) das máquinas	стројарница (ж)	strójarnica
ponte (m) de comando	капетански мост (м)	kapétanski most
sala (f) de comunicações	радио кабина (ж)	rádio kabína
onda (f)	талас (м)	tálas
diário (m) de bordo	бродски дневник (м)	bródski dnévnik
luneta (f)	дурбин (м)	dúrbin
sino (m)	звоно (с)	zvóno

bandeira (f)	застава (ж)	zástava
cabo (m)	конопац (м)	kónopac
nó (m)	чвор (м)	čvor

corrimão (m)	рукохват (м)	rúkohvat
prancha (f) de embarque	рампа (ж)	rámpa

âncora (f)	сидро (с)	sídro
recolher a âncora	дићи сидро	díći sídro
jogar a âncora	спустити сидро	spústiti sídro
amarra (corrente de âncora)	сидрени ланац (м)	sídreni lánac

porto (m)	лука (ж)	lúka
cais, amarradouro (m)	пристаниште (с)	prístanište
atracar (vi)	пристајати (нг)	prístajati
desatracar (vi)	отпловити (нг)	otplóviti

viagem (f)	путовање (с)	putovánje
cruzeiro (m)	крстарење (с)	krstárenje
rumo (m)	правац, курс (м)	právac, kurs
itinerário (m)	маршрута (ж)	maršrúta

canal (m) de navegação	пловни пут (м)	plóvni put
banco (m) de areia	плићак (м)	plíćak
encalhar (vt)	насукати се	násukati se

tempestade (f)	олуја (ж)	olúja
sinal (m)	сигнал (м)	sígnal
afundar-se (vr)	тонути (нг)	tónuti
Homem ao mar!	Човек у мору!	Čóvek u móru!
SOS	СОС	SOS
boia (f) salva-vidas	појас (м) за спасавање	pójas za spasávanje

172. Aeroporto

aeroporto (m)	аеродром (м)	aeródrom
avião (m)	авион (м)	avíon
companhia (f) aérea	авио-компанија (ж)	ávio-kompánija
controlador (m) de tráfego aéreo	контролор (м) лета	kontrólor léta

partida (f)	полазак (м)	pólazak
chegada (f)	долазак (м)	dólazak
chegar (vi)	долетети (нг)	doléteti

hora (f) de partida	време (с) поласка	vréme pólaska
hora (f) de chegada	време (с) доласка	vréme dólaska

estar atrasado	каснити (нг)	kásniti
atraso (m) de voo	кашњење (с) лета	kášnjenje léta

painel (m) de informação	информативна табла (ж)	ínformativna tábla
informação (f)	информација (ж)	informácija
anunciar (vt)	објављивати (пг)	objavljívati

voo (m)	лет (м)	let
alfândega (f)	царина (ж)	cárina
funcionário (m) da alfândega	цариник (м)	cárinik

declaração (f) alfandegária	царинска декларација (ж)	cárinska deklarácija
preencher (vt)	попунити (пг)	pópuniti
preencher a declaração	попунити декларацију	pópuniti deklaráciju
controle (m) de passaporte	пасошка контрола (ж)	pásoška kontróla

bagagem (f)	пртљаг (м)	pŕtljag
bagagem (f) de mão	ручни пртљаг (м)	rúčni pŕtljag
carrinho (m)	колица (мн) за пртљаг	kolíca za pŕtljag

pouso (m)	слетање (с)	slétanje
pista (f) de pouso	писта (ж) за слетање	písta za slétanje
aterrissar (vi)	спуштати се	spúštati se
escada (f) de avião	степенице (мн)	stépenice

check-in (m)	регистрација (ж), чекирање (с)	registrácija, čekíranje
balcão (m) do check-in	шалтер (м) за чекирање	šálter za čekíranje
fazer o check-in	пријавити се	prijáviti se
cartão (m) de embarque	бординг карта (ж)	bórding kárta
portão (m) de embarque	излаз (м)	ízlaz

trânsito (m)	транзит (м)	tránzit
esperar (vi, vt)	чекати (нг, пг)	čékati
sala (f) de espera	чекаоница (ж)	čekaónica
despedir-se (acompanhar)	пратити (пг)	prátiti
despedir-se (dizer adeus)	опраштати се	opráštati se

173. Bicicleta. Motocicleta

bicicleta (f)	бицикл (м)	bicíkl
lambreta (f)	скутер (м)	skúter
moto (f)	мотоцикл (м)	motocíkl

ir de bicicleta	ићи бициклом	ići bicíklom
guidão (m)	управљач (м)	uprávljač
pedal (m)	педала (ж)	pedála
freios (m pl)	кочнице (мн)	kóčnice
banco, selim (m)	седло, седиште (с)	sédlo, sédište

bomba (f)	пумпа (ж)	púmpa
bagageiro (m) de teto	пак трегер (м)	pak tréger
lanterna (f)	фар (м)	far
capacete (m)	шлем (м)	šlem

roda (f)	точак (м)	tóčak
para-choque (m)	блатобран (м)	blátobran
aro (m)	фелга (ж)	félga
raio (m)	жбица (ж)	žbíca

Carros

174. Tipos de carros

carro, automóvel (m)	ауто, аутомобил (м)	áuto, automóbil
carro (m) esportivo	спортски ауто (м)	spórtski áuto
limusine (f)	лимузина (ж)	limuzína
todo o terreno (m)	теренско возило (с)	térensko vózilo
conversível (m)	кабриолет (м)	kabriólet
minibus (m)	минибус (м)	mínibus
ambulância (f)	хитна помоћ (ж)	hítna pómoć
limpa-neve (m)	снежни плуг (м)	snéžni plug
caminhão (m)	камион (м)	kamíon
caminhão-tanque (m)	аутоцистерна (ж)	autocísterna
perua, van (f)	комби (м)	kómbi
caminhão-trator (m)	тегљач (м)	tégljač
reboque (m)	приколица (ж)	príkolica
confortável (adj)	комфоран	kómforan
usado (adj)	половни	pólovni

175. Carros. Carroçaria

capô (m)	хауба (ж)	háuba
para-choque (m)	блатобран (м)	blátobran
teto (m)	кров (м)	krov
para-brisa (m)	шофершајбна (ж)	šóferšajbna
retrovisor (m)	ретровизор (м)	retrovízor
esguicho (m)	прскалица (ж) ветробрана	pŕskalica vétrobrana
limpadores (m) de para-brisas	метлице (мн) брисача	métlice brisáča
vidro (m) lateral	бочни прозор (м)	bóčni prózor
elevador (m) do vidro	подизач (м) прозора	pódizač prózora
antena (f)	антена (ж)	anténa
teto (m) solar	отвор (м) на крову	ótvor na króvu
para-choque (m)	браник (м)	bránik
porta-malas (f)	гепек (м)	gépek
bagageira (f)	пртљажник (м)	prtljážnik
porta (f)	врата (мн)	vráta
maçaneta (f)	квака (ж)	kváka
fechadura (f)	брава (ж)	bráva
placa (f)	регистарска таблица (ж)	regístarska táblica
silenciador (m)	пригушивач (м)	prigúšivač

tanque (m) de gasolina	резервоар (м) за гориво	rezervóar za górivo
tubo (m) de exaustão	ауспух (м)	áuspuh
acelerador (m)	гас (м)	gas
pedal (m)	педала (ж)	pedála
pedal (m) do acelerador	папучица (ж) гаса	pápučica gása
freio (m)	кочница (ж)	kóčnica
pedal (m) do freio	папучица (ж) кочнице	pápučica kóčnice
frear (vt)	кочити (нг)	kóčiti
freio (m) de mão	ручна кочница (ж)	rúčna kóčnica
embreagem (f)	квачило (с)	kváčilo
pedal (m) da embreagem	папучица (ж) квачила	pápučica kváčila
disco (m) de embreagem	диск (м) квачила	disk kváčila
amortecedor (m)	амортизер (м)	amortízer
roda (f)	точак (м)	tóčak
pneu (m) estepe	резервни точак (м)	rézervni tóčak
pneu (m)	гума (ж)	gúma
calota (f)	раткапна (ж)	rátkapna
rodas (f pl) motrizes	погонски точкови (мн)	pógonski tóčkovi
de tração dianteira	са предњим погоном	sa prédnjim pógonom
de tração traseira	на задњи погон	na zádnji pógon
de tração às 4 rodas	с погоном на четири точка	s pógonom na čétiri tóčka
caixa (f) de mudanças	мењач (м)	ménjač
automático (adj)	аутоматски	autómatski
mecânico (adj)	механички	mehánički
alavanca (f) de câmbio	мењач (м)	ménjač
farol (m)	светло (с), фар (м)	svétlo, far
faróis (m pl)	фарови (мн)	fárovi
farol (m) baixo	кратка светла (мн)	krátka svétla
farol (m) alto	дуга светла (мн)	dúga svétla
luzes (f pl) de parada	стоп светло (с)	stop svétlo
luzes (f pl) de posição	паркинг светла (мн)	párking svétla
luzes (f pl) de emergência	четири жмигавца (мн)	čétiri žmígavca
faróis (m pl) de neblina	светла (мн) за маглу	svétla za máglu
pisca-pisca (m)	мигавац (м)	mígavac
luz (f) de marcha ré	рикверц светло (с)	ríkverc svétlo

176. Carros. Habitáculo

interior (do carro)	унутрашњост (ж)	únutrašnjost
de couro	кожни	kóžni
de veludo	из велура	iz velúra
estofamento (m)	тапацирунг (м)	tapacírung
indicador (m)	инструмент (м)	instrúment
painel (m)	инструмент табла (ж)	instrúment tábla

velocímetro (m)	брзиномер (м)	brzínomer
ponteiro (m)	казаљка (ж)	kázaljka

hodômetro, odômetro (m)	километар сат (м)	kílometar sat
indicador (m)	мерач (м)	mérač
nível (m)	ниво (м)	nívo
luz (f) de aviso	лампица (ж) упозорава	lámpica upozorava

volante (m)	волан (м)	vólan
buzina (f)	сирена (ж)	siréna
botão (m)	дугме (с)	dúgme
interruptor (m)	прекидач (м)	prekídač

assento (m)	седиште (с)	sédište
costas (f pl) do assento	наслон (м)	náslon
cabeceira (f)	наслон (м) за главу	náslon za glávu
cinto (m) de segurança	сигурносни појас (м)	sigúrnosni pójas
apertar o cinto	везати појас	vézati pójas
ajuste (m)	подешавање (с)	podešávanje

airbag (m)	ваздушни јастук (м)	vázdušni jástuk
ar (m) condicionado	клима уређај (м)	klíma úređaj

rádio (m)	радио (м)	rádio
leitor (m) de CD	ЦД плејер (м)	CD pléjer
ligar (vt)	укључити (пг)	uključiti
antena (f)	антена (ж)	anténa
porta-luvas (m)	претинац (м)	prétinac
cinzeiro (m)	пепељара (ж)	pepéljara

177. Carros. Motor

motor (m)	мотор (м)	mótor
a diesel	дизелски	dízelski
a gasolina	бензински	bénzinski

cilindrada (f)	запремина (ж) мотора	zápremina mótora
potência (f)	снага (ж)	snága
cavalo (m) de potência	коњска снага (ж)	kónjska snága
pistão (m)	клип (м)	klip
cilindro (m)	цилиндар (м)	cilíndar
válvula (f)	вентил (м)	véntil

injetor (m)	ињектор (м)	ínjektor
gerador (m)	генератор (м)	genérator
carburador (m)	карбуратор (м)	karburator
óleo (m) de motor	моторно уље (с)	mótorno úlje

radiador (m)	хладњак (м)	hládnjak
líquido (m) de arrefecimento	течност (ж) за хлађење	téčnost za hláđenje
ventilador (m)	вентилатор (м)	ventílator

bateria (f)	акумулатор (м)	akumúlator
dispositivo (m) de arranque	стартер (м)	stárter

ignição (f)	паљење (c)	páljenje
vela (f) de ignição	свећица (ж)	svéćica

terminal (m)	клема (ж)	kléma
terminal (m) positivo	плус (м)	plus
terminal (m) negativo	минус (м)	mínus
fusível (m)	осигурач (м)	osigúrač

filtro (m) de ar	ваздушни филтер (м)	vázdušni fílter
filtro (m) de óleo	филтер (м) за уље	fílter za úlje
filtro (m) de combustível	филтер (м) за гориво	fílter za górivo

178. Carros. Batidas. Reparação

acidente (m) de carro	саобраћајка (ж)	saobráćajka
acidente (m) rodoviário	саобраћајна несрећа (ж)	sáobraćajna nésreća
bater (~ num muro)	ударити (нг)	údariti
sofrer um acidente	разбити се	rázbiti se
dano (m)	штета (ж)	štéta
intato	нетакнут	nétaknut

pane (f)	квар (м)	kvar
avariar (vi)	поквapiти се	pokváriti se
cabo (m) de reboque	уже (c) за вучу	úže za vúču

furo (m)	рупа, пукнута гума (ж)	rúpa, púknuta gúma
estar furado	испумпати се	ispúmpati se
encher (vt)	пумпати (нг)	púmpati
pressão (f)	притисак (м)	prítisak
verificar (vt)	проверити (нг)	próveriti

reparo (m)	поправка (ж)	pópravka
oficina (f) automotiva	ауто сервис (м)	áuto sérvis
peça (f) de reposição	резервни део (м)	rézervni déo
peça (f)	део (м)	déo

parafuso (com porca)	завртањ (м)	závrtanj
parafuso (m)	шраф (м)	šraf
porca (f)	навртка (ж)	návrtka
arruela (f)	подлошка (ж)	pódloška
rolamento (m)	лежај (м)	léžaj

tubo (m)	црево (c)	crévo
junta, gaxeta (f)	заптивка (ж)	záptivka
fio, cabo (m)	жица (ж)	žíca

macaco (m)	дизалица (ж)	dízalica
chave (f) de boca	матични кључ (м)	mátični ključ
martelo (m)	чекић (м)	čékić
bomba (f)	пумпа (ж)	púmpa
chave (f) de fenda	шрафцигер (м)	šráfciger

extintor (m)	противпожарни апарат (м)	protivpóžarni apárat
triângulo (m) de emergência	безбедносни троугао (м)	bezbédnosni tróugao

morrer (motor)	гасити се	gásiti se
paragem, "morte" (f)	гашење (c)	gášenje
estar quebrado	бити покварен	biti pókvaren

superaquecer-se (vr)	прегрејати се	prégrejati se
entupir-se (vr)	зачепити се	začépiti se
congelar-se (vr)	смрзнути се	smŕznuti se
rebentar (vi)	пукнути (нг)	púknuti

pressão (f)	притисак (м)	prítisak
nível (m)	ниво (м)	nívo
frouxo (adj)	лабав	lábav

batida (f)	удубљење (c)	udubljénje
ruído (m)	лупање (c)	lúpanje
fissura (f)	пукотина (ж)	púkotina
arranhão (m)	огреботина (ж)	ogrebótina

179. Carros. Estrada

estrada (f)	пут (м)	put
autoestrada (f)	брзи пут (м)	bŕzi put
rodovia (f)	аутопут (м)	áutoput
direção (f)	правац (м)	právac
distância (f)	раздаљина (ж)	rázdaljina

ponte (f)	мост (м)	most
parque (m) de estacionamento	паркиралиште (c)	parkíralište
praça (f)	трг (м)	tŕg
nó (m) rodoviário	петља (ж)	pétlja
túnel (m)	тунел (м)	túnel

posto (m) de gasolina	бензинска станица (ж)	bénzinska stánica
parque (m) de estacionamento	паркиралиште (c)	parkíralište
bomba (f) de gasolina	пумпа (ж)	púmpa
oficina (f) automotiva	ауто сервис (м)	áuto sérvis
abastecer (vt)	напунити (нг)	nápuniti
combustível (m)	гориво (c)	górivo
galão (m) de gasolina	канта (ж) за гориво	kánta za górivo

asfalto (m)	асфалт (м)	ásfalt
marcação (f) de estradas	ознаке (мн) на коловозу	óznake na kólovozu
meio-fio (m)	ивичњак (м)	ívičnjak
guard-rail (m)	заштитна ограда (ж)	záštitna ógrada
valeta (f)	канал (м)	kánal
acostamento (m)	ивица (ж) пута	ívica puta
poste (m) de luz	стуб (м)	stub

dirigir (vt)	возити (нг)	vóziti
virar (~ para a direita)	скретати (нг)	skrétati
dar retorno	окренути се	okrénuti se
ré (f)	рикверц (м)	ríkverc
buzinar (vi)	трубити (нг)	trúbiti
buzina (f)	звучни сигнал (м)	zvúčni sígnal

atolar-se (vr)	заглавити се	zagláviti se
patinar (na lama)	окретати се у месту	okrétati se u méstu
desligar (vt)	гасити (пr)	gásiti
velocidade (f)	брзина (ж)	brzína
exceder a velocidade	прекорачити брзину	prekoráčiti brzinu
multar (vt)	кажњавати (пr)	kažnjávati
semáforo (m)	семафор (м)	sémafor
carteira (f) de motorista	возачка дозвола (ж)	vózačka dózvola
passagem (f) de nível	пружни прелаз (м)	prúžni prélaz
cruzamento (m)	раскрсница (ж)	ráskrsnica
faixa (f)	пешачки прелаз (м)	péšački prélaz
curva (f)	кривина (ж)	krivína
zona (f) de pedestres	пешачка зона (ж)	péšačka zona

180. Sinais de trânsito

código (m) de trânsito	правила (мн) саобрацаја	právila sáobracaja
sinal (m) de trânsito	саобраћајни знак (м)	sáobraćajni znak
ultrapassagem (f)	претицање (с)	préticanje
curva (f)	кривина (ж)	krivína
retorno (m)	Полукружно окретање	Pólukružno ókretanje
rotatória (f)	Кружни ток	Krúžni tok
sentido proibido	Забрана саобраћаја	Zábrana sáobraćaja
trânsito proibido	Забрана саобраћаја у оба смера	Zábrana sáobraćaja u óba sméra
proibido de ultrapassar	Забрана претицање	Zábrana préticanje
estacionamento proibido	Забрањено паркирање	Zabránjeno parkíranje
paragem proibida	Забрана заустављања	Zábrana zaústavljanja
curva (f) perigosa	Опасна кривина	Opasna krivína
descida (f) perigosa	Опасна низбрдица	Opasna nízbrdica
trânsito de sentido único	Једносмерни саобраћај	Jédnosmerni sáobraćaj
faixa (f)	Пешачки прелаз	Péšački prélaz
pavimento (m) escorregadio	Клизав коловоз	Klízav kólovoz
conceder passagem	Првенство пролаза	Prvénstvo prólaza

PESSOAS. EVENTOS

181. Férias. Evento

festa (f)	празник (м)	práznik
feriado (m) nacional	национални празник (м)	nacionálni práznik
feriado (m)	празничан дан (м)	prázničan dan
festejar (vt)	празновати (пг)	práznovati
evento (festa, etc.)	догаћај (м)	dógađaj
evento (banquete, etc.)	догаћај (м)	dógađaj
banquete (m)	банкет (м)	bánket
recepção (f)	дочек, пријем (м)	dóček, príjem
festim (m)	гозба (ж)	gózba
aniversário (m)	годишњица (ж)	gódišnjica
jubileu (m)	јубилеј (м)	jubílej
celebrar (vt)	прославити (пг)	próslaviti
Ano (m) Novo	Нова година (ж)	Nóva gódina
Feliz Ano Novo!	Срећна Нова година!	Sréćna Nóva gódina!
Papai Noel (m)	Деда Мраз (м)	Déda Mraz
Natal (m)	Божић (м)	Bóžić
Feliz Natal!	Срећан Божић!	Sréćan Bóžić!
árvore (f) de Natal	Новогодишња јелка (ж)	Novogódišnja jélka
fogos (m pl) de artifício	ватромет (м)	vátromet
casamento (m)	свадба (ж)	svádba
noivo (m)	младожења (м)	mladóženja
noiva (f)	млада, невеста (ж)	mláda, névesta
convidar (vt)	позивати (пг)	pozívati
convite (m)	позивница (ж)	pózivnica
convidado (m)	гост (м)	gost
visitar (vt)	ићи у госте	íći u góste
receber os convidados	дочекивати госте	dočekívati góste
presente (m)	поклон (м)	póklon
oferecer, dar (vt)	поклањати (пг)	póklanjati
receber presentes	добијати поклоне	dóbijati póklone
buquê (m) de flores	букет (м)	búket
felicitações (f pl)	честитка (ж)	čestitka
felicitar (vt)	честитати (пг)	čestítati
cartão (m) de parabéns	честитка (ж)	čestitka
enviar um cartão postal	послати честитку	póslati čestitku
receber um cartão postal	добити честитку	dóbiti čestitku

brinde (m)	здравица (ж)	zdrávica
oferecer (vt)	нудити (пг)	núditi
champanhe (m)	шампањац (м)	šampánjac

divertir-se (vr)	веселити се	veséliti se
diversão (f)	весеље (с)	vesélje
alegria (f)	радост (ж)	rádost

| dança (f) | плес (м) | ples |
| dançar (vi) | играти, плесати (нг) | ígrati, plésati |

| valsa (f) | валцер (м) | válcer |
| tango (m) | танго (м) | tángo |

182. Funerais. Enterro

cemitério (m)	гробље (с)	gróblje
sepultura (f), túmulo (m)	гроб (м)	grob
cruz (f)	крст (м)	kŕst
lápide (f)	надгробни споменик (м)	nádgrobni spómenik
cerca (f)	ограда (ж)	ógrada
capela (f)	капела (ж)	kapéla

morte (f)	смрт (ж)	smŕt
morrer (vi)	умрети (нг)	úmreti
defunto (m)	покојник (м)	pókojnik
luto (m)	жалост (ж)	žálost

enterrar, sepultar (vt)	сахрањивати (пг)	sahranjívati
funerária (f)	погребно предузеће (с)	pógrebno preduzéće
funeral (m)	сахрана (ж)	sáhrana

coroa (f) de flores	венац (м)	vénac
caixão (m)	ковчег (м)	kóvčeg
carro (m) funerário	погребна кола (ж)	pógrebna kóla
mortalha (f)	мртвачки покров (м)	mŕtvački pókrov

procissão (f) funerária	погребна поворка (ж)	pógrebna póvorka
urna (f) funerária	погребна урна (ж)	pógrebna úrna
crematório (m)	крематоријум (м)	krematórijum

obituário (m), necrologia (f)	читуља (ж)	čítulja
chorar (vi)	плакати (нг)	plákati
soluçar (vi)	јецати (пг)	jécati

183. Guerra. Soldados

pelotão (m)	вод (м)	vod
companhia (f)	чета (ж)	četa
regimento (m)	пук (м)	púk
exército (m)	армија (ж)	ármija
divisão (f)	дивизија (ж)	divízija

esquadrão (m)	одред (м)	ódred
hoste (f)	војска (ж)	vójska

soldado (m)	војник (м)	vójnik
oficial (m)	официр (м)	ofícir

soldado (m) raso	редов (м)	rédov
sargento (m)	наредник (м)	nárednik
tenente (m)	поручник (м)	póručnik
capitão (m)	капетан (м)	kapétan
major (m)	мајор (м)	májor
coronel (m)	пуковник (м)	púkovnik
general (m)	генерал (м)	genéral

marujo (m)	поморац, морнар (м)	pómorac, mórnar
capitão (m)	капетан (м)	kapétan
contramestre (m)	вођа (м) палубе	vóđa pálube
artilheiro (m)	артиљерац (м)	artiljérac
soldado (m) paraquedista	падобранац (м)	pádobranac
piloto (m)	пилот (м)	pílot
navegador (m)	навигатор (м)	navígator
mecânico (m)	механичар (м)	meháničar

sapador-mineiro (m)	деминер (м)	demíner
paraquedista (m)	падобранац (м)	pádobranac
explorador (m)	извиђач (м)	izvídač
atirador (m) de tocaia	снајпер (м)	snájper

patrulha (f)	патрола (ж)	patróla
patrulhar (vt)	патролирати (нг, пг)	patrolírati
sentinela (f)	стражар (м)	strážar
guerreiro (m)	војник (м)	vójnik
patriota (m)	патриота (м)	patrióta
herói (m)	јунак (м)	júnak
heroína (f)	јунакиња (ж)	junákinja

traidor (m)	издајник (м)	ízdajnik
trair (vt)	издавати (пг)	izdávati

desertor (m)	дезертер (м)	dezérter
desertar (vt)	дезертирати (нг)	dezertírati

mercenário (m)	најамник (м)	nájamnik
recruta (m)	регрут (м)	régrut
voluntário (m)	добровољац (м)	dobrovóljac

morto (m)	убијен (м)	úbijen
ferido (m)	рањеник (м)	ránjenik
prisioneiro (m) de guerra	заробљеник (м)	zarobljénik

184. Guerra. Ações militares. Parte 1

guerra (f)	рат (м)	rat
guerrear (vt)	ратовати (нг)	rátovati

guerra (f) civil	грађански рат (м)	gráđanski rat
perfidamente	подмукло	pódmuklo
declaração (f) de guerra	објава (ж) рата	óbjava rata
declarar guerra	објавити (пг)	objáviti
agressão (f)	агресија (ж)	agrésija
atacar (vt)	нападати (нг)	nápadati

invadir (vt)	инвадирати, окупирати (пг)	invadírati, okupírati
invasor (m)	освајач (м)	osvájač
conquistador (m)	освајач (м)	osvájač

defesa (f)	одбрана (ж)	ódbrana
defender (vt)	бранити (пг)	brániti
defender-se (vr)	бранити се	brániti se

inimigo (m)	непријатељ (м)	néprijatelj
adversário (m)	противник (м)	prótivnik
inimigo (adj)	непријатељски	neprijatéljski

estratégia (f)	стратегија (ж)	strátegija
tática (f)	тактика (ж)	táktika

ordem (f)	наредба (ж)	náredba
comando (m)	команда (ж)	kómanda
ordenar (vt)	наређивати (пг)	nareðívati
missão (f)	задатак (м)	zadátak
secreto (adj)	тајни	tájni

batalha (f)	битка (ж)	bítka
combate (m)	бој, битка (ж)	boj, bítka

ataque (m)	напад (м)	nápad
assalto (m)	јуриш (м)	júriš
assaltar (vt)	јуришати (пг)	juríšati
assédio, sítio (m)	опсада (ж)	ópsada

ofensiva (f)	офанзива (ж)	ofanzíva
tomar à ofensiva	прећи у напад	préći u nápad

retirada (f)	повлачење (с)	povlačénje
retirar-se (vr)	одступати (нг)	odstúpati

cerco (m)	опкољавање (с)	opkoljávanje
cercar (vt)	опкољавати (пг)	opkoljávati

bombardeio (m)	бомбардовање (с)	bómbardovanje
lançar uma bomba	избацити бомбу	izbáciti bómbu
bombardear (vt)	бомбардовати (пг)	bómbardovati
explosão (f)	експлозија (ж)	eksplózija

tiro (m)	пуцањ (м)	púcanj
dar um tiro	пуцати (нг)	púcati
tiroteio (m)	пуцање (с)	púcanje

apontar para ...	циљати (пг)	cíljati
apontar (vt)	уперити (пг)	upériti

acertar (vt)	погодити (пг)	pogóditi
afundar (~ um navio, etc.)	потопити (пг)	potópiti
brecha (f)	рупа (ж)	rúpa
afundar-se (vr)	тонути (нг)	tónuti

frente (m)	фронт (м)	front
evacuação (f)	евакуација (ж)	evakuácija
evacuar (vt)	евакуисати (пг)	evakuísati

trincheira (f)	ров (м)	rov
arame (m) enfarpado	бодљикава жица (ж)	bódljikava žíca
barreira (f) anti-tanque	препрека (ж)	prépreka
torre (f) de vigia	осматрачница (ж)	osmátračnica

hospital (m) militar	војна болница (ж)	vójna bólnica
ferir (vt)	ранити (пг)	ivániti
ferida (f)	рана (ж)	rána
ferido (m)	рањеник (м)	ránjenik
ficar ferido	бити рањен	bíti ránjen
grave (ferida ~)	озбиљан	ózbiljan

185. Guerra. Ações militares. Parte 2

cativeiro (m)	заробљеништво (с)	zarobljeníštvo
capturar (vt)	заробити (пг)	zaróbiti
estar em cativeiro	бити у заробљеништву	bíti u zarobljeníštvu
ser aprisionado	пасти у ропство	pásti u rópstvo

campo (m) de concentração	концентрациони логор (м)	koncentracioni lógor
prisioneiro (m) de guerra	заробљеник (м)	zarobljénik
escapar (vi)	бежати (нг)	béžati

trair (vt)	издати (пг)	ízdati
traidor (m)	издајник (м)	ízdajnik
traição (f)	издаја (ж)	ízdaja

fuzilar, executar (vt)	стрељати (пг)	stréljati
fuzilamento (m)	стрељање (с)	stréljanje

equipamento (m)	опрема (ж)	óprema
insígnia (f) de ombro	еполета (ж)	epoléta
máscara (f) de gás	гас маска (ж)	gas máska

rádio (m)	покретна радио станица (ж)	pókretna rádio stánica
cifra (f), código (m)	шифра (ж)	šífra
conspiração (f)	конспирација (ж)	konspirácija
senha (f)	лозинка (ж)	lózinka

mina (f)	мина (ж)	mína
minar (vt)	минирати (пг)	minírati
campo (m) minado	минско поље (с)	mínsko pólje
alarme (m) aéreo	ваздушна узбуна (ж)	vázdušna úzbuna
alarme (m)	узбуна (ж)	úzbuna

sinal (m)	сигнал (м)	sígnal
sinalizador (m)	сигнална ракета (ж)	sígnalna rakéta
quartel-general (m)	штаб (м)	štab
reconhecimento (m)	извиђање (с)	izvíđanje
situação (f)	ситуација (ж)	situácija
relatório (m)	рапорт (м)	ráport
emboscada (f)	заседа (ж)	záseda
reforço (m)	појачање (с)	pojačánje
alvo (m)	нишан (м)	níšan
campo (m) de tiro	полигон (м)	polígon
manobras (f pl)	маневри (мн)	manévri
pânico (m)	паника (ж)	pánika
devastação (f)	рушевина (ж)	rúševina
ruínas (f pl)	уништења (мн)	uništénja
destruir (vt)	разрушити (пг)	rázrušiti
sobreviver (vi)	преживети (нг)	prežíveti
desarmar (vt)	разоружати (пг)	razorúžati
manusear (vt)	обраћати се	óbraćati se
Sentido!	Мирно!	Mírno!
Descansar!	Вољно!	Vóljno!
façanha (f)	подвиг (м)	pódvig
juramento (m)	заклетва (ж)	zákletva
jurar (vi)	клети се	kléti se
condecoração (f)	награда (ж)	nágrada
condecorar (vt)	награђивати (пг)	nagrađívati
medalha (f)	медаља (ж)	médalja
ordem (f)	орден (м)	órden
vitória (f)	победа (ж)	póbeda
derrota (f)	пораз (м)	póraz
armistício (m)	примирје (с)	prímirje
bandeira (f)	застава (ж)	zástava
glória (f)	слава (ж)	sláva
parada (f)	парада (ж)	paráda
marchar (vi)	марширати (нг)	maršírati

186. Armas

arma (f)	оружје (с)	óružje
arma (f) de fogo	ватрено оружје (с)	vátreno óružje
arma (f) branca	хладно оружје (с)	hládno oružje
arma (f) química	хемијско оружје (с)	hémijsko óružje
nuclear (adj)	нуклеарни	núklearni
arma (f) nuclear	нуклеарно оружје (с)	núklearno óružje
bomba (f)	бомба (ж)	bómba

bomba (f) atômica	атомска бомба (ж)	átomska bómba
pistola (f)	пиштољ (м)	pištolj
rifle (m)	пушка (ж)	púška
semi-automática (f)	аутомат (м)	autómat
metralhadora (f)	митраљез (м)	mitráljez
boca (f)	грло (с)	gŕlo
cano (m)	цев (ж)	cev
calibre (m)	калибар (м)	kalíbar
gatilho (m)	окидач (м)	okídač
mira (f)	нишан (м)	níšan
carregador (m)	шаржер (м)	šáržer
coronha (f)	кундак (м)	kúndak
granada (f) de mão	граната (ж)	granáta
explosivo (m)	експлозив (м)	eksplóziv
bala (f)	пројектил (м)	projéktil
cartucho (m)	метак (м)	métak
carga (f)	набој (м)	náboj
munições (f pl)	муниција (ж)	munícija
bombardeiro (m)	бомбардер (м)	bombárder
avião (m) de caça	ловачки авион (м)	lóvački avíon
helicóptero (m)	хеликоптер (м)	helikópter
canhão (m) antiaéreo	против авионски топ (м)	prótiv avíonski top
tanque (m)	тенк (м)	tenk
canhão (de um tanque)	топ (м)	top
artilharia (f)	артиљерија (ж)	artiljérija
canhão (m)	топ (м)	top
fazer a pontaria	уперити (пг)	upériti
projétil (m)	пројектил (м)	projéktil
granada (f) de morteiro	минобацачка мина (ж)	minobácačka mína
morteiro (m)	минобацач (м)	minobácač
estilhaço (m)	комадић (м)	komádić
submarino (m)	подморница (ж)	pódmornica
torpedo (m)	торпедо (м)	torpédo
míssil (m)	ракета (ж)	rakéta
carregar (uma arma)	пунити (пг)	púniti
disparar, atirar (vi)	пуцати (нг)	púcati
apontar para ...	циљати (пг)	cíljati
baioneta (f)	бајонет (м)	bajónet
espada (f)	мач (м)	mač
sabre (m)	сабља (ж)	sáblja
lança (f)	копље (с)	kóplje
arco (m)	лук (м)	luk
flecha (f)	стрела (ж)	stréla
mosquete (m)	мускета (ж)	músketa
besta (f)	самострел (м)	sámostrel

187. Povos da antiguidade

primitivo (adj)	првобитни	pŕvobitni
pré-histórico (adj)	праисторијски	praistórijski
antigo (adj)	древни	drévni
Idade (f) da Pedra	Камено доба (c)	Kámeno dóba
Idade (f) do Bronze	Бронзано доба (c)	Brónzano dóba
Era (f) do Gelo	Ледено доба (c)	Lédeno dóba
tribo (f)	племе (c)	pléme
canibal (m)	људождер (м)	ljudóžder
caçador (m)	ловац (м)	lóvac
caçar (vi)	ловити (пг)	lóviti
mamute (m)	мамут (м)	mámut
caverna (f)	пећина (ж)	péćina
fogo (m)	ватра (ж)	vátra
fogueira (f)	логорска ватра (ж)	lógorska vátra
pintura (f) rupestre	пећинска слика (ж)	péćinska slíka
ferramenta (f)	алат (м)	álat
lança (f)	копље (c)	kóplje
machado (m) de pedra	камена секира (ж)	kámena sékira
guerrear (vt)	ратовати (нг)	rátovati
domesticar (vt)	припитомљивати (пг)	pripitomljívati
ídolo (m)	идол (м)	ídol
adorar, venerar (vt)	обожавати (пг)	obožávati
superstição (f)	сујеверје (c)	sújeverje
ritual (m)	обред (м)	óbred
evolução (f)	еволуција (ж)	evolúcija
desenvolvimento (m)	развој (м)	rázvoj
extinção (f)	нестанак (м)	néstanak
adaptar-se (vr)	прилагођавати се	prilagođávati se
arqueologia (f)	археологија (ж)	arheológija
arqueólogo (m)	археолог (м)	arheólog
arqueológico (adj)	археолошки	arheóloški
escavação (sítio)	археолошко налазиште (c)	arheóloško nálazište
escavações (f pl)	ископине (мн)	ískopine
achado (m)	налаз (м)	nálaz
fragmento (m)	фрагмент (м)	frágment

188. Idade média

povo (m)	народ (м)	národ
povos (m pl)	народи (мн)	národi
tribo (f)	племе (c)	pléme
tribos (f pl)	племена (мн)	plemena
bárbaros (pl)	Варвари (мн)	Várvari

galeses (pl)	Гали (мн)	Gáli
godos (pl)	Готи (мн)	Góti
eslavos (pl)	Славени (мн)	Slavéni
viquingues (pl)	Викинзи (мн)	Víkinzi

| romanos (pl) | Римљани (мн) | Rímljani |
| romano (adj) | римски | rímski |

bizantinos (pl)	Византијци (мн)	Vizántijci
Bizâncio	Византија (ж)	Vizántija
bizantino (adj)	византијски	vizántijski

imperador (m)	император (м)	imperátor
líder (m)	вођа, поглавица (м)	vóđa, póglavica
poderoso (adj)	моћан	móćan
rei (m)	краљ (м)	kralj
governante (m)	владар (м)	vládar

cavaleiro (m)	витез (м)	vítez
senhor feudal (m)	феудалац (м)	feudálac
feudal (adj)	феудалан	féudalan
vassalo (m)	вазал (м)	vázal

duque (m)	војвода (м)	vójvoda
conde (m)	гроф (м)	grof
barão (m)	барон (м)	báron
bispo (m)	епископ (м)	épiskop

armadura (f)	оклоп (м)	óklop
escudo (m)	штит (м)	štit
espada (f)	мач (м)	mač
viseira (f)	визир (м)	vízir
cota (f) de malha	панцирна кошуља (ж)	páncirna kóšulja

| cruzada (f) | крсташки рат (м) | kŕstaški rat |
| cruzado (m) | крсташ (м) | kŕstaš |

território (m)	територија (ж)	teritórija
atacar (vt)	нападати (нг)	nápadati
conquistar (vt)	освојити (пг)	osvójiti
ocupar, invadir (vt)	окупирати (пг)	okupírati

assédio, sítio (m)	опсада (ж)	ópsada
sitiado (adj)	опсађени	ópsađeni
assediar, sitiar (vt)	опколити (пг)	opkóliti

inquisição (f)	инквизиција (ж)	inkvizícija
inquisidor (m)	инквизитор (м)	inkvízitor
tortura (f)	тортура (ж)	tortúra
cruel (adj)	окрутан	ókrutan
herege (m)	јеретик (м)	jéretik
heresia (f)	јерес (ж)	jéres

navegação (f) marítima	морепловство (с)	moreplóvstvo
pirata (m)	гусар (м)	gúsar
pirataria (f)	гусарство (с)	gúsarstvo

abordagem (f)	укрцај (м), укрцавање (с)	úkrcaj, ukrcávanje
presa (f), butim (m)	плен (м)	plen
tesouros (m pl)	благо (с)	blágo

descobrimento (m)	откриће (с)	otkríće
descobrir (novas terras)	открити (нг)	ótkriti
expedição (f)	експедиција (ж)	ekspedícija

mosqueteiro (m)	мускетар (м)	músketar
cardeal (m)	кардинал (м)	kardínal
heráldica (f)	хералдика (ж)	heráldika
heráldico (adj)	хералдички	heráldički

189. Líder. Chefe. Autoridades

rei (m)	краљ (м)	kralj
rainha (f)	краљица (ж)	králjica
real (adj)	краљевски	králjevski
reino (m)	краљевина (ж)	králjevina

príncipe (m)	принц (м)	princ
princesa (f)	принцеза (ж)	princéza

presidente (m)	председник (м)	prédsednik
vice-presidente (m)	потпредседник (м)	potprédsednik
senador (m)	сенатор (м)	sénator

monarca (m)	монарх (м)	mónarh
governante (m)	владар (м)	vládar
ditador (m)	диктатор (м)	diktátor
tirano (m)	тиранин (м)	tíranin
magnata (m)	магнат (м)	mágnat

diretor (m)	директор (м)	dírektor
chefe (m)	шеф (м)	šef
gerente (m)	менаџер (м)	ménadžer
patrão (m)	газда (м)	gázda
dono (m)	власник (м)	vlásnik

líder (m)	вођа, лидер (м)	vóđa, líder
chefe (m)	глава (ж)	gláva
autoridades (f pl)	власти (мн)	vlásti
superiores (m pl)	руководство (с)	rúkovodstvo

governador (m)	гувернер (м)	guvérner
cônsul (m)	конзул (м)	kónzul
diplomata (m)	дипломат (м)	diplómat
Presidente (m) da Câmara	градоначелник (м)	gradonáčelnik
xerife (m)	шериф (м)	šérif

imperador (m)	император (м)	imperátor
czar (m)	цар (м)	car
faraó (m)	фараон (м)	faráon
cã, khan (m)	кан (м)	kan

190. Estrada. Caminho. Direções

estrada (f)	пут (м)	put
via (f)	пут (м)	put
rodovia (f)	аутопут (м)	áutoput
autoestrada (f)	брзи пут (м)	bŕzi put
estrada (f) nacional	државни пут (м)	dŕžavni put
estrada (f) principal	главни пут (м)	glávni put
estrada (f) de terra	сеоски пут (м)	séoski put
trilha (f)	стаза (ж), путељак (м)	stáza, putéljak
pequena trilha (f)	стаза (ж)	stáza
Onde?	Где?	Gde?
Para onde?	Куда?	Kúda?
De onde?	Одакле? Откуд?	Ódakle? Ótkud?
direção (f)	правац (м)	právac
indicar (~ o caminho)	указати (нг)	ukázati
para a esquerda	лево	lévo
para a direita	десно	désno
em frente	право	právo
para trás	назад	názad
curva (f)	кривина (ж)	krivína
virar (~ para a direita)	скретати (нг)	skrétati
dar retorno	окренути се	okrénuti se
estar visível	бити видан	bíti vídan
aparecer (vi)	показати се	pokázati se
paragem (pausa)	одмор (м)	ódmor
descansar (vi)	одморити се	odmóriti se
descanso, repouso (m)	одмор (м)	ódmor
perder-se (vr)	залутати (нг)	zalútati
conduzir a ... (caminho)	водити до ...	vóditi dó ...
chegar a ...	изаћи на ...	ízaći na ...
trecho (m)	деоница (ж)	deónica
asfalto (m)	асфалт (м)	ásfalt
meio-fio (m)	ивичњак (м)	ívičnjak
valeta (f)	јарак (м)	járak
tampa (f) de esgoto	шахт (м)	šaht
acostamento (m)	ивица (ж) пута	ívica puta
buraco (m)	јама (ж)	jáma
ir (a pé)	ићи (нг)	íći
ultrapassar (vt)	престигнути (нг)	préstignuti
passo (m)	корак (м)	kórak
a pé	пешке	péške

bloquear (vt)	блокирати (пг)	blokírati
cancela (f)	рампа (ж)	rámpa
beco (m) sem saída	ћорсокак (м)	ćorsókak

191. Violação da lei. Criminosos. Parte 1

bandido (m)	бандит (м)	bándit
crime (m)	злочин (м)	zlóčin
criminoso (m)	злочинац (м)	zlóčinac
ladrão (m)	лопов (м)	lópov
roubar (vt)	красти (нг, пг)	krásti
roubo (atividade)	крађа (ж)	kráđa
furto (m)	крађа (ж)	kráđa
raptar, sequestrar (vt)	киднаповати (пг)	kidnapóvati
sequestro (m)	отмица (ж),	ótmica,
	киднаповање (с)	kidnapovanje
sequestrador (m)	киднапер (м)	kidnáper
resgate (m)	откуп (м)	ótkup
pedir resgate	тражити откуп	trážiti ótkup
roubar (vt)	пљачкати (пг)	pljáčkati
assalto, roubo (m)	пљачка (ж)	pljáčka
assaltante (m)	пљачкаш (м)	pljáčkaš
extorquir (vt)	уцењивати (пг)	ucenjívati
extorsionário (m)	изнуђивач (м)	iznuđívač
extorsão (f)	изнуђивање (с)	iznuđívanje
matar, assassinar (vt)	убити (пг)	úbiti
homicídio (m)	убиство (с)	úbistvo
homicida, assassino (m)	убица (м)	úbica
tiro (m)	пуцањ (м)	púcanj
dar um tiro	пуцати (нг)	púcati
matar a tiro	устрелити (пг)	ustréliti
disparar, atirar (vi)	пуцати (нг)	púcati
tiroteio (m)	пуцњава (ж)	púcnjava
incidente (m)	инцидент (м)	incídent
briga (~ de rua)	туча (ж)	túča
Socorro!	Упомоћ! У помоћ!	Upómoć! U pómoć!
vítima (f)	жртва (ж)	žŕtva
danificar (vt)	оштетити (пг)	óštetiti
dano (m)	штета (ж)	štéta
cadáver (m)	леш (м)	leš
grave (adj)	тежак	téžak
atacar (vt)	нападати (нг)	nápadati
bater (espancar)	ударати (пг)	údarati
espancar (vt)	претући (пг)	prétući

tirar, roubar (dinheiro)	отети (nr)	óteti
esfaquear (vt)	избости ножем	ízbosti nóžem
mutilar (vt)	осакатити (nr)	osákatiti
ferir (vt)	ранити (nr)	rániti

chantagem (f)	уцењивање (c)	ucenjívanje
chantagear (vt)	уцењивати (nr)	ucenjívati
chantagista (m)	уцењивач (м)	ucenjívač

extorsão (f)	рекет (м)	réket
extorsionário (m)	рекеташ (м)	réketaš
gângster (m)	гангстер (м)	gángster
máfia (f)	мафија (ж)	máfija

punguista (m)	џепарош (м)	džéparoš
assaltante, ladrão (m)	обијач (м)	obíjač
contrabando (m)	шверц (м)	šverc
contrabandista (m)	кријумчар (м)	kríjumčar

falsificação (f)	кривотворење (c)	krivotvórenje
falsificar (vt)	кривотворити (nr)	krivotvóriti
falsificado (adj)	лажни	lážni

192. Violação da lei. Criminosos. Parte 2

estupro (m)	силовање (c)	sílovanje
estuprar (vt)	силовати (nr)	sílovati
estuprador (m)	силоватељ (м)	sílóvatelj
maníaco (m)	манијак (м)	mánijak

prostituta (f)	проститутка (ж)	próstitutka
prostituição (f)	проституција (ж)	prostitúcija
cafetão (m)	макро (м)	mákro

drogado (m)	наркоман (м)	nárkoman
traficante (m)	продавац (м) дроге	prodávac dróge

explodir (vt)	разнети (nr)	rázneti
explosão (f)	експлозија (ж)	eksplózija
incendiar (vt)	запалити (nr)	zapáliti
incendiário (m)	потпаљивач (м)	potpaljívač

terrorismo (m)	тероризам (м)	terorízam
terrorista (m)	терориста (м)	terorísta
refém (m)	талац (м)	tálac

enganar (vt)	преварити (nr)	prévariti
engano (m)	превара (ж)	prévara
vigarista (m)	варалица (м)	váralica

subornar (vt)	потплатити (nr)	potplátiti
suborno (atividade)	подмићивање (c)	podmićívanje
suborno (dinheiro)	мито (c)	míto
veneno (m)	отров (м)	ótrov

envenenar (vt)	отровати (пг)	otróvati
envenenar-se (vr)	отровати се	otróvati se
suicídio (m)	самоубиство (c)	samoubístvo
suicida (m)	самоубица (м, ж)	samoubíca
ameaçar (vt)	претити (нг)	prétiti
ameaça (f)	претња (ж)	prétnja
atentar contra a vida de …	покушавати (пг)	pokušávati
atentado (m)	покушај, атентат (м)	pókušaj, aténtat
roubar (um carro)	украсти, отети (пг)	úkrasti, óteti
sequestrar (um avião)	отети (пг)	óteti
vingança (f)	освета (ж)	ósveta
vingar (vt)	освећивати (пг)	osvećívati
torturar (vt)	мучити (пг)	múčiti
tortura (f)	тортура (ж)	tortúra
atormentar (vt)	мучити (пг)	múčiti
pirata (m)	гусар (м)	gúsar
desordeiro (m)	хулиган (м)	húligan
armado (adj)	наоружан	náoružan
violência (f)	насиље (c)	násilje
ilegal (adj)	илегалан	ílegalan
espionagem (f)	шпијунажа (ж)	špijunáža
espionar (vi)	шпијунирати (нг)	špijunírati

193. Polícia. Lei. Parte 1

justiça (sistema de ≈)	правосуђе (c)	právosuđe
tribunal (m)	суд (м)	sud
juiz (m)	судија (м)	súdija
jurados (m pl)	поротници (мн)	pórotnici
tribunal (m) do júri	суђење (c) пред поротом	súđenje pred pórotom
julgar (vt)	судити (нг)	súditi
advogado (m)	адвокат (м)	advókat
réu (m)	окривљеник (м)	ókrivljenik
banco (m) dos réus	оптуженичка клупа (ж)	optuženička klúpa
acusação (f)	оптужба (ж)	óptužba
acusado (m)	оптуженик (м)	óptuženik
sentença (f)	пресуда (ж)	présuda
sentenciar (vt)	осудити (пг)	osúditi
culpado (m)	кривац (м)	krívac
punir (vt)	казнити (пг)	kázniti
punição (f)	казна (ж)	kázna
multa (f)	новчана казна (ж)	nóvčana kázna

prisão (f) perpétua	**доживотна робија** (ж)	dóživotna róbija
pena (f) de morte	**смртна казна** (ж)	smŕtna kázna
cadeira (f) elétrica	**електрична столица** (ж)	eléktrična stólica
forca (f)	**вешала** (мн)	véšala
executar (vt)	**смакнути** (пг)	smáknuti
execução (f)	**казна** (ж)	kázna
prisão (f)	**затвор** (м)	zátvor
cela (f) de prisão	**ћелија** (ж)	ćélija
escolta (f)	**пратња** (ж)	prátnja
guarda (m) prisional	**чувар** (м)	čúvar
preso, prisioneiro (m)	**затвореник** (м)	zatvorénik
algemas (f pl)	**лисице** (мн)	lísice
algemar (vt)	**ставити лисице**	stáviti lísice
fuga, evasão (f)	**бекство** (с)	békstvo
fugir (vi)	**побећи** (нг)	póbeći
desaparecer (vi)	**ишчезнути** (нг)	íščeznuti
soltar, libertar (vt)	**ослободити** (пг)	oslobóditi
anistia (f)	**амнестија** (ж)	amnéstija
polícia (instituição)	**полиција** (ж)	polícija
polícia (m)	**полицајац** (м)	policájac
delegacia (f) de polícia	**полицијска станица** (ж)	polícijska stánica
cassetete (m)	**пендрек** (м)	péndrek
megafone (m)	**мегафон** (м)	mégafon
carro (m) de patrulha	**патролна кола** (ж)	pátrolna kóla
sirene (f)	**сирена** (ж)	siréna
ligar a sirene	**укључити сирену**	uključiti sirénu
toque (m) da sirene	**звук** (м) **сирене**	zvuk siréne
cena (f) do crime	**место** (с) **жлочина**	mésto žlóčina
testemunha (f)	**сведок** (м)	svédok
liberdade (f)	**слобода** (ж)	slobóda
cúmplice (m)	**саучесник** (м)	sáučesnik
escapar (vi)	**побећи** (нг)	póbeći
traço (não deixar ~s)	**траг** (м)	trag

194. Polícia. Lei. Parte 2

procura (f)	**потрага** (ж)	pótraga
procurar (vt)	**тражити** (пг)	trážiti
suspeita (f)	**сумња** (ж)	súmnja
suspeito (adj)	**сумњив**	súmnjiv
parar (veículo, etc.)	**зауставити** (пг)	zaústaviti
deter (fazer parar)	**задржати** (пг)	zadŕžati
caso (~ criminal)	**кривични предмет** (м)	krívični prédmet
investigação (f)	**истрага** (ж)	ístraga
detetive (m)	**детектив** (м)	detéktiv

investigador (m)	истражитељ (м)	istrážitelj
versão (f)	верзија (ж)	vérzija
motivo (m)	мотив (м)	mótiv
interrogatório (m)	саслушавање (с)	saslušávanje
interrogar (vt)	саслушати (пг)	sáslušati
questionar (vt)	испитивати (пг)	ispitívati
verificação (f)	провера (ж)	próvera
batida (f) policial	рација (ж)	rácija
busca (f)	претрес (м)	prétres
perseguição (f)	потера (ж)	pótera
perseguir (vt)	гонити (пг)	góniti
seguir, rastrear (vt)	пратити (пг)	prátiti
prisão (f)	хапшење (с)	hápšenje
prender (vt)	ухапсити (пг)	úhapsiti
pegar, capturar (vt)	ухватити (пг)	úhvatiti
captura (f)	хватање, хапшење (с)	hvátanje, hápšenje
documento (m)	докуменат (м)	dokúmenat
prova (f)	доказ (м)	dókaz
provar (vt)	доказивати (пг)	dokazívati
pegada (f)	отисак (м) стопала	ótisak stópala
impressões (f pl) digitais	отисци (мн) прстију	ótisci pŕstiju
prova (f)	доказ (м)	dókaz
álibi (m)	алиби (м)	álibi
inocente (adj)	недужан	nédužan
injustiça (f)	неправда (ж)	népravda
injusto (adj)	неправедан	népravedan
criminal (adj)	криминалан	kríminalan
confiscar (vt)	конфисковати (пг)	kónfiskovati
droga (f)	дрога (ж)	dróga
arma (f)	оружје (с)	óružje
desarmar (vt)	разоружати (пг)	razorúžati
ordenar (vt)	наређивати (пг)	naredívati
desaparecer (vi)	ишчезнути (нг)	íščeznuti
lei (f)	закон (м)	zákon
legal (adj)	законит	zákonit
ilegal (adj)	незаконит	nezákonit
responsabilidade (f)	одговорност (ж)	odgovórnost
responsável (adj)	одговоран	ódgovoran

NATUREZA

A Terra. Parte 1

espaço, cosmo (m)	свемир (м)	svémir
espacial, cósmico (adj)	космички	kósmički
espaço (m) cósmico	свемирски простор (м)	svémirski próstor
mundo (m)	свет (м)	svet
universo (m)	универзум (м)	univérzum
galáxia (f)	галаксија (ж)	galáksija
estrela (f)	звезда (ж)	zvézda
constelação (f)	сазвежђе (с)	sázvežđe
planeta (m)	планета (ж)	planéta
satélite (m)	сателит (м)	satélit
meteorito (m)	метеорит (м)	meteórit
cometa (m)	комета (ж)	kométa
asteroide (m)	астероид (м)	asteróid
órbita (f)	путања, орбита (ж)	pútanja, órbita
girar (vi)	окретати се	okrétati se
atmosfera (f)	атмосфера (ж)	atmosféra
Sol (m)	Сунце (с)	Súnce
Sistema (m) Solar	Сунчев систем (м)	Súnčev sístem
eclipse (m) solar	Помрачење (с) Сунца	Pomračénje Súnca
Terra (f)	Земља (ж)	Zémlja
Lua (f)	Месец (м)	Mésec
Marte (m)	Марс (м)	Mars
Vênus (f)	Венера (ж)	Venéra
Júpiter (m)	Јупитер (м)	Júpiter
Saturno (m)	Сатурн (м)	Sáturn
Mercúrio (m)	Меркур (м)	Mérkur
Urano (m)	Уран (м)	Uran
Netuno (m)	Нептун (м)	Néptun
Plutão (m)	Плутон (м)	Plúton
Via Láctea (f)	Млечни пут (м)	Mléčni put
Ursa Maior (f)	Велики медвед (м)	Véliki médved
Estrela Polar (f)	Северњача (ж)	Sevérnjača
marciano (m)	марсовац (м)	marsóvac
extraterrestre (m)	ванземаљац (м)	vanzemáljac

alienígena (m)	свемирац (м)	svemírac
disco (m) voador	летећи тањир (м)	léteći tánjir
espaçonave (f)	свемирски брод (м)	svémirski brod
estação (f) orbital	орбитална станица (ж)	órbitalna stánica
lançamento (m)	лансирање (с)	lánsiranje
motor (m)	мотор (м)	mótor
bocal (m)	млазница (ж)	mláznica
combustível (m)	гориво (с)	górivo
cabine (f)	кабина (ж)	kabína
antena (f)	антена (ж)	anténa
vigia (f)	бродски прозор (м)	bródski prózor
bateria (f) solar	соларни панел (м)	sólarni pánel
traje (m) espacial	скафандар (м)	skafándar
imponderabilidade (f)	бестежинско стање (с)	béstežinsko stánje
oxigênio (m)	кисеоник (м)	kiseónik
acoplagem (f)	пристајање (с)	prístajanje
fazer uma acoplagem	спајати се (нг)	spájati se
observatório (m)	опсерваторија (ж)	opservatórija
telescópio (m)	телескоп (м)	téleskop
observar (vt)	посматрати (нг)	posmátrati
explorar (vt)	истраживати (пг)	istražívati

196. A Terra

Terra (f)	Земља (ж)	Zémlja
globo terrestre (Terra)	земљина кугла (ж)	zémljina kúgla
planeta (m)	планета (ж)	planéta
atmosfera (f)	атмосфера (ж)	atmosféra
geografia (f)	географија (ж)	geográfija
natureza (f)	природа (ж)	príroda
globo (mapa esférico)	глобус (м)	glóbus
mapa (m)	мапа (ж)	mápa
atlas (m)	атлас (м)	átlas
Europa (f)	Европа (ж)	Evrópa
Ásia (f)	Азија (ж)	Ázija
África (f)	Африка (ж)	Áfrika
Austrália (f)	Аустралија (ж)	Austrálija
América (f)	Америка (ж)	Amérika
América (f) do Norte	Северна Америка (ж)	Séverna Amérika
América (f) do Sul	Јужна Америка (ж)	Júžna Amérika
Antártida (f)	Антарктик (м)	Antárktik
Ártico (m)	Арктик (м)	Árktik

197. Pontos cardeais

norte (m)	север (м)	séver
para norte	према северу	préma séveru
no norte	на северу	na séveru
do norte (adj)	северни	séverni

sul (m)	југ (м)	jug
para sul	према југу	préma júgu
no sul	на југу	na júgu
do sul (adj)	јужни	júžni

oeste, ocidente (m)	запад (м)	západ
para oeste	према западу	préma západu
no oeste	на западу	na západu
ocidental (adj)	западни	západni

leste, oriente (m)	исток (м)	ístok
para leste	према истоку	préma ístoku
no leste	на истоку	na ístoku
oriental (adj)	источни	ístočni

198. Mar. Oceano

mar (m)	море (с)	móre
oceano (m)	океан (м)	okéan
golfo (m)	залив (м)	záliv
estreito (m)	мореуз (м)	móreuz

terra (f) firme	копно (с)	kópno
continente (m)	континент (м)	kontínent
ilha (f)	острво (с)	óstrvo
península (f)	полуострво (с)	poluóstrvo
arquipélago (m)	архипелаг (м)	arhipélag

baía (f)	залив (м)	záliv
porto (m)	лука (ж)	lúka
lagoa (f)	лагуна (ж)	lagúna
cabo (m)	рт (м)	ŕt

atol (m)	атол (м)	átol
recife (m)	гребен (м)	grében
coral (m)	корал (м)	kóral
recife (m) de coral	корални гребен (м)	kóralni grében

profundo (adj)	дубок	dúbok
profundidade (f)	дубина (ж)	dubína
abismo (m)	бездан (м)	bézdan
fossa (f) oceânica	ров (м)	rov

corrente (f)	струја (ж)	strúja
banhar (vt)	окруживати (пг)	okružívati
litoral (m)	обала (ж)	óbala

costa (f)	обала (ж)	óbala
maré (f) alta	плима (ж)	plíma
refluxo (m)	осека (ж)	óseka
restinga (f)	плићак (м)	plíćak
fundo (m)	дно (с)	dno

onda (f)	талас (м)	tálas
crista (f) da onda	гребен (м) таласа	grében talasá
espuma (f)	пена (ж)	péna

tempestade (f)	морска олуја (ж)	mórska olúja
furacão (m)	ураган (м)	úragan
tsunami (m)	цунами (м)	cunámi
calmaria (f)	безветрица (ж)	bézvetrica
calmo (adj)	миран	míran

| polo (m) | пол (м) | pol |
| polar (adj) | поларни | pólarni |

latitude (f)	ширина (ж)	širína
longitude (f)	дужина (ж)	dužína
paralela (f)	паралела (ж)	paraléla
equador (m)	екватор (м)	ékvator

céu (m)	небо (с)	nébo
horizonte (m)	хоризонт (м)	horízont
ar (m)	ваздух (м)	vázduh

farol (m)	светионик (м)	svetiónik
mergulhar (vi)	ронити (нг)	róniti
afundar-se (vr)	потонути (нг)	potónuti
tesouros (m pl)	благо (с)	blágo

199. Nomes de Mares e Oceanos

Oceano (m) Atlântico	Атлантски океан (м)	Átlantski okéan
Oceano (m) Índico	Индијски океан (м)	Índijski okéan
Oceano (m) Pacífico	Тихи океан (м)	Tíhi okéan
Oceano (m) Ártico	Северни Ледени океан (м)	Séverni Lédeni okéan

Mar (m) Negro	Црно море (с)	Cŕno móre
Mar (m) Vermelho	Црвено море (с)	Cŕveno móre
Mar (m) Amarelo	Жуто море (с)	Žúto móre
Mar (m) Branco	Бело море (с)	Bélo móre

Mar (m) Cáspio	Каспијско море (с)	Káspijsko móre
Mar (m) Morto	Мртво море (с)	Mŕtvo móre
Mar (m) Mediterrâneo	Средоземно море (с)	Sredózemno móre

| Mar (m) Egeu | Егејско море (с) | Egejsko móre |
| Mar (m) Adriático | Јадранско море (с) | Jádransko móre |

| Mar (m) Arábico | Арабијско море (с) | Arábijsko móre |
| Mar (m) do Japão | Јапанско море (с) | Jápansko móre |

Mar (m) de Bering	Берингово море (с)	Béringovo móre
Mar (m) da China Meridional	Јужно Кинеско море (с)	Južno Kinésko móre

Mar (m) de Coral	Корално море (с)	Kóralno more
Mar (m) de Tasman	Тасманово море (с)	Tasmánovo móre
Mar (m) do Caribe	Карипско море (с)	Káripsko móre

Mar (m) de Barents	Баренцово море (с)	Bárencovo móre
Mar (m) de Kara	Карско море (с)	Kársko móre

Mar (m) do Norte	Северно море (с)	Séverno móre
Mar (m) Báltico	Балтичко море (с)	Báltičko móre
Mar (m) da Noruega	Норвешко море (с)	Nórveško móre

200. Montanhas

montanha (f)	планина (ж)	planína
cordilheira (f)	планински венац (м)	pláninski vénac
serra (f)	планински гребен (м)	pláninski grében

cume (m)	врх (м)	vȓh
pico (m)	планински врх (м)	plániski vȓh
pé (m)	подножје (с)	pódnožje
declive (m)	нагиб (м), падина (ж)	nágib, pádina

vulcão (m)	вулкан (м)	vúlkan
vulcão (m) ativo	активни вулкан (м)	áktivni vúlkan
vulcão (m) extinto	угашени вулкан (м)	úgašeni vúlkan

erupção (f)	ерупција (ж)	erúpcija
cratera (f)	кратер (м)	kráter
magma (m)	магма (ж)	mágma
lava (f)	лава (ж)	láva
fundido (lava ~a)	врућ	vruć

cânion, desfiladeiro (m)	кањон (м)	kánjon
garganta (f)	клисура (ж)	klisúra
fenda (f)	пукотина (ж)	púkotina
precipício (m)	амбис, понор (м)	ámbis, pónor

passo, colo (m)	превој (м)	prévoj
planalto (m)	висораван (ж)	vísoravan
falésia (f)	литица (ж)	lítica
colina (f)	брег (м)	breg

geleira (f)	леденик (м)	ledénik
cachoeira (f)	водопад (м)	vódopad
gêiser (m)	гејзер (м)	géjzer
lago (m)	језеро (с)	jézero

planície (f)	равница (ж)	ravníca
paisagem (f)	пејзаж (м)	péjzaž
eco (m)	одјек (м)	ódjek
alpinista (m)	планинар (м)	planínar

escalador (m)	алпиниста (м)	alpinísta
conquistar (vt)	освајати (nr)	osvájati
subida, escalada (f)	пењање (c)	pénjanje

201. Nomes de montanhas

Alpes (m pl)	Алпи (мн)	Álpi
Monte Branco (m)	Монблан (м)	Mónblan
Pirineus (m pl)	Пиренеји (мн)	Pirenéji
Cárpatos (m pl)	Карпати (мн)	Karpáti
Urais (m pl)	Уралске планине (мн)	Uralske planíne
Cáucaso (m)	Кавказ (м)	Kávkaz
Elbrus (m)	Елбрус (м)	Elbrus
Altai (m)	Алтај (м)	Altaj
Tian Shan (m)	Тјен Шан, Тјаншан (м)	Tjen Šan, Tjánšan
Pamir (m)	Памир (м)	Pámir
Himalaia (m)	Хималаји (мн)	Himaláji
monte Everest (m)	Еверест (м)	Everest
Cordilheira (f) dos Andes	Анди (мн)	Andi
Kilimanjaro (m)	Килиманџаро (м)	Kilimandžáro

202. Rios

rio (m)	река (ж)	réka
fonte, nascente (f)	извор (м)	ízvor
leito (m) de rio	корито (c)	kórito
bacia (f)	слив (м)	sliv
desaguar no ...	уливати се	ulívati se
afluente (m)	притока (ж)	prítoka
margem (do rio)	обала (ж)	óbala
corrente (f)	ток (м)	tok
rio abaixo	низводно	nízvodno
rio acima	узводно	úzvodno
inundação (f)	поплава (ж)	póplava
cheia (f)	поводањ (м)	póvodanj
transbordar (vi)	изливати се	izlívati se
inundar (vt)	преплавити (nr)	prepláviti
banco (m) de areia	плићак (м)	plíćak
corredeira (f)	брзак (м)	bŕzak
barragem (f)	брана (ж)	brána
canal (m)	канал (м)	kánal
reservatório (m) de água	вештачко језеро (c)	véštačko jézero
eclusa (f)	преводница (ж)	prévodnica
corpo (m) de água	резервоар (м)	rezervóar

pântano (m)	мочвара (ж)	móčvara
lamaçal (m)	баруштина (ж)	báruština
redemoinho (m)	вртлог (м)	vŕtlog

riacho (m)	поток (м)	pótok
potável (adj)	питка	pítka
doce (água)	слатка	slátka

gelo (m)	лед (м)	led
congelar-se (vr)	смрзнути се	smŕznuti se

203. Nomes de rios

rio Sena (m)	Сена (ж)	Séna
rio Loire (m)	Лоара (ж)	Loára

rio Tâmisa (m)	Темза (ж)	Témza
rio Reno (m)	Рајна (ж)	Rájna
rio Danúbio (m)	Дунав (м)	Dúnav

rio Volga (m)	Волга (ж)	Vólga
rio Don (m)	Дон (м)	Don
rio Lena (m)	Лена (ж)	Léna

rio Amarelo (m)	Хуангхе (м)	Huánghe
rio Yangtzé (m)	Јангце (м)	Jangcé
rio Mekong (m)	Меконг (м)	Mékong
rio Ganges (m)	Ганг (м)	Gang

rio Nilo (m)	Нил (м)	Nil
rio Congo (m)	Конго (м)	Kóngo
rio Cubango (m)	Окаванго (м)	Okavángo
rio Zambeze (m)	Замбези (м)	Zambézi
rio Limpopo (m)	Лимпопо (м)	Limpópo
rio Mississippi (m)	Мисисипи (м)	Misisípi

204. Floresta

floresta (f), bosque (m)	шума (ж)	šúma
florestal (adj)	шумски	šúmski

mata (f) fechada	честар (м)	čéstar
arvoredo (m)	шумарак (м)	šumárak
clareira (f)	пропланак (м)	próplanak

matagal (m)	шипраг (м), шикара (ж)	šíprag, šíkara
mato (m), caatinga (f)	жбуње (с)	žbúnje

pequena trilha (f)	стаза (ж)	stáza
ravina (f)	јаруга (ж)	járuga
árvore (f)	дрво (с)	dŕvo
folha (f)	лист (м)	list

folhagem (f)	лишће (c)	líšće
queda (f) das folhas	листопад (м)	lístopad
cair (vi)	опадати (нг)	ópadati
topo (m)	врх (м)	vŕh

ramo (m)	грана (ж)	grána
galho (m)	грана (ж)	grána
botão (m)	пупољак (м)	púpoljak
agulha (f)	иглица (ж)	íglica
pinha (f)	шишарка (ж)	šíšarka

buraco (m) de árvore	дупља (ж)	dúplja
ninho (m)	гнездо (c)	gnézdo
toca (f)	јазбина, рупа (ж)	jázbina, rúpa

tronco (m)	стабло (c)	stáblo
raiz (f)	корен (м)	kóren
casca (f) de árvore	кора (ж)	kóra
musgo (m)	маховина (ж)	máhovina

arrancar pela raiz	крчити (нг)	kŕčiti
cortar (vt)	сећи (нг)	séći
desflorestar (vt)	крчити шуму	krčiti šúmu
toco, cepo (m)	пањ (м)	panj

fogueira (f)	логорска ватра (ж)	lógorska vátra
incêndio (m) florestal	шумски пожар (м)	šúmski póžar
apagar (vt)	гасити (нг)	gásiti

guarda-parque (m)	шумар (м)	šúmar
proteção (f)	заштита (ж)	záštita
proteger (a natureza)	штитити (нг)	štítiti
caçador (m) furtivo	ловокрадица (м)	lovokrádica
armadilha (f)	замка (ж)	zámka

| colher (cogumelos, bagas) | брати (нг) | bráti |
| perder-se (vr) | залутати (нг) | zalútati |

205. Recursos naturais

recursos (m pl) naturais	природна богатства (мн)	prírodna bógatstva
minerais (m pl)	рудна богатства (мн)	rúdna bógatstva
depósitos (m pl)	лежишта (мн)	léžišta
jazida (f)	налазиште (c)	nálazište

extrair (vt)	добијати (нг)	dobíjati
extração (f)	добијање (c)	dobíjanje
minério (m)	руда (ж)	rúda
mina (f)	рудник (м)	rúdnik
poço (m) de mina	рударско окно (c)	rúdarsko ókno
mineiro (m)	рудар (м)	rúdar

| gás (m) | гас (м) | gas |
| gasoduto (m) | плиновод (м) | plínovod |

petróleo (m)	нафта (ж)	náfta
oleoduto (m)	нафтовод (м)	náftovod
poço (m) de petróleo	нафтна бушотина (ж)	náftna búšotina
torre (f) petrolífera	нафтна платформа (ж)	náftna plátforma
petroleiro (m)	танкер (м)	tánker
areia (f)	песак (м)	pésak
calcário (m)	кречњак (м)	kréčnjak
cascalho (m)	шљунак (м)	šljúnak
turfa (f)	тресет (м)	tréset
argila (f)	глина (ж)	glína
carvão (m)	угаљ (м)	úgalj
ferro (m)	гвожђе (с)	gvóžđe
ouro (m)	злато (с)	zláto
prata (f)	сребро (с)	srébro
níquel (m)	никл (м)	nikl
cobre (m)	бакар (м)	bákar
zinco (m)	цинк (м)	cink
manganês (m)	манган (м)	mángan
mercúrio (m)	жива (ж)	žíva
chumbo (m)	олово (с)	ólovo
mineral (m)	минерал (м)	míneral
cristal (m)	кристал (м)	krístal
mármore (m)	мермер, мрамор (м)	mérmer, mrámor
urânio (m)	уран (м)	úran

A Terra. Parte 2

tempo (m)	време (с)	vréme
previsão (f) do tempo	временска прогноза (ж)	vrémenska prognóza
temperatura (f)	температура (ж)	temperatúra
termômetro (m)	термометар (м)	térmometar
barômetro (m)	барометар (м)	bárometar
úmido (adj)	влажан	vlážan
umidade (f)	влажност (ж)	vlážnost
calor (m)	вручина (ж)	vrućína
tórrido (adj)	вруч	vruć
está muito calor	вруче је	vrúće je
está calor	топло је	tóplo je
quente (morno)	топао	tópao
está frio	хладно је	hládno je
frio (adj)	хладан	hládan
sol (m)	сунце (с)	súnce
brilhar (vi)	сијати (нг)	síjati
de sol, ensolarado	сунчан	súnčan
nascer (vi)	изачи (нг)	ízaći
pôr-se (vr)	зачи (нг)	záći
nuvem (f)	облак (м)	óblak
nublado (adj)	облачан	óblačan
nuvem (f) preta	кишни облак (м)	kíšni óblak
escuro, cinzento (adj)	тmuran	tmúran
chuva (f)	киша (ж)	kíša
está a chover	пада киша	páda kíša
chuvoso (adj)	кишовит	kišóvit
chuviscar (vi)	сипити (нг)	sípiti
chuva (f) torrencial	пљусак (м)	pljúsak
aguaceiro (m)	пљусак (м)	pljúsak
forte (chuva, etc.)	јак	jak
poça (f)	бара (ж)	bára
molhar-se (vr)	покиснути (нг)	pókisnuti
nevoeiro (m)	магла (ж)	mágla
de nevoeiro	магловит	maglóvit
neve (f)	снег (м)	sneg
está nevando	пада снег	páda sneg

207. Tempo extremo. Catástrofes naturais

trovoada (f)	олуја (ж)	olúja
relâmpago (m)	муња (ж)	múnja
relampejar (vi)	севати (нг)	sévati
trovão (m)	гром (м)	grom
trovejar (vi)	грмети (нг)	gŕmeti
está trovejando	грми	gŕmi
granizo (m)	град (м)	grad
está caindo granizo	пада град	páda grad
inundar (vt)	поплавити (пг)	póplaviti
inundação (f)	поплава (ж)	póplava
terremoto (m)	земљотрес (м)	zémljotres
abalo, tremor (m)	потрес (м)	pótres
epicentro (m)	епицентар (м)	epicéntar
erupção (f)	ерупција (ж)	erúpcija
lava (f)	лава (ж)	láva
tornado (m)	вихор (м)	víhor
tornado (m)	торнадо (м)	tórnado
tufão (m)	тајфун (м)	tájfun
furacão (m)	ураган (м)	úragan
tempestade (f)	олуја (ж)	olúja
tsunami (m)	цунами (м)	cunámi
ciclone (m)	циклон (м)	cíklon
mau tempo (m)	невреме (с)	névreme
incêndio (m)	пожар (м)	póžar
catástrofe (f)	катастрофа (ж)	katastrófa
meteorito (m)	метеорит (м)	meteórit
avalanche (f)	лавина (ж)	lávina
deslizamento (m) de neve	усов (м)	úsov
nevasca (f)	мећава (ж)	méćava
tempestade (f) de neve	мећава, вејавица (ж)	méćava, véjavica

208. Ruídos. Sons

silêncio (m)	тишина (ж)	tišína
som (m)	звук (м)	zvuk
ruído, barulho (m)	бука (ж)	búka
fazer barulho	галамити (нг)	galamíti
ruidoso, barulhento (adj)	бучан	búčan
alto	гласно	glásno
alto (ex. voz ~a)	гласан	glásan
constante (ruído, etc.)	константан	konstántan

grito (m)	узвик (м)	úzvik
gritar (vi)	викати (нг)	víkati
sussurro (m)	шапат (м)	šápat
sussurrar (vi, vt)	шапутати (нг, пг)	šapútati

latido (m)	лавеж (м)	lávež
latir (vi)	лајати (нг)	lájati

gemido (m)	стењање (с)	sténjanje
gemer (vi)	стењати (нг)	sténjati
tosse (f)	кашаљ (м)	kášalj
tossir (vi)	кашљати (нг)	kášljati

assobio (m)	звиждук (м)	zvížduk
assobiar (vi)	звиждати (нг)	zvíždati
batida (f)	куцање (с)	kúcanje
bater (à porta)	куцати (нг)	kúcati

estalar (vi)	пуцати (нг)	púcati
estalido (m)	пуцкање (с)	púckanje

sirene (f)	сирена (ж)	siréna
apito (m)	сирена (ж)	siréna
apitar (vi)	звиждати, трубити (нг)	zvíždati, trúbiti
buzina (f)	сигнал (м)	sígnal
buzinar (vi)	трубити (нг)	trúbiti

209. Inverno

inverno (m)	зима (ж)	zíma
de inverno	зимски	zímski
no inverno	зими	zími

neve (f)	снег (м)	sneg
está nevando	пада снег	páda sneg
queda (f) de neve	снежне падавине (мн)	snéžne pádavine
amontoado (m) de neve	снежни смет (м)	snéžni smet

floco (m) de neve	пахуљица (ж)	pahúljica
bola (f) de neve	грудва (ж)	grúdva
boneco (m) de neve	Снешко Белић (м)	Snéško Bélić
sincelo (m)	леденица (ж)	ledénica

dezembro (m)	децембар (м)	décembar
janeiro (m)	јануар (м)	jánuar
fevereiro (m)	фебруар (м)	fébruar

gelo (m)	мраз (м)	mraz
gelado (tempo ~)	мразни	mrázni

abaixo de zero	испод нуле	íspod núle
primeira geada (f)	мразеви (мн)	mrázevi
geada (f) branca	иње (с)	ínje
frio (m)	хладноћа (ж)	hladnóća

está frio	хладно	hládno
casaco (m) de pele	бунда (ж)	búnda
mitenes (f pl)	рукавице (мн)	rukávice
adoecer (vi)	**разболети се**	razbóleti se
resfriado (m)	**прехлада** (ж)	préhlada
ficar resfriado	**прехладити се**	prehláditi se
gelo (m)	**лед** (м)	led
gelo (m) na estrada	**лед** (м)	led
congelar-se (vr)	**залéдити се**	zaléditi se
bloco (m) de gelo	**ледена санта** (ж)	lédena sánta
esqui (m)	**скије** (мн)	skíje
esquiador (m)	**скијаш** (м)	skíjaš
esquiar (vi)	**скијати** (нг)	skíjati
patinar (vi)	**клизати** (нг)	klízati

Fauna

predador (m)	предатор, грабљивац (м)	prédator, grábljivac
tigre (m)	тигар (м)	tígar
leão (m)	лав (м)	lav
lobo (m)	вук (м)	vuk
raposa (f)	лисица (ж)	lísica
jaguar (m)	јагуар (м)	jáguar
leopardo (m)	леопард (м)	léopard
chita (f)	гепард (м)	gépard
pantera (f)	пантер (м)	pánter
puma (m)	пума (ж)	púma
leopardo-das-neves (m)	снежни леопард (м)	snéžni léopard
lince (m)	рис (м)	ris
coiote (m)	којот (м)	kójot
chacal (m)	шакал (м)	šákal
hiena (f)	хијена (ж)	hijéna

animal (m)	животиња (ж)	živótinja
besta (f)	звер (м)	zver
esquilo (m)	веверица (ж)	véverica
ouriço (m)	јеж (м)	jež
lebre (f)	зец (м)	zec
coelho (m)	кунић (м)	kúnić
texugo (m)	јазавац (м)	jázavac
guaxinim (m)	ракун (м)	rákun
hamster (m)	хрчак (м)	hŕčak
marmota (f)	мрмот (м)	mŕmot
toupeira (f)	кртица (ж)	kŕtica
rato (m)	миш (ж)	miš
ratazana (f)	пацов (м)	pácov
morcego (m)	слепи миш (м)	slépi miš
arminho (m)	хермелин (м)	hérmelin
zibelina (f)	самур (м)	sámur
marta (f)	куна (ж)	kúna
doninha (f)	ласица (ж)	lásica
visom (m)	нерц, визон (м)	nerc, vízon

castor (m)	дабар (м)	dábar
lontra (f)	видра (ж)	vídra

cavalo (m)	коњ (м)	konj
alce (m)	лос (м)	los
veado (m)	јелен (м)	jélen
camelo (m)	камила (ж)	kámila

bisão (m)	бизон (м)	bízon
auroque (m)	зубар (м)	zúbar
búfalo (m)	бивол (м)	bívol

zebra (f)	зебра (ж)	zébra
antílope (m)	антилопа (ж)	antilópa
corça (f)	срна (ж)	sŕna
gamo (m)	јелен лопатар (м)	jélen lópatar
camurça (f)	дивокоза (ж)	dívokoza
javali (m)	вепар (м)	vépar

baleia (f)	кит (м)	kit
foca (f)	фока (ж)	fóka
morsa (f)	морж (м)	morž
urso-marinho (m)	фока (ж)	fóka
golfinho (m)	делфин (м)	délfin

urso (m)	медвед (м)	médved
urso (m) polar	бели медвед (м)	béli médved
panda (m)	панда (ж)	pánda

macaco (m)	мајмун (м)	májmun
chimpanzé (m)	шимпанза (ж)	šimpánza
orangotango (m)	орангутан (м)	orangútan
gorila (m)	горила (ж)	goríla
macaco (m)	макаки (м)	makáki
gibão (m)	гибон (м)	gíbon

elefante (m)	слон (м)	slon
rinoceronte (m)	носорог (м)	nósorog
girafa (f)	жирафа (ж)	žiráfa
hipopótamo (m)	нилски коњ (м)	nílski konj

canguru (m)	кенгур (м)	kéngur
coala (m)	коала (ж)	koála

mangusto (m)	мунгос (м)	múngos
chinchila (f)	чинчила (ж)	čínčila
cangambá (f)	твор (м)	tvor
porco-espinho (m)	дикобраз (м)	díkobraz

212. Animais domésticos

gata (f)	мачка (ж)	máčka
gato (m) macho	мачак (м)	máčak
cão (m)	пас (м)	pas

cavalo (m)	коњ (м)	konj
garanhão (m)	ждребац (м)	ždrébac
égua (f)	кобила (ж)	kóbila

vaca (f)	крава (ж)	kráva
touro (m)	бик (м)	bik
boi (m)	во (м)	vo

ovelha (f)	овца (ж)	óvca
carneiro (m)	ован (м)	óvan
cabra (f)	коза (ж)	kóza
bode (m)	јарац (м)	járac

burro (m)	магарац (м)	mágarac
mula (f)	мазга (ж)	mázga

porco (m)	свиња (ж)	svínja
leitão (m)	прасе (с)	práse
coelho (m)	куниħ, домаħи зец (м)	kúnić, dómaći zec

galinha (f)	кокош (ж)	kókoš
galo (m)	певац (м)	pévac

pata (f), pato (m)	патка (ж)	pátka
pato (m)	патак (м)	pátak
ganso (m)	гуска (ж)	gúska

peru (m)	ħуран (м)	ćúran
perua (f)	ħурка (ж)	ćúrka

animais (m pl) domésticos	домаħе животиње (мн)	domáće živótinje
domesticado (adj)	питом	pítom
domesticar (vt)	припитомљивати (пг)	pripitomljívati
criar (vt)	узгајати (пг)	uzgájati

fazenda (f)	фарма (ж)	fárma
aves (f pl) domésticas	живина (ж)	živína
gado (m)	стока (ж)	stóka
rebanho (m), manada (f)	стадо (с)	stádo

estábulo (m)	штала (ж)	štála
chiqueiro (m)	свињац (м)	svínjac
estábulo (m)	стаја (ж)	stája
coelheira (f)	зечињак (м)	zéčinjak
galinheiro (m)	кокошињац (м)	kókošinjac

213. Cães. Raças de cães

cão (m)	пас (м)	pas
cão pastor (m)	овчар (м)	óvčar
pastor-alemão (m)	немачки овчар (м)	némački óvčar
poodle (m)	пудла (ж)	púdla
linguicinha (m)	јазавичар (м)	jázavičar
buldogue (m)	булдог (м)	búldog

boxer (m)	боксер (м)	bókser
mastim (m)	мастиф (м)	mástif
rottweiler (m)	ротвајлер (м)	rótvajler
dóberman (m)	доберман (м)	dóberman

basset (m)	басет (м)	báset
pastor inglês (m)	бобтејл (м)	bóbtejl
dálmata (m)	далматинац (м)	dalmatínac
cocker spaniel (m)	кокер шпанијел (м)	kóker špánijel

| terra-nova (m) | њуфаундленд (м) | njufáundlend |
| são-bernardo (m) | бернардинац (м) | bernardínac |

husky (m) siberiano	хаски (м)	háski
Chow-chow (m)	чау-чау (м)	čáu-čáu
spitz alemão (m)	шпиц (м)	špic
pug (m)	мопс (м)	mops

214. Sons produzidos pelos animais

latido (m)	лавеж (м)	lávež
latir (vi)	лајати (нг)	lájati
miar (vi)	маукати (нг)	maúkati
ronronar (vi)	прести (нг)	présti

mugir (vaca)	мукати (нг)	múkati
bramir (touro)	рикати (нг)	ríkati
rosnar (vi)	режати (нг)	réžati

uivo (m)	завијање (с)	zavijanje
uivar (vi)	завијати (нг)	zavijati
ganir (vi)	цвилети (нг)	cvíleti

balir (vi)	блејати (нг)	bléjati
grunhir (vi)	гроктати (нг)	gróktati
guinchar (vi)	вриштати (нг)	vríštati

coaxar (sapo)	крекетати (нг)	krekétati
zumbir (inseto)	зујати (нг)	zújati
ziziar (vi)	цврчати (нг)	cvŕčati

215. Animais jovens

cria (f), filhote (m)	младунче (с)	mladúnče
gatinho (m)	маче (с)	máče
ratinho (m)	мишић (м)	míšić
cachorro (m)	штене (с)	šténe

filhote (m) de lebre	зеко (м)	zéko
coelhinho (m)	зеко, зечић (м)	zéko, zéčić
lobinho (m)	вучић (м)	vúčić
filhote (m) de raposa	лисичић (м)	lísičić

filhote (m) de urso	медведић (м)	médvedić
filhote (m) de leão	лавић (м)	lávić
filhote (m) de tigre	тигрић (м)	tígrić
filhote (m) de elefante	слонче (c)	slónče
leitão (m)	прасе (c)	práse
bezerro (m)	теле (c)	téle
cabrito (m)	jape (c)	járe
cordeiro (m)	jarње (c)	jágnje
filhote (m) de veado	лане (c)	láne
cria (f) de camelo	младунче камиле (c)	mladúnče kámile
filhote (m) de serpente	змијче (c)	zmíjče
filhote (m) de rã	жабица (ж)	žábica
cria (f) de ave	пиле (c)	píle
pinto (m)	пиле (c)	píle
patinho (m)	паче (c)	páče

216. Pássaros

pássaro (m), ave (f)	птица (ж)	ptíca
pombo (m)	голуб (м)	gólub
pardal (m)	врабац (м)	vrábac
chapim-real (m)	сеница (ж)	sénica
pega-rabuda (f)	сврака (ж)	svráka
corvo (m)	гавран (м)	gávran
gralha-cinzenta (f)	врана (ж)	vrána
gralha-de-nuca-cinzenta (f)	чавка (ж)	čávka
gralha-calva (f)	гачац (м)	gáčac
pato (m)	патка (ж)	pátka
ganso (m)	гуска (ж)	gúska
faisão (m)	фазан (м)	fázan
águia (f)	орао (м)	órao
açor (m)	jастреб (м)	jástreb
falcão (m)	соко (м)	sóko
abutre (m)	суп (м)	sup
condor (m)	кондор (м)	kóndor
cisne (m)	лабуд (м)	lábud
grou (m)	ждрал (м)	ždral
cegonha (f)	рода (ж)	róda
papagaio (m)	папагај (м)	papágaj
beija-flor (m)	колибри (м)	kolíbri
pavão (m)	паун (м)	páun
avestruz (m)	нoj (м)	noj
garça (f)	чапља (ж)	čáplja
flamingo (m)	фламинго (м)	flamíngo
pelicano (m)	пеликан (м)	pelíkan

rouxinol (m)	славуј (м)	slávuj
andorinha (f)	ластавица (ж)	lástavica
tordo-zornal (m)	дрозд (м)	drozd
tordo-músico (m)	дрозд певач (м)	drozd peváč
melro-preto (m)	кос (м)	kos
andorinhão (m)	брегуница (ж)	brégunica
cotovia (f)	шева (ж)	šéva
codorna (f)	препелица (ж)	prépelica
pica-pau (m)	детлић (м)	détlić
cuco (m)	кукавица (ж)	kúkavica
coruja (f)	сова (ж)	sóva
bufo-real (m)	совуљага (ж)	sovúljaga
tetraz-grande (m)	велики тетреб (м)	véliki tétreb
tetraz-lira (m)	мали тетреб (м)	máli tétreb
perdiz-cinzenta (f)	јаребица (ж)	jarébica
estorninho (m)	чворак (м)	čvórak
canário (m)	канаринац (м)	kanarínac
galinha-do-mato (f)	лештарка (ж)	léštarka
tentilhão (m)	зеба (ж)	zéba
dom-fafe (m)	зимовка (ж)	zímovka
gaivota (f)	галеб (м)	gáleb
albatroz (m)	албатрос (м)	álbatros
pinguim (m)	пингвин (м)	píngvin

217. Pássaros. Canto e sons

cantar (vi)	певати (нг, пг)	pévati
gritar, chamar (vi)	викати (нг)	víkati
cantar (o galo)	кукурикати (нг)	kukuríkati
cocorocó (m)	кукурику	kukuríku
cacarejar (vi)	кокодакати (нг)	kokodákati
crocitar (vi)	грактати (нг)	gráktati
grasnar (vi)	гакати (нг)	gákati
piar (vi)	пиштати (нг)	píštati
chilrear, gorjear (vi)	цвркутати (нг)	cvrkútati

218. Peixes. Animais marinhos

brema (f)	деверика (ж)	devérika
carpa (f)	шаран (м)	šáran
perca (f)	гргеч (м)	gŕgeč
siluro (m)	сом (м)	som
lúcio (m)	штука (ж)	štúka
salmão (m)	лосос (м)	lósos
esturjão (m)	јесетра (ж)	jésetra

arenque (m)	харинга (ж)	háringa
salmão (m) do Atlântico	атлантски лосос (м)	átlantski lósos
cavala, sarda (f)	скуша (ж)	skúša
solha (f), linguado (m)	лист (м)	list

lúcio perca (m)	смуђ (м)	smuđ
bacalhau (m)	бакалар (м)	bakálar
atum (m)	туна (ж), туњ (м)	tuna, tunj
truta (f)	пастрмка (ж)	pástrmka

enguia (f)	јегуља (ж)	jégulja
raia (f) elétrica	ража (ж)	ráža
moreia (f)	мурина (ж)	múrina
piranha (f)	пирана (ж)	pirána

tubarão (m)	ајкула (ж)	ájkula
golfinho (m)	делфин (м)	délfin
baleia (f)	кит (м)	kit

caranguejo (m)	краба (ж)	krába
água-viva (f)	медуза (ж)	medúza
polvo (m)	хоботница (ж)	hóbotnica

estrela-do-mar (f)	морска звезда (ж)	mórska zvézda
ouriço-do-mar (m)	морски јеж (м)	mórski jež
cavalo-marinho (m)	морски коњић (м)	mórski kónjić

ostra (f)	острига (ж)	óstriga
camarão (m)	шкамп (м)	škamp
lagosta (f)	хлап (м)	hlap
lagosta (f)	јастог (м)	jástog

219. Anfíbios. Répteis

| cobra (f) | змија (ж) | zmíja |
| venenoso (adj) | отрован | ótrovan |

víbora (f)	шарка (ж)	šárka
naja (f)	кобра (ж)	kóbra
píton (m)	питон (м)	píton
jiboia (f)	удав (м)	údav

cobra-de-água (f)	белоушка (ж)	beloúška
cascavel (f)	звечарка (ж)	zvéčarka
anaconda (f)	анаконда (ж)	anakónda

lagarto (m)	гуштер (м)	gúšter
iguana (f)	игуана (ж)	iguána
varano (m)	варан (м)	váran
salamandra (f)	даждевњак (м)	daždévnjak
camaleão (m)	камелеон (м)	kameléon
escorpião (m)	шкорпија (ж)	škórpija
tartaruga (f)	корњача (ж)	kórnjača
rã (f)	жаба (ж)	žába

| sapo (m) | крастача (ж) | krástača |
| crocodilo (m) | крокодил (м) | krokódil |

220. Insetos

inseto (m)	инсект (м)	ínsekt
borboleta (f)	лептир (м)	léptir
formiga (f)	мрав (м)	mrav
mosca (f)	мува (ж)	múva
mosquito (m)	комарац (м)	komárac
escaravelho (m)	буба (ж)	búba

vespa (f)	оса (ж)	ósa
abelha (f)	пчела (ж)	pčéla
mamangaba (f)	бумбар (м)	búmbar
moscardo (m)	обад (м)	óbad

| aranha (f) | паук (м) | páuk |
| teia (f) de aranha | паучина (ж) | páučina |

libélula (f)	вилин коњиц (м)	vílin kónjic
gafanhoto (m)	скакавац (м)	skákavac
traça (f)	мољац (м)	móljac

barata (f)	бубашваба (ж)	bubašvába
carrapato (m)	крпељ (м)	kŕpelj
pulga (f)	бува (ж)	búva
borrachudo (m)	мушица (ж)	múšica

gafanhoto (m)	миграторни скакавац (м)	mígratorni skákavac
caracol (m)	пуж (м)	puž
grilo (m)	цврчак (м)	cvŕčak
pirilampo, vaga-lume (m)	свитац (м)	svítac
joaninha (f)	бубамара (ж)	bubamára
besouro (m)	гундељ (м)	gúndelj

sanguessuga (f)	пијавица (ж)	píjavica
lagarta (f)	гусеница (ж)	gúsenica
minhoca (f)	црв (м)	cŕv
larva (f)	ларва (ж)	lárva

221. Animais. Partes do corpo

bico (m)	кљун (м)	kljun
asas (f pl)	крила (мн)	kríla
pata (f)	нога (ж)	nóga
plumagem (f)	перје (с)	pérje
pena, pluma (f)	перо (с)	péro
crista (f)	креста (ж)	krésta

| brânquias, guelras (f pl) | шкрге (мн) | škŕge |
| ovas (f pl) | икра (ж) | íkra |

larva (f)	личинка (ж)	líčinka
barbatana (f)	пераје (ж)	peráje
escama (f)	крљушт (ж)	kŕljušt

presa (f)	очњак (м)	óčnjak
pata (f)	шапа (ж)	šápa
focinho (m)	њушка (ж)	njúška
boca (f)	чељуст (ж)	čéljust
cauda (f), rabo (m)	реп (м)	rep
bigodes (m pl)	бркови (мн)	bŕkovi

| casco (m) | копито (с) | kópito |
| corno (m) | рог (м) | rog |

carapaça (f)	оклоп (м)	óklop
concha (f)	шкољка (ж)	škóljka
casca (f) de ovo	љуска (ж)	ljúska

| pelo (m) | вуна (ж) | vúna |
| pele (f), couro (m) | кожа (ж) | kóža |

222. Ações dos animais

| voar (vi) | летети (нг) | léteti |
| dar voltas | кружити (нг) | krúžiti |

| voar (para longe) | одлетети (нг) | odléteti |
| bater as asas | махати (нг) | máhati |

| bicar (vi) | кљуцати (нг) | kljúcati |
| incubar (vt) | лећи јаја | léći jája |

| sair do ovo | излазити напоље | ízlaziti nápolje |
| fazer o ninho | вити гнездо | víti gnézdo |

rastejar (vi)	пузити (нг)	púziti
picar (vt)	бости (пг)	bósti
morder (cachorro, etc.)	ујед ати (пг)	ujédati

cheirar (vt)	њушити (пг)	njúšiti
latir (vi)	лајати (нг)	lájati
silvar (vi)	шиштати (нг)	šíštati

| assustar (vt) | плашити (пг) | plášiti |
| atacar (vt) | нападати (нг) | nápadati |

roer (vt)	гристи (пг)	grísti
arranhar (vt)	гребати, грепсти (пг)	grébati, grépsti
esconder-se (vr)	крити се	kríti se

brincar (vi)	играти се	ígrati se
caçar (vi)	ловити (пг)	lóviti
hibernar (vi)	бити у зимском сну	bíti u zímskom snu
extinguir-se (vr)	изумрети (нг)	izúmreti

223. Animais. Habitats

hábitat (m)	станиште (c)	stánište
migração (f)	миграција (ж)	migrácija
montanha (f)	планина (ж)	planína
recife (m)	гребен (м)	grében
falésia (f)	литица (ж)	lítica
floresta (f)	шума (ж)	šúma
selva (f)	џунгла (ж)	džúngla
savana (f)	савана (ж)	savána
tundra (f)	тундра (ж)	túndra
estepe (f)	степа (ж)	stépa
deserto (m)	пустиња (ж)	pústinja
oásis (m)	оаза (ж)	oáza
mar (m)	море (c)	móre
lago (m)	језеро (c)	jézero
oceano (m)	океан (м)	okéan
pântano (m)	мочвара (ж)	móčvara
de água doce	слатководни	slátkovodni
lagoa (f)	језерце (c)	jézerce
rio (m)	река (ж)	réka
toca (f) do urso	брлог (м)	bŕlog
ninho (m)	гнездо (c)	gnézdo
buraco (m) de árvore	дупља (ж)	dúplja
toca (f)	јазбина, рупа (ж)	jázbina, rúpa
formigueiro (m)	мравињак (м)	mrávinjak

224. Cuidados com os animais

jardim (m) zoológico	зоолошки врт (м)	zoóloški vŕt
reserva (f) natural	природни резерват (м)	prírodni rezérvat
viveiro (m)	одгајивачница (ж)	odgajiváčnica
jaula (f) de ar livre	волијера (ж)	volijera
jaula, gaiola (f)	кавез (м)	kávez
casinha (f) de cachorro	штенара (ж)	sténara
pombal (m)	голубињак (м)	golubínjak
aquário (m)	акваријум (м)	akvárijum
delfinário (m)	делфинаријум (м)	delfinárijum
criar (vt)	гајити (пг)	gájiti
cria (f)	потомство (c)	pótomstvo
domesticar (vt)	припитомљивати (пг)	pripitomljívati
adestrar (vt)	дресирати (пг)	dresírati
ração (f)	храна (ж)	hrána
alimentar (vt)	хранити (пг)	hrániti

loja (f) de animais	пет шоп (м)	pet šop
focinheira (m)	брњица (ж)	bŕnjica
coleira (f)	огрлица (ж)	ógrlica
nome (do animal)	надимак (м), име (с)	nádimak, íme
pedigree (m)	педигре (м)	pedígre

225. Animais. Diversos

alcateia (f)	чопор (м)	čópor
bando (pássaros)	јато (с)	játo
cardume (peixes)	јато (с)	játo
manada (cavalos)	крдо (с)	kŕdo

| macho (m) | мужјак (м) | múžjak |
| fêmea (f) | женка (ж) | žénka |

faminto (adj)	гладан	gládan
selvagem (adj)	дивљи	dívlji
perigoso (adj)	опасан	ópasan

226. Cavalos

| cavalo (m) | коњ (м) | konj |
| raça (f) | раса (ж) | rása |

| potro (m) | ждребе (с) | ždrébe |
| égua (f) | кобила (ж) | kóbila |

mustangue (m)	мустанг (м)	mústang
pônei (m)	пони (м)	póni
cavalo (m) de tiro	товарни коњ (м)	tóvarni konj

| crina (f) | грива (ж) | gríva |
| rabo (m) | реп (м) | rep |

casco (m)	копито (с)	kópito
ferradura (f)	потковица (ж)	pótkovica
ferrar (vt)	потковати (нг)	potkóvati
ferreiro (m)	ковач (м)	kóvač

sela (f)	седло (с)	sédlo
estribo (m)	стреме (с)	stréme
brida (f)	узда (ж)	úzda
rédeas (f pl)	дизгине (мн)	dízgine
chicote (m)	корбач (м)	kórbač

cavaleiro (m)	јахач (м)	jáhač
colocar sela	оседлати (нг)	ósedlati
montar no cavalo	сести у седло	sésti u sédlo

| galope (m) | галоп (м) | gálop |
| galopar (vi) | галопирати (нг) | galopírati |

trote (m)	кас (м)	kas
a trote	касом	kásom
ir a trote	ићи касом	íći kásom

| cavalo (m) de corrida | тркачки коњ (м) | tŕkački konj |
| corridas (f pl) | коњске трке (мн) | kónjske tŕke |

estábulo (m)	штала (ж)	štála
alimentar (vt)	хранити (пг)	hrániti
feno (m)	сено (с)	séno
dar água	појити (пг)	pójiti
limpar (vt)	чистити (пг)	čístiti

carroça (f)	коњска запрега (ж)	kónjska záprega
pastar (vi)	пасти (нг)	pásti
relinchar (vi)	рзати (нг)	ŕzati
dar um coice	ударити (пг)	údariti

Flora

árvore (f)	дрво (c)	dŕvo
decídua (adj)	листопадно	lístopadno
conífera (adj)	четинарско	četinarsko
perene (adj)	зимзелено	zímzeleno

macieira (f)	јабука (ж)	jábuka
pereira (f)	крушка (ж)	krúška
cerejeira (f)	трешња (ж)	tréšnja
ginjeira (f)	вишња (ж)	víšnja
ameixeira (f)	шљива (ж)	šljíva

bétula (f)	бреза (ж)	bréza
carvalho (m)	храст (м)	hrast
tília (f)	липа (ж)	lípa
choupo-tremedor (m)	јасика (ж)	jásika
bordo (m)	јавор (м)	jávor
espruce (m)	јела (ж)	jéla
pinheiro (m)	бор (м)	bor
alerce, lariço (m)	ариш (м)	áriš
abeto (m)	јела (ж)	jéla
cedro (m)	кедар (м)	kédar

choupo, álamo (m)	топола (ж)	topóla
tramazeira (f)	јаребика (ж)	járebika
salgueiro (m)	врба (ж)	vŕba
amieiro (m)	јова (ж)	jóva
faia (f)	буква (ж)	búkva
ulmeiro, olmo (m)	брест (м)	brest
freixo (m)	јасен (м)	jásen
castanheiro (m)	кестен (м)	késten

magnólia (f)	магнолија (ж)	magnólija
palmeira (f)	палма (ж)	pálma
cipreste (m)	чемпрес (м)	čémpres

mangue (m)	мангрово дрво (c)	mángrovo dŕvo
embondeiro, baobá (m)	баобаб (м)	báobab
eucalipto (m)	еукалиптус (м)	eukalíptus
sequoia (f)	секвоја (ж)	sekvója

arbusto (m)	грм, жбун (м)	gŕm, žbun
arbusto (m), moita (f)	жбун (м)	žbun

| videira (f) | винова лоза (ж) | vínova lóza |
| vinhedo (m) | виноград (м) | vínograd |

framboeseira (f)	малина (ж)	málina
groselheira-negra (f)	црна рибизла (ж)	cŕna ríbizla
groselheira-vermelha (f)	црвена рибизла (ж)	crvéna ríbizla
groselheira (f) espinhosa	огрозд (м)	ógrozd

acácia (f)	багрем (м)	bágrem
bérberis (f)	жутика, шимширика (ж)	žútika, šimšírika
jasmim (m)	јасмин (м)	jásmin

junípero (m)	клека (ж)	kléka
roseira (f)	ружин грм (м)	rúžin gŕm
roseira (f) brava	шипак (м)	šípak

229. Cogumelos

cogumelo (m)	гљива, печурка (ж)	gljíva, péčurka
cogumelo (m) comestível	јестива гљива, печурка (ж)	jéstiva gljíva, péčurka
cogumelo (m) venenoso	отровна гљива (ж)	ótrovna gljíva
chapéu (m)	шешир (м)	šéšir
pé, caule (m)	ножица (ж)	nóžica

boleto, porcino (m)	вргањ (м)	vŕganj
boleto (m) alaranjado	јасикин турчин (м)	jásikin túrčin
boleto (m) de bétula	брезов дед (м)	brézov ded
cantarelo (m)	лисичарка (ж)	lísičarka
rússula (f)	красница (ж)	krásnica

morchella (f)	смрчак (м)	smŕčak
agário-das-moscas (m)	мухара (ж)	múhara
cicuta (f) verde	отровна гљива (ж)	ótrovna gljíva

230. Frutos. Bagas

fruta (f)	воћка (ж)	vóćka
frutas (f pl)	воће, плодови (мн)	vóće, plódovi
maçã (f)	јабука (ж)	jábuka
pera (f)	крушка (ж)	krúška
ameixa (f)	шљива (ж)	šljíva

morango (m)	јагода (ж)	jágoda
ginja (f)	вишња (ж)	víšnja
cereja (f)	трешња (ж)	tréšnja
uva (f)	грожђе (с)	gróžđe

framboesa (f)	малина (ж)	málina
groselha (f) negra	црна рибизла (ж)	cŕna ríbizla
groselha (f) vermelha	црвена рибизла (ж)	crvéna ríbizla
groselha (f) espinhosa	огрозд (м)	ógrozd
oxicoco (m)	брусница (ж)	brúsnica

laranja (f)	наранџа (ж)	nárandža
tangerina (f)	мандарина (ж)	mandarína
abacaxi (m)	ананас (м)	ánanas
banana (f)	банана (ж)	banána
tâmara (f)	урма (ж)	úrma

limão (m)	лимун (м)	límun
damasco (m)	кајсија (ж)	kájsija
pêssego (m)	бресква (ж)	bréskva
quiuí (m)	киви (м)	kívi
toranja (f)	грејпфрут (м)	gréjpfrut

baga (f)	бобица (ж)	bóbica
bagas (f pl)	бобице (мн)	bóbice
arando (m) vermelho	брусница (ж)	brúsnica
morango-silvestre (m)	шумска јагода (ж)	šúmska jágoda
mirtilo (m)	боровница (ж)	boróvnica

231. Flores. Plantas

| flor (f) | цвет (м) | cvet |
| buquê (m) de flores | букет (м) | búket |

rosa (f)	ружа (ж)	rúža
tulipa (f)	тулипан (м)	tulípan
cravo (m)	каранфил (м)	karánfil
gladíolo (m)	гладиола (ж)	gladióla

centáurea (f)	различак (м)	razlíčak
campainha (f)	звонце (с)	zvónce
dente-de-leão (m)	маслачак (м)	masláčak
camomila (f)	камилица (ж)	kamílica

aloé (m)	алоја (ж)	áloja
cacto (m)	кактус (м)	káktus
fícus (m)	фикус (м)	fíkus

lírio (m)	љиљан (м)	ljíljan
gerânio (m)	гераниум, здравац (м)	geránium, zdrávac
jacinto (m)	зумбул (м)	zúmbul

mimosa (f)	мимоза (ж)	mimóza
narciso (m)	нарцис (м)	nárcis
capuchinha (f)	драгољуб (м)	drágoljub

orquídea (f)	орхидеја (ж)	orhidéja
peônia (f)	божур (м)	bóžur
violeta (f)	љубичица (ж)	ljubičíca

amor-perfeito (m)	дан и ноћ	dan i noć
não-me-esqueças (m)	споменак (м)	spoménak
margarida (f)	красуљак (м)	krasúljak
papoula (f)	мак (м)	mak
cânhamo (m)	конопља (ж)	kónoplja

hortelã, menta (f)	нана, метвица (ж)	nána, métvica
lírio-do-vale (m)	ђурђевак (м)	đurđévak
campânula-branca (f)	висибаба (ж)	vísibaba

urtiga (f)	коприва (ж)	kópriva
azedinha (f)	кисељак (м)	kiséljak
nenúfar (m)	локвањ (м)	lókvanj
samambaia (f)	папрат (ж)	páprat
líquen (m)	лишај (м)	líšaj

estufa (f)	стакленик (м)	stáklenik
gramado (m)	травњак (м)	trávnjak
canteiro (m) de flores	цветна леја (ж)	cvétna léja

planta (f)	биљка (ж)	bíljka
grama (f)	трава (ж)	tráva
folha (f) de grama	травчица (ж)	trávčica

folha (f)	лист (м)	list
pétala (f)	латица (ж)	lática
talo (m)	стабљика (ж)	stábljika
tubérculo (m)	гомољ (м)	gómolj

broto, rebento (m)	изданак (м)	ízdanak
espinho (m)	трн (м)	trn

florescer (vi)	цветати (нг)	cvétati
murchar (vi)	венути (нг)	vénuti
cheiro (m)	мирис (м)	míris
cortar (flores)	одсећи (пг)	ódseći
colher (uma flor)	убрати (пг)	ubráti

232. Cereais, grãos

grão (m)	зрно (с)	zŕno
cereais (plantas)	житарице (мн)	žitárice
espiga (f)	клас (м)	klas

trigo (m)	пшеница (ж)	pšénica
centeio (m)	раж (ж)	raž
aveia (f)	овас (м)	óvas

painço (m)	просо (с)	próso
cevada (f)	јечам (м)	jéčam

milho (m)	кукуруз (м)	kukúruz
arroz (m)	пиринач (м)	pírinač
trigo-sarraceno (m)	хељда (ж)	héljda

ervilha (f)	грашак (м)	grášak
feijão (m) roxo	пасуљ (м)	pásulj
soja (f)	соја (ж)	sója
lentilha (f)	сочиво (с)	sóčivo
feijão (m)	махунарке (мн)	mahúnarke

233. Vegetais. Verduras

vegetais (m pl)	поврће (с)	póvrće
verdura (f)	зелен (ж)	zélen
tomate (m)	парадајз (м)	parádajz
pepino (m)	краставац (м)	krástavac
cenoura (f)	шаргарепа (ж)	šargarépa
batata (f)	кромпир (м)	krómpir
cebola (f)	црни лук (м)	cŕni luk
alho (m)	бели лук (м)	béli luk
couve (f)	купус (м)	kúpus
couve-flor (f)	карфиол (м)	karfíol
couve-de-bruxelas (f)	прокељ (м)	prókelj
brócolis (m pl)	брокуле (мн)	brókule
beterraba (f)	цвекла (ж)	cvékla
berinjela (f)	патлиџан (м)	patlidžán
abobrinha (f)	тиквица (ж)	tíkvica
abóbora (f)	тиква (ж)	tíkva
nabo (m)	репа (ж)	répa
salsa (f)	першун (м)	péršun
endro, aneto (m)	мироёија (ж)	miróđija
alface (f)	зелена салата (ж)	zélena saláta
aipo (m)	целер (м)	céler
aspargo (m)	шпаргла (ж)	špárgla
espinafre (m)	спанаћ (м)	spánać
ervilha (f)	грашак (м)	grášak
feijão (~ soja, etc.)	махунарке (мн)	mahúnarke
milho (m)	кукуруз (м)	kukúruz
feijão (m) roxo	пасуљ (м)	pásulj
pimentão (m)	паприка (ж)	páprika
rabanete (m)	ротквица (ж)	rótkvica
alcachofra (f)	артичока (ж)	artičóka

GEOGRAFIA REGIONAL

234. Europa Ocidental

Europa (f)	Европа (ж)	Evrópa
União (f) Europeia	Европска унија (ж)	Evropska únija
europeu (m)	Европљанин (м)	Evrópljanin
europeu (adj)	европски	évropski
Áustria (f)	Аустрија (ж)	Áustrija
austríaco (m)	Аустријанац (м)	Austrijánac
austríaca (f)	Аустријанка (ж)	Austríjanka
austríaco (adj)	аустријски	áustrijski
Grã-Bretanha (f)	Велика Британија (ж)	Vélika Brítanija
Inglaterra (f)	Енглеска (ж)	Engleska
inglês (m)	Енглез (м)	Englez
inglesa (f)	Енглескиња (ж)	Engléskinja
inglês (adj)	енглески	éngleski
Bélgica (f)	Белгија (ж)	Bélgija
belga (m)	Белгијанац (м)	Belgijánac
belga (f)	Белгијанка (ж)	Belgíjanka
belga (adj)	белгијски	bélgijski
Alemanha (f)	Немачка (ж)	Némačka
alemão (m)	Немац (м)	Némac
alemã (f)	Немица (ж)	Némica
alemão (adj)	немачки	némački
Países Baixos (m pl)	Низоземска (ж)	Nízozemska
Holanda (f)	Холандија (ж)	Holándija
holandês (m)	Холанђанин (м)	Holánđanin
holandesa (f)	Холанђанка (ж)	Holánđanka
holandês (adj)	холандски	hólandski
Grécia (f)	Грчка (ж)	Gŕčka
grego (m)	Грк (м)	Gŕk
grega (f)	Гркиња (ж)	Gŕkinja
grego (adj)	грчки	gŕčki
Dinamarca (f)	Данска (ж)	Dánska
dinamarquês (m)	Данац (м)	Dánac
dinamarquesa (f)	Данкиња (ж)	Dánkinja
dinamarquês (adj)	дански	dánski
Irlanda (f)	Ирска (ж)	Irska
irlandês (m)	Ирац (м)	Irac
irlandesa (f)	Иркиња (ж)	Irkinja
irlandês (adj)	ирски	írski

Islândia (f)	Исланд (м)	Island
islandês (m)	Исланђанин (м)	Islánđanin
islandesa (f)	Исланђанка (ж)	Islánđanka
islandês (adj)	исландски	íslandski

Espanha (f)	Шпанија (ж)	Špánija
espanhol (m)	Шпанац (м)	Špánac
espanhola (f)	Шпанкиња (ж)	Špánkinja
espanhol (adj)	шпански	špánski

Itália (f)	Италија (ж)	Itálija
italiano (m)	Италијан (м)	Italíjan
italiana (f)	Италијанка (ж)	Italíjanka
italiano (adj)	италијански	italíjanski

Chipre (m)	Кипар (м)	Kípar
cipriota (m)	Кипранин (м)	Kípranin
cipriota (f)	Кипранка (ж)	Kípranka
cipriota (adj)	кипарски	kíparski

Malta (f)	Малта (ж)	Málta
maltês (m)	Малтежанин (м)	Maltéžanin
maltesa (f)	Малтежанка (ж)	Maltéžanka
maltês (adj)	малтешки	málteški

Noruega (f)	Норвешка (ж)	Nórveška
norueguês (m)	Норвежанин (м)	Norvéžanin
norueguesa (f)	Норвежанка (ж)	Norvéžanka
norueguês (adj)	норвешки	nórveški

Portugal (m)	Португалија (ж)	Portugálija
português (m)	Португалац (м)	Portugálac
portuguesa (f)	Португалка (ж)	Portugálka
português (adj)	португалски	portugálski

Finlândia (f)	Финска (ж)	Fínska
finlandês (m)	Финац (м)	Fínac
finlandesa (f)	Финкиња (ж)	Fínkinja
finlandês (adj)	фински	fínski

França (f)	Француска (ж)	Fráncuska
francês (m)	Француз (м)	Fráncuz
francesa (f)	Францускиња (ж)	Fráncuskinja
francês (adj)	француски	fráncuski

Suécia (f)	Шведска (ж)	Švédska
sueco (m)	Швеђанин (м)	Švéđanin
sueca (f)	Швеђанка (ж)	Švéđanka
sueco (adj)	шведски	švédski

Suíça (f)	Швајцарска (ж)	Švájcarska
suíço (m)	Швајцарац (м)	Švájcarac
suíça (f)	Швајцаркиња (ж)	Švájcarkinja
suíço (adj)	швајцарски	švájcarski
Escócia (f)	Шкотска (ж)	Škótska
escocês (m)	Шкот (м)	Škot

| escocesa (f) | Шкоткиња (ж) | Škótkinja |
| escocês (adj) | шкотски | škótski |

Vaticano (m)	Ватикан (м)	Vátikan
Liechtenstein (m)	Лихтенштајн (м)	Líhtenštajn
Luxemburgo (m)	Луксембург (м)	Lúksemburg
Mônaco (m)	Монако (м)	Mónako

235. Europa Central e de Leste

Albânia (f)	Албанија (ж)	Albánija
albanês (m)	Албанац (м)	Albánac
albanesa (f)	Албанка (ж)	Álbanka
albanês (adj)	албански	álbanski

Bulgária (f)	Бугарска (ж)	Búgarska
búlgaro (m)	Бугарин (м)	Búgarin
búlgara (f)	Бугарка (ж)	Búgarka
búlgaro (adj)	бугарски	búgarski

Hungria (f)	Мађарска (ж)	Máđarska
húngaro (m)	Мађар (м)	Máđar
húngara (f)	Мађарица (ж)	Mađárica
húngaro (adj)	мађарски	máđarski

Letônia (f)	Летонија (ж)	Létonija
letão (m)	Летонац (м)	Letónac
letã (f)	Летонка (ж)	Letonka
letão (adj)	летонски	létonski

Lituânia (f)	Литванија (ж)	Litvánija
lituano (m)	Литванац (м)	Litvánac
lituana (f)	Литванка (ж)	Litvanka
lituano (adj)	литвански	litvánski

Polônia (f)	Пољска (ж)	Póljska
polonês (m)	Пољак (м)	Póljak
polonesa (f)	Пољакиња (ж)	Poljákinja
polonês (adj)	пољски	póljski

Romênia (f)	Румунија (ж)	Rúmunija
romeno (m)	Румун (м)	Rúmun
romena (f)	Румунка (ж)	Rumunka
romeno (adj)	румунски	rúmunski

Sérvia (f)	Србија (ж)	Sŕbija
sérvio (m)	Србин (м)	Sŕbin
sérvia (f)	Српкиња (ж)	Sŕpkinja
sérvio (adj)	српски	sŕpski

Eslováquia (f)	Словачка (ж)	Slóvačka
eslovaco (m)	Словак (м)	Slóvak
eslovaca (f)	Словакиња (ж)	Slovákinja
eslovaco (adj)	словачки	slóvački

Croácia (f)	Хрватска (ж)	Hrvátska
croata (m)	Хрват (м)	Hŕvat
croata (f)	Хрватица (ж)	Hrvática
croata (adj)	хрватски	hŕvatski

República (f) Checa	Чешка република (ж)	Čéška repúblika
checo (m)	Чех (м)	Čeh
checa (f)	Чехиња (ж)	Čéhinja
checo (adj)	чешки	čéški

Estônia (f)	Естонија (ж)	Estonija
estônio (m)	Естонац (м)	Estónac
estônia (f)	Естонка (ж)	Estónka
estônio (adj)	естонски	éstonski

Bósnia e Herzegovina (f)	Босна и Херцеговина (ж)	Bósna i Hércegovina
Macedônia (f)	Македонија (ж)	Mákedonija
Eslovênia (f)	Словенија (ж)	Slóvenija
Montenegro (m)	Црна Гора (ж)	Cŕna Góra

236. Países da ex-URSS

Azerbaijão (m)	Азербејџан (м)	Azerbéjdžan
azeri (m)	Азербејџанац (м)	Azerbejdžánac
azeri (f)	Азербејџанка (ж)	Azerbejdžánka
azeri, azerbaijano (adj)	азербејџански	azerbejdžánski

Armênia (f)	Јерменија (ж)	Jérmenija
armênio (m)	Јерменин (м)	Jermenin
armênia (f)	Јерменка (ж)	Jermenka
armênio (adj)	јерменски	jermenski

Belarus	Белорусија (ж)	Belorúsija
bielorrusso (m)	Белорус (м)	Bélorus
bielorrussa (f)	Белорускиња (ж)	Beloruskinja
bielorrusso (adj)	белоруски	béloruski

Geórgia (f)	Грузија (ж)	Grúzija
georgiano (m)	Грузијанац (м)	Gruzijanac
georgiana (f)	Грузијанка (ж)	Gruzijanka
georgiano (adj)	грузијски	grúzijski

Cazaquistão (m)	Казахстан (м)	Kázahstan
cazaque (m)	Казах (м)	Kázah
cazaque (f)	Казахиња (ж)	Kázahinja
cazaque (adj)	казашки	kázaški

Quirguistão (m)	Киргистан (м)	Kírgistan
quirguiz (m)	Киргиз (м)	Kírgiz
quirguiz (f)	Киргискиња (ж)	Kirgiskinja
quirguiz (adj)	киргиски	kírgiski

| Moldávia (f) | Молдавија (ж) | Moldávija |
| moldavo (m) | Молдавац (м) | Móldavac |

moldava (f)	Молдавка (ж)	Móldavka
moldavo (adj)	молдавски	móldavski

Rússia (f)	Русија (ж)	Rúsija
russo (m)	Рус (м)	Rus
russa (f)	Рускиња (ж)	Rúskinja
russo (adj)	руски	rúski

Tajiquistão (m)	Таџикистан (м)	Tadžikístan
tajique (m)	Таџик (м)	Tadžik
tajique (f)	Таџикиња (ж)	Tadžikinja
tajique (adj)	таџички	tádžički

Turquemenistão (m)	Туркменистан (м)	Turkménistan
turcomeno (m)	Туркмен (м)	Túrkmen
turcomena (f)	Туркменка (ж)	Turkmenka
turcomeno (adj)	туркменски	túrkmenski

Uzbequistão (f)	Узбекистан (м)	Uzbekistan
uzbeque (m)	Узбек (м)	Uzbek
uzbeque (f)	Узбекиња (ж)	Uzbekinja
uzbeque (adj)	узбечки	úzbečki

Ucrânia (f)	Украјина (ж)	Úkrajina
ucraniano (m)	Украјинац (м)	Ukrajinac
ucraniana (f)	Украјинка (ж)	Ukrajinka
ucraniano (adj)	украјински	úkrajinski

237. Asia

Ásia (f)	Азија (ж)	Ázija
asiático (adj)	азијски	ázijski

Vietnã (m)	Вијетнам (м)	Víjetnam
vietnamita (m)	Вијетнамац (м)	Vijetnamac
vietnamita (f)	Вијетнамка (ж)	Vijetnamka
vietnamita (adj)	вијетнамски	víjetnamski

Índia (f)	Индија (ж)	Índija
indiano (m)	Индијац (м)	Indijac
indiana (f)	Индијка (ж)	Indijka
indiano (adj)	индијски	índijski

Israel (m)	Израел (м)	Izrael
israelense (m)	Израелац (м)	Izraélac
israelita (f)	Израелка (ж)	Izraélka
israelense (adj)	израелски	ízraelski

judeu (m)	Јеврејин (м)	Jévrejin
judia (f)	Јеврејка (ж)	Jévrejka
judeu (adj)	јеврејски	jévrejski

China (f)	Кина (ж)	Kína
chinês (m)	Кинез (м)	Kínez

| chinesa (f) | Кинескиња (ж) | Kinéskinja |
| chinês (adj) | кинески | kíneski |

coreano (m)	Корејац (м)	Koréjac
coreana (f)	Корејка (ж)	Koréjka
coreano (adj)	корејски	koréjski

Líbano (m)	Либан (м)	Líban
libanês (m)	Либанац (м)	Libánac
libanesa (f)	Либанка (ж)	Libánka
libanês (adj)	libanski	libánski

Mongólia (f)	Монголија (ж)	Móngolija
mongol (m)	Монгол (м)	Móngol
mongol (f)	Монголка (ж)	Móngolka
mongol (adj)	монголски	móngolski

Malásia (f)	Малезија (ж)	Malézija
malaio (m)	Малајац (м)	Malájac
malaia (f)	Малајка (ж)	Málajka
malaio (adj)	малајски	malájski

Paquistão (m)	Пакистан (м)	Pákistan
paquistanês (m)	Пакистанац (м)	Pakistánac
paquistanesa (f)	Пакистанка (ж)	Pakistánka
paquistanês (adj)	пакистански	pákistanski

Arábia (f) Saudita	Саудијска Арабија (ж)	Sáudijska Árabija
árabe (m)	Арапин (м)	Árapin
árabe (f)	Арапкиња (ж)	Árapkinja
árabe (adj)	арапски	árapski

Tailândia (f)	Тајланд (м)	Tájland
tailandês (m)	Тајланђанин (м)	Tajlánđanin
tailandesa (f)	Тајланђанка (ж)	Tajlánđanka
tailandês (adj)	тајландски	tájlandski

Taiwan (m)	Тајван (м)	Tájvan
taiwanês (m)	Тајванац (м)	Tajvánac
taiwanesa (f)	Тајванка (ж)	Tájvanka
taiwanês (adj)	тајвански	tájvanski

Turquia (f)	Турска (ж)	Túrska
turco (m)	Турчин (м)	Túrčin
turca (f)	Туркиња (ж)	Túrkinja
turco (adj)	турски	túrski

Japão (m)	Јапан (м)	Jápan
japonês (m)	Јапанац (м)	Japánac
japonesa (f)	Јапанка (ж)	Japánka
japonês (adj)	јапански	jápanski

Afeganistão (m)	Авганистан (м)	Avganístan
Bangladesh (m)	Бангладеш (м)	Bángladeš
Indonésia (f)	Индонезија (ж)	Indonézija
Jordânia (f)	Јордан (м)	Jórdan

Iraque (m)	Ирак (м)	Irak
Irã (m)	Иран (м)	Iran
Camboja (f)	Камбоџа (ж)	Kambódža
Kuwait (m)	Кувајт (м)	Kúvajt

Laos (m)	Лаос (м)	Láos
Birmânia (f)	Мјанмар (м)	Mjánmar
Nepal (m)	Непал (м)	Népal
Emirados Árabes Unidos	Уједињени Арапски Емирати	Ujedínjeni Árapski Emiráti

Síria (f)	Сирија (ж)	Sírija
Palestina (f)	Палестина (ж)	Palestína
Coreia (f) do Sul	Јужна Кореја (ж)	Júžna Koréja
Coreia (f) do Norte	Северна Кореја (ж)	Séverna Koréja

238. América do Norte

Estados Unidos da América	Сједињене Америчке Државе	Sjédinjene Američke Džave
americano (m)	Американац (м)	Amerikánac
americana (f)	Американка (ж)	Amerikánka
americano (adj)	амерички	américki

Canadá (m)	Канада (ж)	Kanada
canadense (m)	Канађанин (м)	Kanáđanin
canadense (f)	Канађанка (ж)	Kanáđanka
canadense (adj)	канадски	kánadski

México (m)	Мексико (м)	Méksiko
mexicano (m)	Мексиканац (м)	Meksikánac
mexicana (f)	Мексиканка (ж)	Meksikánka
mexicano (adj)	мексикански	meksíkanski

239. América Central do Sul

Argentina (f)	Аргентина (ж)	Argentína
argentino (m)	Аргентинац (м)	Argentínac
argentina (f)	Аргентинка (ж)	Argentínka
argentino (adj)	аргентински	argéntinski

Brasil (m)	Бразил (м)	Brázil
brasileiro (m)	Бразилац (м)	Brazílac
brasileira (f)	Бразилка (ж)	Brazílka
brasileiro (adj)	бразилски	brázilski

Colômbia (f)	Колумбија (ж)	Kolúmbija
colombiano (m)	Колумбијац (м)	Kolumbíjac
colombiana (f)	Колумбијка (ж)	Kolúmbijka
colombiano (adj)	колумбијски	kolúmbijski
Cuba (f)	Куба (ж)	Kúba
cubano (m)	Кубанац (м)	Kubánac

cubana (f)	Кубанка (ж)	Kubánka
cubano (adj)	кубански	kubánski

Chile (m)	Чиле (м)	Číle
chileno (m)	Чилеанац (м)	Čileánac
chilena (f)	Чилеанка (ж)	Čileánka
chileno (adj)	чилеански	čileánski

Bolívia (f)	Боливија (ж)	Bolívija
Venezuela (f)	Венецуела (ж)	Venecuéla
Paraguai (m)	Парагвај (м)	Páragvaj
Peru (m)	Перу (м)	Péru
Suriname (m)	Суринам (м)	Surínam
Uruguai (m)	Уругвај (м)	Urugvaj
Equador (m)	Еквадор (м)	Ekvador

Bahamas (f pl)	Бахами (мн)	Bahámi
Haiti (m)	Хаити (м)	Haiti
República Dominicana	Доминиканска република (ж)	Dominikanska repúblika
Panamá (m)	Панама (ж)	Pánama
Jamaica (f)	Јамајка (ж)	Jamájka

240. Africa

Egito (m)	Египат (м)	Egipat
egípcio (m)	Египћанин (м)	Egipćanin
egípcia (f)	Египћанка (ж)	Egipćanka
egípcio (adj)	египатски	égipatski

Marrocos	Мароко (м)	Maróko
marroquino (m)	Мароканац (м)	Marokánac
marroquina (f)	Мароканка (ж)	Marokánka
marroquino (adj)	марокански	marokánski

Tunísia (f)	Тунис (м)	Túnis
tunisiano (m)	Тунижанин (м)	Tunížanin
tunisiana (f)	Тунижанка (ж)	Tunížanka
tunisiano (adj)	туниски	túniski

Gana (f)	Гана (ж)	Gána
Zanzibar (m)	Занзибар (м)	Zanzibar
Quênia (f)	Кенија (ж)	Kénija
Líbia (f)	Либија (ж)	Líbija
Madagascar (m)	Мадагаскар (м)	Madagáskar

Namíbia (f)	Намибија (ж)	Námibija
Senegal (m)	Сенегал (м)	Sénegal
Tanzânia (f)	Танзанија (ж)	Tánzanija
África (f) do Sul	Јужноафричка република (ж)	Južnoáfrička repúblika
africano (m)	Африканац (м)	Afrikánac
africana (f)	Африканка (ж)	Afrikánka
africano (adj)	афрички, африкански	áfrički, afríkanski

241. Austrália. Oceania

Austrália (f)	Аустралија (ж)	Austrálija
australiano (m)	Аустралијанац (м)	Australijánac
australiana (f)	Аустралијанка (ж)	Australíjanka
australiano (adj)	аустралијски	aústralijski
Nova Zelândia (f)	Нови Зеланд (м)	Nóvi Zéland
neozelandês (m)	Новозеланђанин (м)	Novozelánđanin
neozelandesa (f)	Новозеланђанка (ж)	Novozelánđanka
neozelandês (adj)	новозеландски	novozélandski
Tasmânia (f)	Тасманија (ж)	Tásmanija
Polinésia (f) Francesa	Француска Полинезија (ж)	Fráncuska Polinézija

242. Cidades

Amesterdã, Amsterdã	Амстердам (м)	Ámsterdam
Ancara	Анкара (ж)	Ánkara
Atenas	Атина (ж)	Atína
Bagdade	Багдад (м)	Bágdad
Bancoque	Бангкок (м)	Bángkok
Barcelona	Барселона (ж)	Barselóna
Beirute	Бејрут (м)	Béjrut
Berlim	Берлин (м)	Bérlin
Bonn	Бон (м)	Bon
Bordéus	Бордо (м)	Bordó
Bratislava	Братислава (ж)	Brátislava
Bruxelas	Брисел (м)	Brísel
Bucareste	Букурешт (м)	Búkurešt
Budapeste	Будимпешта (ж)	Búdimpešta
Cairo	Каиро (м)	Káiro
Calcutá	Калкута (ж)	Kalkúta
Chicago	Чикаго (м)	Čikágo
Cidade do México	Мексико (м)	Méksiko
Copenhague	Копенхаген (м)	Kopenhágen
Dar es Salaam	Дар ес Салам (м)	Dar es Salám
Deli	Делхи (м)	Délhi
Dubai	Дубаи (м)	Dubái
Dublim	Даблин (м)	Dáblin
Düsseldorf	Диселдорф (м)	Díseldorf
Estocolmo	Стокхолм (м)	Stókholm
Florença	Фиренца (ж)	Firénca
Frankfurt	Франкфурт (м)	Fránkfurt
Genebra	Женева (ж)	Ženéva
Haia	Хаг (м)	Hag
Hamburgo	Хамбург (м)	Hámburg
Hanói	Ханој (м)	Hánoj

Havana	Хавана (ж)	Havána
Helsinque	Хелсинки (м)	Hélsinki
Hiroshima	Хирошима (ж)	Hirošíma
Hong Kong	Хонгконг (м)	Hóngkong
Istambul	Истанбул (м)	Istanbul

Jerusalém	Јерусалим (м)	Jerusálim
Kiev, Quieve	Кијев (м)	Kíjev
Kuala Lumpur	Куала Лумпур (м)	Kuála Lúmpur
Lion	Лион (м)	Líon
Lisboa	Лисабон (м)	Lísabon

Londres	Лондон (м)	Lóndon
Los Angeles	Лос Анђелес (м)	Los Anđeles
Madrid	Мадрид (м)	Mádrid
Marselha	Марсеј (м)	Marséj
Miami	Мајами (м)	Majámi

Montreal	Монтреал (м)	Móntreal
Moscou	Москва (ж)	Móskva
Mumbai	Бомбај (м)	Bómbaj
Munique	Минхен (м)	Mínhen
Nairóbi	Најроби (м)	Najróbi
Nápoles	Напуљ (м)	Nápulj

Nice	Ница (ж)	Níca
Nova York	Њујорк (м)	Njújork
Oslo	Осло (с)	Oslo
Ottawa	Отава (ж)	Otava
Paris	Париз (м)	Páriz

Pequim	Пекинг (м)	Péking
Praga	Праг (м)	Prag
Rio de Janeiro	Рио де Жанеиро (м)	Río de Žanéiro
Roma	Рим (м)	Rim
São Petersburgo	Санкт Петербург (м)	Sankt Péterburg
Seul	Сеул (м)	Séul

Singapura	Сингапур (м)	Síngapur
Sydney	Сиднеј (м)	Sídnej
Taipé	Тајпеј (м)	Tájpej
Tóquio	Токио (м)	Tókio
Toronto	Торонто (м)	Torónto

Varsóvia	Варшава (ж)	Váršava
Veneza	Венеција (ж)	Vénecija
Viena	Беч (м)	Beč
Washington	Вашингтон (м)	Vášington
Xangai	Шангај (м)	Šángaj

243. Política. Governo. Parte 1

| política (f) | политика (ж) | polítika |
| político (adj) | политички | polítički |

político (m)	политичар (м)	polítičar
estado (m)	држава (ж)	dŕžava
cidadão (m)	државьанин (м)	državljanin
cidadania (f)	државьанство (с)	državljánstvo

| brasão (m) de armas | државни грб (м) | dŕžavni grb |
| hino (m) nacional | државна химна (ж) | državna hímna |

governo (m)	влада (ж)	vláda
Chefe (m) de Estado	шеф (м) државе	šef držáve
parlamento (m)	парламент (м)	parláment
partido (m)	странка (ж)	stránka

| capitalismo (m) | капитализам (м) | kapitalízam |
| capitalista (adj) | капиталистички | kapitalístički |

| socialismo (m) | социјализам (м) | socijalízam |
| socialista (adj) | социјалистички | socijalístički |

comunismo (m)	комунизам (м)	komunízam
comunista (adj)	комунистички	komunístički
comunista (m)	комуниста (м)	komunísta

democracia (f)	демократија (ж)	demokrátija
democrata (m)	демократа (м)	demókrata
democrático (adj)	демократски	demókratski
Partido (m) Democrático	демократска странка (ж)	demókratska stránka

liberal (m)	либерал (м)	libéral
liberal (adj)	либералан	líberalan
conservador (m)	конзерватор (м)	konzervátor
conservador (adj)	конзервативни	kónzervativni

república (f)	република (ж)	repúblika
republicano (m)	републиканац (м)	republikánac
Partido (m) Republicano	републиканска странка (ж)	republíkanska stránka

eleições (f pl)	избори (мн)	ízbori
eleger (vt)	изабирати (пг)	izábirati
eleitor (m)	бирач (м)	bírač
campanha (f) eleitoral	изборна кампања (ж)	ízborna kampánja

votação (f)	гласање (с)	glásanje
votar (vi)	гласати (нг)	glásati
sufrágio (m)	право (с) гласа	právo glása

candidato (m)	кандидат (м)	kandídat
candidatar-se (vi)	кандидовати се	kandidovati se
campanha (f)	кампања (ж)	kampánja

| da oposição | опозициони | opozícioni |
| oposição (f) | опозиција (ж) | opozícija |

visita (f)	посета (ж)	póseta
visita (f) oficial	званична посета (ж)	zvánična póseta
internacional (adj)	међународни	međunárodni

| negociações (f pl) | преговори (мн) | prégovori |
| negociar (vi) | преговарати (нг) | pregovárati |

244. Política. Governo. Parte 2

sociedade (f)	друштво (с)	drúštvo
constituição (f)	устав (м)	ústav
poder (ir para o ~)	власт (ж)	vlast
corrupção (f)	корупција (ж)	korúpcija

| lei (f) | закон (м) | zákon |
| legal (adj) | законит | zákonit |

| justeza (f) | правда (ж) | právda |
| justo (adj) | праведан | právedan |

comitê (m)	комитет (м)	komítet
projeto-lei (m)	нацрт (м) закона	nacrt zákona
orçamento (m)	буџет (м)	búdžet
política (f)	политика (ж)	polítika
reforma (f)	реформа (ж)	réforma
radical (adj)	радикалан	rádikalan

força (f)	снага (ж)	snága
poderoso (adj)	моћан	móćan
partidário (m)	присталица (м)	prístalica
influência (f)	утицај (м)	úticaj

regime (m)	режим (м)	réžim
conflito (m)	конфликт (м)	kónflikt
conspiração (f)	завера (ж)	závera
provocação (f)	провокација (ж)	provokácija

derrubar (vt)	оборити (нг)	obóriti
derrube (m), queda (f)	свргавање (с)	svrgávanje
revolução (f)	револуција (ж)	revolúcija

| golpe (m) de Estado | државни удар (м) | dŕžavni údar |
| golpe (m) militar | војни удар (м) | vójni údar |

crise (f)	криза (ж)	kríza
recessão (f) econômica	економски пад (м)	ekónomski pad
manifestante (m)	демонстрант (м)	demónstrant
manifestação (f)	демонстрација (ж)	demonstrácija
lei (f) marcial	ванредно стање (с)	vánredno stánje
base (f) militar	војна база (ж)	vójna báza

| estabilidade (f) | стабилност (ж) | stabílnost |
| estável (adj) | стабилан | stábilan |

exploração (f)	експлоатација (ж)	eksploatácija
explorar (vt)	експлоатисати (нг)	eksploatísati
racismo (m)	расизам (м)	rasízam
racista (m)	расиста (м)	rásista

fascismo (m)	фашизам (м)	fašízam
fascista (m)	фашиста (м)	fašísta

245. Países. Diversos

estrangeiro (m)	странац (м)	stránac
estrangeiro (adj)	стран	stran
no estrangeiro	у иностранству	u inostránstvu

emigrante (m)	емигрант (м)	emígrant
emigração (f)	емиграција (ж)	emigrácija
emigrar (vi)	емигрирати (нг)	emigrírati

Ocidente (m)	Запад (м)	Západ
Oriente (m)	Исток (м)	Ístok
Extremo Oriente (m)	Далеки Исток (м)	Dáleki Ístok

civilização (f)	цивилизација (ж)	civilizácija
humanidade (f)	човечанство (с)	čovečánstvo
mundo (m)	свет (м)	svet
paz (f)	мир (м)	mir
mundial (adj)	светски	svétski

pátria (f)	отаџбина (ж)	ótadžbina
povo (população)	народ (м)	národ
população (f)	становништво (с)	stanovníštvo
gente (f)	људи (мн)	ljúdi
nação (f)	нација (ж)	nácija
geração (f)	генерација (ж)	generácija
território (m)	територија (ж)	teritórija
região (f)	регион (м)	regíon
estado (m)	држава (ж)	dŕžava

tradição (f)	традиција (ж)	trádicija
costume (m)	обичај (м)	óbičaj
ecologia (f)	екологија (ж)	ekológija

índio (m)	Индијанац (м)	Indijánac
cigano (m)	Циганин (м)	Cíganin
cigana (f)	Циганка (ж)	Cíganka
cigano (adj)	цигански	cíganski

império (m)	империја (ж)	impérija
colônia (f)	колонија (ж)	kólonija
escravidão (f)	ропство (с)	rópstvo
invasão (f)	инвазија (ж)	ínvazija
fome (f)	глад (ж)	glád

246. Grupos religiosos mais importantes. Confissões

religião (f)	религија (ж)	réligija
religioso (adj)	религиозан	réligiozan

crença (f)	вера (ж)	véra
crer (vt)	веровати (нг)	vérovati
crente (m)	верник (м)	vérnik

| ateísmo (m) | атеизам (м) | ateízam |
| ateu (m) | атеиста (м) | ateísta |

cristianismo (m)	хришћанство (с)	hríšćanstvo
cristão (m)	хришћанин (м)	hríšćanin
cristão (adj)	хришћански	hríšćanski

catolicismo (m)	католицизам (м)	katolicízam
católico (m)	католик (м)	kátolik
católico (adj)	католички	kátolički

protestantismo (m)	протестантизам (м)	protestantízam
Igreja (f) Protestante	протестантска црква (ж)	protestántska cŕkva
protestante (m)	протестант (м)	protéstant

ortodoxia (f)	православље (с)	právoslavlje
Igreja (f) Ortodoxa	православна црква (с)	právoslavna cŕkva
ortodoxo (m)	православни (м)	právoslavni

presbiterianismo (m)	презвитеријанство (с)	prezviterijánstvo
Igreja (f) Presbiteriana	презвитеријанска црква (ж)	prezviterijánska cŕkva
presbiteriano (m)	презвитеријанац (м)	prezviterijánac

| luteranismo (m) | лутеранска црква (ж) | lutéranska cŕkva |
| luterano (m) | лутеранац (м) | lutéranac |

| Igreja (f) Batista | баптизам (м) | baptízam |
| batista (m) | баптиста (м) | baptísta |

Igreja (f) Anglicana	англиканска црква (ж)	anglíkanska cŕkva
anglicano (m)	англиканац (м)	anglikánac
mormonismo (m)	мормонизам (м)	mormonízam
mórmon (m)	мормон (м)	mórmon

| Judaísmo (m) | јудаизам (м) | judaízam |
| judeu (m) | Јеврејин (м) | Jévrejin |

| budismo (m) | будизам (м) | budízam |
| budista (m) | будиста (м) | budísta |

| hinduísmo (m) | хиндуизам (м) | hinduízam |
| hindu (m) | хиндуиста (м) | hinduísta |

Islã (m)	ислам (м)	islam
muçulmano (m)	муслиман (м)	muslíman
muçulmano (adj)	муслимански	muslímanski

xiismo (m)	шиизам (м)	šiízam
xiita (m)	шиит (м)	šíit
sunismo (m)	сунизам (м)	sunízam
sunita (m)	сунит (м)	súnit

247. Religiões. Padres

| padre (m) | свештеник (м) | svéštenik |
| Papa (m) | Римски Папа (м) | Rímski Pápa |

monge (m)	монах (м)	mónah
freira (f)	монахиња (ж)	monáhinja
pastor (m)	пастор (м)	pástor

abade (m)	опат (м)	ópat
vigário (m)	викар (м)	víkar
bispo (m)	епископ (м)	épiskop
cardeal (m)	кардинал (м)	kardínal

pregador (m)	проповедник (м)	propovédnik
sermão (m)	проповед (ж)	própoved
paroquianos (pl)	парохијани (мн)	parohíjani

| crente (m) | верник (м) | vérnik |
| ateu (m) | атеиста (м) | ateísta |

248. Fé. Cristianismo. Islão

| Adão | Адам (м) | Ádam |
| Eva | Ева (ж) | Eva |

Deus (m)	Бог (м)	Bog
Senhor (m)	Господ (м)	Góspod
Todo Poderoso (m)	Свемоћни (м)	Svémoćni

pecado (m)	грех (м)	greh
pecar (vi)	грешити (нг)	gréšiti
pecador (m)	грешник (м)	gréšnik
pecadora (f)	грешница (ж)	gréšnica

| inferno (m) | пакао (м) | pákao |
| paraíso (m) | рај (м) | raj |

| Jesus | Исус (м) | Isus |
| Jesus Cristo | Исус Христос (м) | Isus Hrístos |

Espírito (m) Santo	Свети Дух (м)	Svéti Duh
Salvador (m)	Спаситељ (м)	Spásitelj
Virgem Maria (f)	Богородица (ж)	Bogoródica

Diabo (m)	Ђаво (м)	Đávo
diabólico (adj)	ђаволски	đávolski
Satanás (m)	Сатана (м)	Satána
satânico (adj)	сатански	satánski

anjo (m)	анђео (м)	ánđeo
anjo (m) da guarda	анђео чувар (м)	ánđeo čúvar
angelical	анђеоски	ánđeoski

apóstolo (m)	апостол (м)	ápostol
arcanjo (m)	арханђео (м)	arhánđeo
anticristo (m)	Антихрист (м)	Antíhrist

Igreja (f)	Црква (ж)	Cŕkva
Bíblia (f)	Библија (ж)	Bíblija
bíblico (adj)	библијски	bíblijski

Velho Testamento (m)	Стари Завет (м)	Stári Závet
Novo Testamento (m)	Нови Завет (м)	Nóvi Závet
Evangelho (m)	јеванђеље (с)	jevánđelje
Sagradas Escrituras (f pl)	Свето Писмо (с)	Svéto Písmo
Céu (sete céus)	Царство (с) небеско	Cárstvo nébesko

mandamento (m)	заповест (ж)	zápovest
profeta (m)	пророк (м)	prórok
profecia (f)	пророчанство (с)	proročánstvo

Alá (m)	Алах (м)	Álah
Maomé (m)	Мухамед (м)	Muhámed
Alcorão (m)	Куран (м)	Kúran

mesquita (f)	џамија (ж)	džámija
mulá (m)	хоџа (м)	hódža
oração (f)	молитва (ж)	mólitva
rezar, orar (vi)	молити се	móliti se

peregrinação (f)	ходочашће (с)	hodóćašće
peregrino (m)	ходочасник (м)	hodóćasnik
Meca (f)	Мека (ж)	Méka

igreja (f)	црква (ж)	cŕkva
templo (m)	храм (м)	hram
catedral (f)	катедрала (ж)	katedrála
gótico (adj)	готички	gótički
sinagoga (f)	синагога (ж)	sinagóga
mesquita (f)	џамија (ж)	džámija

capela (f)	капела (ж)	kapéla
abadia (f)	опатија (ж)	opátija
convento (m)	женски манастир (м)	žénski mánastir
monastério (m)	мушки манастир (м)	múški mánastir

sino (m)	звоно (с)	zvóno
campanário (m)	звоник (м)	zvónik
repicar (vi)	звонити (нг)	zvóniti

cruz (f)	крст (м)	kŕst
cúpula (f)	купола (ж)	kúpola
ícone (m)	икона (ж)	íkona

alma (f)	душа (ж)	dúša
destino (m)	судбина (ж)	súdbina
mal (m)	зло (с)	zlo
bem (m)	добро (с)	dóbro
vampiro (m)	вампир (м)	vámpir

bruxa (f)	вештица (ж)	véštica
demônio (m)	демон (м)	démon
espírito (m)	дух (м)	duh

| redenção (f) | искупљење (с) | iskúplenje |
| redimir (vt) | искупити (пг) | iskúpiti |

missa (f)	служба (ж)	slúžba
celebrar a missa	служити (нг)	slúžiti
confissão (f)	исповест (ж)	íspovest
confessar-se (vr)	исповедати се	ispovédati se

santo (m)	светац (м)	svétac
sagrado (adj)	свет	svet
água (f) benta	света вода (ж)	svéta vóda

ritual (m)	ритуал (м)	ritúal
ritual (adj)	ритуалан	rítualan
sacrifício (m)	приношење (с) жртве	prinóšenje žŕtve

superstição (f)	сујеверје (с)	sújeverje
supersticioso (adj)	сујеверан	sújeveran
vida (f) após a morte	загробни живот (м)	zágrobni žívot
vida (f) eterna	вечни живот (м)	véčni žívot

TEMAS DIVERSOS

ajuda (f)	помоћ (ж)	pómoć
barreira (f)	преграда (ж)	prégrada
base (f)	база (ж)	báza
categoria (f)	категорија (ж)	kategórija
causa (f)	узрок (м)	úzrok
coincidência (f)	коинциденција (ж)	koincidéncija
coisa (f)	ствар (ж)	stvar
começo, início (m)	почетак (м)	počétak
cômodo (ex. poltrona ~a)	комфоран	kómforan
comparação (f)	поређење (с)	póređenje
compensação (f)	компензација (ж)	kompenzácija
crescimento (m)	раст (м)	rast
desenvolvimento (m)	развој (м)	rázvoj
diferença (f)	разлика (ж)	rázlika
efeito (m)	ефекат (м)	éfekat
elemento (m)	елеменат (м)	elémenat
equilíbrio (m)	равнотежа (ж)	ravnotéža
erro (m)	грешка (ж)	gréška
esforço (m)	напор (м)	nápor
estilo (m)	стил (м)	stil
exemplo (m)	пример (м)	prímer
fato (m)	чињеница (ж)	čínjenica
fim (m)	крај (м)	kraj
forma (f)	облик (м)	óblik
frequente (adj)	чест	čest
fundo (ex. ~ verde)	позадина (ж)	pózadina
gênero (tipo)	врста (ж)	vŕsta
grau (m)	степен (м)	stépen
ideal (m)	идеал (м)	idéal
labirinto (m)	лавиринт (м)	lavírint
modo (m)	начин (м)	náčin
momento (m)	моменат (м)	mómenat
objeto (m)	објекат, предмет (м)	óbjekat, prédmet
obstáculo (m)	препрека (ж)	prépreka
original (m)	оригинал (м)	oríginal
padrão (adj)	стандардни	standárdni
padrão (m)	стандард (м)	stándard
paragem (pausa)	пауза, станка (ж)	páuza, stánka
parte (f)	део (м)	déo

partícula (f)	делић (м)	délić
pausa (f)	пауза (ж)	páuza
posição (f)	позиција (ж)	pózicija
princípio (m)	принцип (м)	príncip
problema (m)	проблем (м)	próblem
processo (m)	процес (м)	próces
progresso (m)	прогрес (м)	prógres
propriedade (qualidade)	својство (с)	svójstvo
reação (f)	реакција (ж)	reákcija
risco (m)	ризик (м)	rízik
ritmo (m)	темпо (м)	témpo
segredo (m)	тајна (ж)	tájna
série (f)	серија (ж)	sérija
sistema (m)	систем (м)	sístem
situação (f)	ситуација (ж)	situácija
solução (f)	решење (с)	rešénje
tabela (f)	таблица (ж)	táblica
termo (ex. ~ técnico)	термин (м)	términ
tipo (m)	тип (м)	tip
urgente (adj)	хитан	hítan
urgentemente	хитно	hítno
utilidade (f)	корист (ж)	kórist
variante (f)	варијанта (ж)	varijánta
variedade (f)	избор (м)	ízbor
verdade (f)	истина (ж)	ístina
vez (f)	ред (м)	red
zona (f)	зона (ж)	zóna

250. Modificadores. Adjetivos. Parte 1

aberto (adj)	отворен	ótvoren
afetuoso (adj)	нежан	néžan
afiado (adj)	оштар	óštar
agradável (adj)	пријатан	príjatan
agradecido (adj)	захвалан	záhvalan
alegre (adj)	весео	véseo
alto (ex. voz ~a)	гласан	glásan
amargo (adj)	горак	górak
amplo (adj)	простоpан	próstoran
antigo (adj)	древни	drévni
apertado (sapatos ~s)	тесан	tésan
apropriado (adj)	погодан	pógodan
arriscado (adj)	ризичан	rízičan
artificial (adj)	вештачки	véštački
azedo (adj)	кисео	kíseo
baixo (voz ~a)	тих	tih

barato (adj)	јефтин	jéftin
belo (adj)	прекрасан	prékrasan
bom (adj)	добар	dóbar
bondoso (adj)	добар	dóbar
bonito (adj)	леп	lep
bronzeado (adj)	препрануо	preplánuo
burro, estúpido (adj)	глуп	glup
calmo (adj)	спокојан	spókojan
cansado (adj)	уморан	úmoran
cansativo (adj)	заморан	zámoran
carinhoso (adj)	брижан	brížan
caro (adj)	скуп	skup
cego (adj)	слеп	slep
central (adj)	централни	céntralni
cerrado (ex. nevoeiro ~)	густ	gust
cheio (xícara ~a)	пун	pun
civil (adj)	грађански	gráđanski
clandestino (adj)	илегалан	ílegalan
claro (explicação ~a)	јасан	jásan
claro (pálido)	светао	svétao
compatível (adj)	компатибилан	kómpatibilan
comum, normal (adj)	обичан	óbičan
congelado (adj)	замрзнут	zámrznut
conjunto (adj)	заједнички	zájednički
considerável (adj)	значајан	znáčajan
contente (adj)	задовољан	zádovoljan
contínuo (adj)	дуготрајан	dúgotrajan
contrário (ex. o efeito ~)	супротан	súprotan
correto (resposta ~a)	правилан	právilan
cru (não cozinhado)	сиров	sírov
curto (adj)	кратак	krátak
de curta duração	краткотрајан	krátkotrajan
de sol, ensolarado	сунчан	súnčan
de trás	задњи	zádnji
denso (fumaça ~a)	густ	gust
desanuviado (adj)	ведар	védar
descuidado (adj)	немаран	némaran
diferente (adj)	разан	razan
difícil (decisão)	тежак	téžak
difícil, complexo (adj)	тежак	téžak
direito (lado ~)	десни	désni
distante (adj)	далек	dálek
diverso (adj)	различит	rázličit
doce (açucarado)	сладак	sládak
doce (água)	слатка	slátka
doente (adj)	болестан	bólestan
duro (material ~)	тврд	tvŕd

| educado (adj) | учтив | účtiv |
| encantador (agradável) | мио | mío |

enigmático (adj)	загонетан	zágonetan
enorme (adj)	огроман	ógroman
escuro (quarto ~)	мрачан	mráčan
especial (adj)	специјалан	spécijalan
esquerdo (lado ~)	леви	lévi

estrangeiro (adj)	стран	stran
estreito (adj)	узак	úzak
exato (montante ~)	тачан	táčan
excelente (adj)	одличан	ódličan
excessivo (adj)	прекомеран	prékomeran

externo (adj)	спољашњи	spóljašnji
fácil (adj)	лак (м)	lak
faminto (adj)	гладан	gládan
fechado (adj)	затворен	zátvoren
feliz (adj)	срећан	sréćan

fértil (terreno ~)	плодан	plódan
forte (pessoa ~)	снажан	snážan
fraco (luz ~a)	слаб	slab
frágil (adj)	ломљив	lómljiv
fresco (pão ~)	свеж	svež

fresco (tempo ~)	прохладан	próhladan
frio (adj)	хладан	hládan
gordo (alimentos ~s)	мастан	mástan
gostoso, saboroso (adj)	укусан	úkusan

grande (adj)	велик	vélik
gratuito, grátis (adj)	бесплатан	bésplatan
grosso (camada ~a)	дебео	débeo
hostil (adj)	непријатељски	neprijatéljski

251. Modificadores. Adjetivos. Parte 2

igual (adj)	једнак	jédnak
imóvel (adj)	непокретан	népokretan
importante (adj)	важан	vážan
impossível (adj)	немогућ	némoguć
incompreensível (adj)	неразумљив	nerazúmljiv

indigente (muito pobre)	сиромашан	sirómašan
indispensável (adj)	неопходан	néophodan
inexperiente (adj)	неискусан	néiskusan
infantil (adj)	дечји	déčji

ininterrupto (adj)	непрекидан	néprekidan
insignificante (adj)	безначајан	béznačajan
inteiro (completo)	цео	céo
inteligente (adj)	паметан	pámetan

interno (adj)	унутрашњи	únutrašnji
jovem (adj)	млад	mlad
largo (caminho ~)	широк	šírok
legal (adj)	законит	zákonit
leve (adj)	лак (м)	lak
limitado (adj)	ограничен	ográničen
limpo (adj)	чист	čist
líquido (adj)	течан	téčan
liso (adj)	гладак	gládak
liso (superfície ~a)	раван	rávan
livre (adj)	слободан	slóbodan
longo (ex. cabelo ~)	дуг, дугачак	dug, dúgačak
maduro (ex. fruto ~)	зрео	zréo
magro (adj)	танак, мршав	tának, mŕšav
mais próximo (adj)	најближи	nájbliži
mais recente (adj)	прошли	próšli
mate (adj)	мат	mat
mau (adj)	лош	loš
meticuloso (adj)	уредан	úredan
míope (adj)	кратковид	kratkóvid
mole (adj)	мек, мекан	mek, mékan
molhado (adj)	мокар	mókar
moreno (adj)	тамнопут, гарав	támnoput, gárav
morto (adj)	мртав	mŕtav
muito magro (adj)	мршав	mŕšav
não difícil (adj)	једноставан	jédnostavan
não é clara (adj)	нејасан	néjasan
não muito grande (adj)	невелик	névelik
natal (país ~)	родни	ródni
necessário (adj)	потребан	pótreban
negativo (resposta ~a)	негативан	négativan
nervoso (adj)	нервозан	nérvozan
normal (adj)	нормалан	nórmalan
novo (adj)	нов	nov
o mais importante (adj)	најважнији	nájvažniji
obrigatório (adj)	обавезан	óbavezan
original (incomum)	оригиналан	óriginalan
passado (adj)	прошли	próšli
pequeno (adj)	мали	máli
perigoso (adj)	опасан	ópasan
permanente (adj)	сталан	stálan
perto (adj)	ближњи	óbližnji
pesado (adj)	тежак	téžak
pessoal (adj)	персонални	pérsonalni
plano (ex. ecrã ~ a)	пљоснат	pljósnat
pobre (adj)	сиромашан	sirómašan
pontual (adj)	тачан	táčan

possível (adj)	могућ	móguć
pouco fundo (adj)	плитак	plítak
presente (ex. momento ~)	садашњи	sádašnji
prévio (adj)	претходан	préthodan
primeiro (principal)	основни	ósnovni
principal (adj)	главни	glávni
privado (adj)	приватни	prívatni
provável (adj)	вероватни	vérovatni
próximo (adj)	близак	blízak
público (adj)	јавни	jávni
quente (cálido)	врућ	vruć
quente (morno)	топао	tópao
rápido (adj)	брз	br̃z
raro (adj)	редак	rédak
remoto, longínquo (adj)	далек	dálek
reto (linha ~a)	прав	prav
salgado (adj)	слан	slan
satisfeito (adj)	задовољан	zádovoljan
seco (roupa ~a)	сув	suv
seguinte (adj)	следећи	slédeći
seguro (não perigoso)	безбедан	bézbedan
similar (adj)	сличан	slíčan
simples (fácil)	прост	prost
soberbo, perfeito (adj)	изврсни	ízvrsni
sólido (parede ~a)	чврст	čvr̃st
sombrio (adj)	мрачан	mráčan
sujo (adj)	прљав	pr̃ljav
superior (adj)	највиши	nájviši
suplementar (adj)	додатан	dódatan
tranquilo (adj)	тих	tih
transparente (adj)	провидан	próvidan
triste (pessoa)	тужан	túžan
triste (um ar ~)	тужан	túžan
último (adj)	последњи	póslednji
úmido (adj)	влажан	vlážan
único (adj)	јединствен	jedínstven
usado (adj)	половни	pólovni
vazio (meio ~)	празан	prázan
velho (adj)	стар	star
vizinho (adj)	суседни	súsedni

500 VERBOS PRINCIPAIS

252. Verbos A-B

abraçar (vt)	грлити (nr)	gŕliti
abrir (vt)	отварати (nr)	otvárati
acalmar (vt)	смиривати (nr)	smirívati
acariciar (vt)	гладити (nr)	gláditi
acenar (com a mão)	махати (нr)	máhati
acender (~ uma fogueira)	запалити (nr)	zapáliti
achar (vt)	мислити (нr)	mísliti
acompanhar (vt)	пратити (nr)	prátiti
aconselhar (vt)	саветовати (nr)	sávetovati
acordar, despertar (vt)	будити (nr)	búditi
acrescentar (vt)	додавати (nr)	dodávati
acusar (vt)	оптуживати (nr)	optužívati
adestrar (vt)	дресирати (nr)	dresírati
adivinhar (vt)	погодити (nr)	pogóditi
admirar (vt)	дивити се	díviti se
adorar (~ fazer)	волети (nr)	vóleti
advertir (vt)	упозоравати (nr)	upozorávati
afirmar (vt)	утврђивати (nr)	utvrđívati
afogar-se (vr)	удавити се	udáviti se
afugentar (vt)	отерати (nr)	óterati
agir (vi)	деловати (нr)	délovati
agitar, sacudir (vt)	трести (nr)	trésti
agradecer (vt)	захваљивати (nr)	zahvaljívati
ajudar (vt)	помагати (nr)	pomágati
alcançar (objetivos)	постизати (nr)	póstizati
alimentar (dar comida)	хранити (nr)	hrániti
almoçar (vi)	ручати (нr)	rúčati
alugar (~ o barco, etc.)	изнајмити (nr)	iznájmiti
alugar (~ um apartamento)	изнајмити (nr)	iznájmiti
amar (pessoa)	волети (nr)	vóleti
amarrar (vt)	свезивати (nr)	svezívati
ameaçar (vt)	претити (нr)	prétiti
amputar (vt)	ампутирати (nr)	amputírati
anotar (escrever)	забележити (nr)	zabéležiti
anotar (escrever)	записивати (nr)	zapisívati
anular, cancelar (vt)	отказати (nr)	otkázati
apagar (com apagador, etc.)	избрисати (nr)	ízbrisati
apagar (um incêndio)	гасити (nr)	gásiti

apaixonar-se ...	заљубити (нг)	zaljúbiti
aparecer (vi)	појављивати се	pojavljívati se
aplaudir (vi)	аплаудирати (нг)	aplaudírati
apoiar (vt)	подржати (пг)	podřžati
apontar para ...	циљати (пг)	cíljati
apresentar	упознавати (пг)	upoznávati
(alguém a alguém)		
apresentar (Gostaria de ~)	представљати (пг)	prédstavljati
apressar (vt)	журити (пг)	žúriti
apressar-se (vr)	журити се	žúriti se
aproximar-se (vr)	приближити се	priblížiti se
aquecer (vt)	загрејавати (пг)	zagrejávati
arrancar (vt)	откинути (пг)	ótkinuti
arranhar (vt)	гребати, грепсти (пг)	grébati, grépsti
arrepender-se (vr)	жалити (нг)	žáliti
arriscar (vt)	ризиковати (нг)	rízikovati
arrumar, limpar (vt)	поспремати (пг)	posprémati
aspirar a ...	тежити (нг)	téžiti
assinar (vt)	потписивати (пг)	potpisívati
assistir (vt)	асистирати (пг)	asistírati
atacar (vt)	нападати (нг)	nápadati
atar (vt)	привезивати (пг)	privezívati
atracar (vi)	пристајати (нг)	prístajati
aumentar (vi)	повећавати се	povećávati se
aumentar (vt)	повећавати (пг)	povećávati
avançar (vi)	напредовати (нг)	nápredovati
avistar (vt)	приметити (пг)	prímétiti
baixar (guindaste, etc.)	спуштати (пг)	spúštati
barbear-se (vr)	бријати се	bríjati se
basear-se (vr)	базирати се на ...	bazírati se na ...
bastar (vi)	достајати (нг)	dóstajati
bater (à porta)	куцати (нг)	kúcati
bater (espancar)	ударати (пг)	údarati
bater-se (vr)	тући се	túći se
beber, tomar (vt)	пити (нг, пг)	píti
brilhar (vi)	сијати (нг)	síjati
brincar, jogar (vi, vt)	играти се	ígrati se
buscar (vt)	тражити (пг)	trážiti

253. Verbos C-D

caçar (vi)	ловити (пг)	lóviti
calar-se (parar de falar)	заћутати (нг)	zaćútati
calcular (vt)	бројати (пг)	brójati
carregar (o caminhão, etc.)	товарити (пг)	tóvariti
carregar (uma arma)	пунити (пг)	púniti

casar-se (vr)	женити се	žéniti se
causar (vt)	узроковати (nr)	úzrokovati
cavar (vt)	копати (nr)	kópati

ceder (não resistir)	уступати (nr)	ustúpati
cegar, ofuscar (vt)	ослепљавати (nr)	oslepljávati
censurar (vt)	корити (nr)	kóriti
chamar (~ por socorro)	звати (nr)	zváti

chamar (alguém para ...)	позвати (nr)	pózvati
chegar (a algum lugar)	доћи (nr)	dóći
chegar (vi)	стићи (нг)	stíći
cheirar (~ uma flor)	мирисати, њушити (nr)	mirísati, njúšiti

cheirar (tem o cheiro)	мирисати (нг)	mirísati
chorar (vi)	плакати (нг)	plákati
citar (vt)	цитирати (nr)	citírati
colher (flores)	брати (nr)	bráti

colocar (vt)	ставити (nr)	stáviti
combater (vi, vt)	бити се	bíti se
começar (vt)	почињати (нг, nr)	póčinjati
comer (vt)	јести (нг, nr)	jésti
comparar (vt)	упоређивати (nr)	upoređívati

compensar (vt)	компензирати (nr)	kompenzírati
competir (vi)	конкурисати (nr)	konkúrisati
complicar (vt)	компликовати (nr)	kómplikovati
compor (~ música)	компоновати (nr)	komponóvati

comportar-se (vr)	понашати се	ponášati se
comprar (vt)	куповати (nr)	kupóvati
comprometer (vt)	компромитовати (nr)	komprómitovati
concentrar-se (vr)	концентрисати се	koncéntrisati se
concordar (dizer "sim")	слагати се	slágati se

condecorar (dar medalha)	наградити (nr)	nagráditi
confessar-se (vr)	признавати (nr)	priznávati
confiar (vt)	веровати (nr)	vérovati
confundir (equivocar-se)	бркати (nr)	bŕkati
conhecer (vt)	знати (nr)	znáti

conhecer-se (vr)	упознавати се	upoznávati se
consertar (vt)	сређивати (nr)	sređívati
consultar ...	консултовати се	kónsultovati se
contagiar-se com ...	заразити се	zaráziti se

contar (vt)	причати (nr)	príčati
contar com ...	рачунати на ...	račúnati na ...
continuar (vt)	настављати (nr)	nástavljati
contratar (vt)	запослити (nr)	zapósliti

controlar (vt)	контролисати (nr)	kontrólisati
convencer (vt)	убеђивати (nr)	ubeđívati
convidar (vt)	позивати (nr)	pozívati
cooperar (vi)	сарађивати (нг)	sarađívati

coordenar (vt)	координирати (пг)	koordinírati
corar (vi)	црвенити (нг)	crvéniti
correr (vi)	трчати (нг)	tŕčati
corrigir (~ um erro)	исправљати (пг)	íspravljati
cortar (com um machado)	одсећи (пг)	ódseći
cortar (com uma faca)	одсећи (пг)	ódseći
cozinhar (vt)	кувати (пг)	kúvati
crer (pensar)	веровати (нг)	vérovati
criar (vt)	створити (пг)	stvóriti
cultivar (~ plantas)	гајити (пг)	gájiti
cuspir (vi)	пљувати (нг)	pljúvati
custar (vt)	коштати (нг)	kóštati
dar (vt)	давати (пг)	dávati
dar banho, lavar (vt)	купати (пг)	kúpati
datar (vi)	датира (нг)	dátira
decidir (vt)	одлучивати (пг)	odlučívati
decorar (enfeitar)	украшавати (пг)	ukrašávati
dedicar (vt)	посвећивати (пг)	posvećívati
defender (vt)	штитити (пг)	štítiti
defender-se (vr)	бранити се	brániti se
deixar (~ a mulher)	напуштати (пг)	napuštati
deixar (esquecer)	остављати (пг)	óstavljati
deixar (permitir)	дозвољавати (нг)	dozvoljávati
deixar cair (vt)	испуштати (пг)	ispúštati
denominar (vt)	називати (пг)	nazívati
denunciar (vt)	потказивати (нг)	potkazívati
depender de …	зависити од …	závisiti od …
derramar (~ líquido)	пролити (пг)	próliti
derramar-se (vr)	просути се	prósuti se
desaparecer (vi)	ишчезнути (нг)	íščeznuti
desatar (vt)	одрешити (пг)	ódrešiti
desatracar (vi)	отпловити (нг)	otplóviti
descansar (um pouco)	одмарати се	odmárati se
descer (para baixo)	спуштати се	spúštati se
descobrir (novas terras)	откривати (пг)	otkrívati
descolar (avião)	полетати (нг)	polétati
desculpar (vt)	извињавати (пг)	izvinjávati
desculpar-se (vr)	извињавати се	izvinjávati se
desejar (vt)	желети (пг)	žéleti
desempenhar (papel)	глумити (пг)	glúmiti
desligar (vt)	гасити (пг)	gásiti
desprezar (vt)	презирати (пг)	prézirati
destruir (documentos, etc.)	уништавати (пг)	uništávati
dever (vi)	морати	mórati
devolver (vt)	вратити (пг)	vrátiti
direcionar (vt)	упутити (пг)	upútiti

dirigir (~ um carro)	возити ауто	vóziti áuto
dirigir (~ uma empresa)	руководити (пг)	rukovóditi
dirigir-se (a um auditório, etc.)	обраћати се	óbraćati se
discutir (notícias, etc.)	расправљати (пг)	ráspravljati
disparar, atirar (vi)	пуцати (нг)	púcati
distribuir (folhetos, etc.)	делити (пг)	déliti
distribuir (vt)	раздати (пг)	rázdati
divertir (vt)	забављати (пг)	zábavljati
divertir-se (vr)	уживати (нг)	užívati
dividir (mat.)	делити (пг)	déliti
dizer (vt)	казати (пг)	kázati
dobrar (vt)	удвостручити (пг)	udvóstručiti
duvidar (vt)	сумњати (нг)	súmnjati

254. Verbos E-J

elaborar (uma lista)	састављати (пг)	sástavljati
elevar-se acima de …	уздизати се	úzdizati se
eliminar (um obstáculo)	уклањати (пг)	úklanjati
embrulhar (com papel)	завијати (пг)	zavijati
emergir (submarino)	испливати (нг)	ísplivati
emitir (~ cheiro)	ширити (пг)	šíriti
empreender (vt)	предузети (пг)	préduzeti
empurrar (vt)	гурати (пг)	gúrati
encabeçar (vt)	бити на челу	bíti na čélu
encher (~ a garrafa, etc.)	пунити (пг)	púniti
encontrar (achar)	наћи, налазити (пг)	náći, nálaziti
enganar (vt)	обмањивати (пг)	obmanjívati
ensinar (vt)	обучавати (пг)	obučávati
entediar-se (vr)	досађивати се	dosađívati se
entender (vt)	разумевати (пг)	razumévati
entrar (na sala, etc.)	ући, улазити (нг)	úći, úlaziti
enviar (uma carta)	слати (пг)	sláti
equipar (vt)	опремати (пг)	oprémati
errar (enganar-se)	грешити (нг)	gréšiti
escolher (vt)	бирати (пг)	bírati
esconder (vt)	крити (пг)	kríti
escrever (vt)	писати (пг)	písati
escutar (vt)	слушати (пг)	slúšati
escutar atrás da porta	прислушкивати (нг, пг)	prisluškívati
esmagar (um inseto, etc.)	смрскати (пг)	smŕskati
esperar (aguardar)	чекати (нг, пг)	čékati
esperar (contar com)	очекивати (пг)	očekívati
esperar (ter esperança)	надати се	nádati se
espreitar (vi)	шпијунирати	špijunírati

esquecer (vt)	заборавити (нг, пг)	zabóraviti
estar	лежати (нг)	léžati
estar convencido	бити убеђен	bíti ubeđen
estar deitado	лежати (нг)	léžati
estar perplexo	бити збуњен	biti zbúnjen
estar preocupado	бринути се	brínuti se
estar sentado	седети (нг)	sédeti
estremecer (vi)	дрхтати (нг)	dŕhtati
estudar (vt)	студирати (пг)	studírati
evitar (~ o perigo)	избегавати (пг)	izbegávati
examinar (~ uma proposta)	размотрити (пг)	razmótriti
exigir (vt)	захтевати, тражити	zahtévati, trážiti
existir (vi)	постојати (нг)	póstojati
explicar (vt)	објашњавати (пг)	objašnjávati
expressar (vt)	изразити (пг)	izráziti
expulsar (~ da escola, etc.)	избацити (пг)	izbáciti
facilitar (vt)	олакшати (пг)	olákšati
falar com ...	говорити са ...	govóriti sa ...
faltar (a la escuela, etc.)	пропуштати (пг)	propúštati
fascinar (vt)	очаравати (пг)	očarávati
fatigar (vt)	умарати (пг)	umárati
fazer (vt)	радити (пг)	ráditi
fazer lembrar	подсећати (пг)	pódsećati
fazer piadas	шалити се	šáliti se
fazer publicidade	рекламирати (пг)	reklamírati
fazer uma tentativa	покушати (пг)	pókušati
fechar (vt)	затварати (пг)	zatvárati
felicitar (vt)	честитати (пг)	čestítati
ficar cansado	умарати се	umárati se
ficar em silêncio	ћутати (нг)	ćútati
ficar pensativo	замислити се	zámisliti se
forçar (vt)	принуђавати (пг)	prinuđávati
formar (vt)	формирати (пг)	formírati
gabar-se (vr)	хвалисати се	hválisati se
garantir (vt)	гарантовати (пг)	gárantovati
gostar (apreciar)	свиђати се	svíđati se
gritar (vi)	викати (нг)	víkati
guardar (fotos, etc.)	чувати (пг)	čúvati
guardar (no armário, etc.)	склонити (пг)	slóniti
guerrear (vt)	ратовати (нг)	rátovati
herdar (vt)	наслеђивати (пг)	nasleđívati
iluminar (vt)	осветљавати (пг)	osvetljávati
imaginar (vt)	замишљати (пг)	zamíšljati
imitar (vt)	имитирати (пг)	imitírati
implorar (vt)	умољавати (пг)	umoljávati
importar (vt)	импортирати, увозити	importírati, uvóziti

indicar (~ o caminho)	указати (пг)	ukázati
indignar-se (vr)	бунити се	búniti se
infetar, contagiar (vt)	заразити (пг)	zaráziti
influenciar (vt)	утицати (нг)	úticati
informar (~ a policia)	саопштавати (пг)	saopštávati
informar (vt)	информисати (пг)	infórmisati
informar-se (~ sobre)	распитати се	raspítati se
inscrever (na lista)	уписати (пг)	upísati
inserir (vt)	убацивати (пг)	ubacívati
insinuar (vt)	наговештавати (нг)	nagoveštávati
insistir (vi)	инсистирати (нг)	insistírati
inspirar (vt)	одушевљавати (пг)	oduševljávati
instruir (ensinar)	давати инструкције	dávati instrúkcije
insultar (vt)	вређати (пг)	vréđati
interessar (vt)	интересовати (пг)	ínteresovati
interessar-se (vr)	интересовати се	ínteresovati se
intervir (vi)	интервенисати (нг)	intervénisati
invejar (vt)	завидети (нг)	závideti
inventar (vt)	проналазити (пг)	pronálaziti
ir (a pé)	ићи (нг)	íći
ir (de carro, etc.)	ићи (нг)	íći
ir nadar	купати се	kúpati se
ir para a cama	ићи на спавање	íći na spávanje
irritar (vt)	раздраживати (пг)	razdražívati
irritar-se (vr)	раздраживати се	razdražívati se
isolar (vt)	изолирати (пг)	izolírati
jantar (vi)	вечерати (нг)	véčerati
jogar, atirar (vt)	бацати (пг)	bácati
juntar, unir (vt)	уједињавати (пг)	ujedinjávati
juntar-se a ...	припајати се	pripájati se

255. Verbos L-P

lançar (novo projeto, etc.)	започети (пг)	zapóčeti
lavar (vt)	прати (пг)	práti
lavar a roupa	прати (пг)	práti
lavar-se (vr)	купати се	kúpati se
lembrar (vt)	сећати се	séćati se
ler (vt)	читати (нг, пг)	čítati
levantar-se (vr)	устајати (нг)	ústajati
levar (ex. leva isso daqui)	односити (пг)	odnósiti
libertar (cidade, etc.)	ослобађати (пг)	oslobáđati
ligar (~ o radio, etc.)	укључивати (пг)	uključívati
limitar (vt)	ограничавати (пг)	ograničávati
limpar (eliminar sujeira)	чистити (пг)	čístiti
limpar (tirar o calcário, etc.)	чистити (пг)	čístiti

lisonjear (vt)	ласкати (нг)	láskati
livrar-se de ...	избављати се	izbavljati se
lutar (combater)	борити се	bóriti se
lutar (esporte)	рвати се	rvati se

marcar (com lápis, etc.)	обележити (пг)	obéležiti
matar (vt)	убијати (нг)	ubíjati
memorizar (vt)	запамтити (пг)	zápamtiti
mencionar (vt)	спомињати (пг)	spóminjati

mentir (vi)	лагати (нг)	lágati
merecer (vt)	заслуживати (пг)	zaslužívati
mergulhar (vi)	ронити (нг)	róniti
misturar (vt)	смешати (пг)	sméšati

morar (vt)	живети (нг)	žíveti
mostrar (vt)	показивати (пг)	pokazívati
mover (vt)	мицати (пг)	mícati
mudar (modificar)	променити (пг)	proméniti

multiplicar (mat.)	множити (пг)	mnóžiti
nadar (vi)	пливати (нг)	plívati
negar (vt)	порећи (пг)	póreći
negociar (vi)	преговарати (нг)	pregovárati

nomear (função)	именовати (пг)	ímenovati
obedecer (vt)	подчињавати се	podčinjávati se
objetar (vt)	приговарати (нг)	prigovárati
observar (vt)	посматрати (нг)	posmátrati

ofender (vt)	вређати (пг)	vréđati
olhar (vt)	гледати (пг)	glédati
omitir (vt)	пропуштати (пг)	propúštati
ordenar (mil.)	наређивати (пг)	naređívati

organizar (evento, etc.)	направити (пг)	nápraviti
ousar (vt)	усуђивати се	usuđívati se
ouvir (vt)	чути (нг, пг)	čúti
pagar (vt)	платити (нг, пг)	plátiti

parar (para descansar)	заустављати се	zaústavljati se
parar, cessar (vt)	прекидати (пг)	prekídati
parecer-se (vr)	личити (нг)	líčiti
participar (vi)	учествовати (нг)	účestvovati
partir (~ para o estrangeiro)	одлазити (нг)	ódlaziti

passar (vt)	пролазити кроз ...	prólaziti kroz ...
passar a ferro	пеглати (пг)	péglati
pecar (vi)	грешити (нг)	gréšiti
pedir (comida)	наручивати (пг)	naručívati

pedir (um favor, etc.)	тражити, молити (пг)	trážiti, móliti
pegar (tomar com a mão)	ловити (пг)	lóviti
pegar (tomar)	узети (пг)	úzeti
pendurar (cortinas, etc.)	вешати (пг)	véšati
penetrar (vt)	пробијати (нг)	probíjati

pensar (vi, vt)	мислити (нг)	mísliti
pentear-se (vr)	чешљати се	čéšljati se
perceber (ver)	запажати (nr)	zapážati
perder (o guarda-chuva, etc.)	губити (nr)	gúbiti

perdoar (vt)	опраштати (nr)	opráštati
permitir (vt)	допуштати (нг)	dopúštati
pertencer a ...	припадати (нг)	prípadati
perturbar (vt)	сметати (nr)	smétati

pesar (ter o peso)	тежити (нг)	téžiti
pescar (vt)	пецати (нг)	pécati
planejar (vt)	планирати (nr)	planírati
poder (~ fazer algo)	моћи (нг)	móći

pôr (posicionar)	смештати (nr)	sméštati
possuir (uma casa, etc.)	поседовати (nr)	pósedovati
predominar (vi, vt)	превлађивати (нг)	prevlađívati
preferir (vt)	преферирати (nr)	preferírati

preocupar (vt)	узнемиравати (nr)	uznemirávati
preocupar-se (vr)	бринути се	brínuti se
preparar (vt)	припремити (nr)	priprémiti
preservar (ex. ~ a paz)	очувати (nr)	očúvati

prever (vt)	предвиђати (nr)	predvíđati
privar (vt)	лишавати (nr)	lišávati
proibir (vt)	забрањивати (nr)	zabranjívati
projetar, criar (vt)	пројектовати (nr)	projéktovati
prometer (vt)	обећати (nr)	obéćati

pronunciar (vt)	изговарати (nr)	izgovárati
propor (vt)	предлагати (nr)	predlágati
proteger (a natureza)	штитити (nr)	štítiti
protestar (vi)	протестовати (нг)	prótestovati

provar (~ a teoria, etc.)	доказивати (nr)	dokazívati
provocar (vt)	изазивати (nr)	izazívati
punir, castigar (vt)	кажњавати (nr)	kažnjávati
puxar (vt)	вући (nr)	vúći

256. Verbos Q-Z

quebrar (vt)	ломити (nr)	lómiti
queimar (vt)	палити (nr)	páliti
queixar-se (vr)	жалити се	žáliti se
querer (desejar)	хтети (nr)	htéti

rachar-se (vr)	пуцати (нг)	púcati
ralhar, repreender (vt)	грдити (nr)	gŕditi
realizar (vt)	остваривати (nr)	ostvarívati
recomendar (vt)	препоручивати (nr)	preporučívati
reconhecer (identificar)	препознавати (nr)	prepoznávati
reconhecer (o erro)	признавати (nr)	priznávati

recordar, lembrar (vt)	сетити се	sétiti se
recuperar-se (vr)	оздрављати (нг)	ódzdravljati
recusar (~ alguém)	одбијати (пг)	odbíjati
reduzir (vt)	смањивати (пг)	smanjívati
refazer (vt)	поново урадити	pónovo uráditi
reforçar (vt)	учвршћивати (пг)	učvršćívati
refrear (vt)	спречавати (пг)	sprečávati
regar (plantas)	заливати (пг)	zalívati
remover (~ uma mancha)	уклањати (пг)	úklanjati
reparar (vt)	поправити (пг)	pópraviti
repetir (dizer outra vez)	понављати (пг)	ponávljati
reportar (vt)	извештавати (нг)	izveštávati
reservar (~ um quarto)	резервисати (пг)	rezervísati
resolver (o conflito)	решавати (пг)	rešávati
resolver (um problema)	решити (пг)	réšiti
respirar (vi)	дисати (нг)	dísati
responder (vt)	одговарати (нг, пг)	odgovárati
rezar, orar (vi)	молити се	móliti se
rir (vi)	смејати се	sméjati se
romper-se (corda, etc.)	пукнути (нг)	púknuti
roubar (vt)	красти (пг)	krásti
saber (vt)	знати (пг)	znáti
sair (~ de casa)	изаћи (нг)	ízaći
sair (ser publicado)	изаћи (нг)	ízaći
salvar (resgatar)	спасавати (пг)	spasávati
satisfazer (vt)	задовољавати (пг)	zadovoljávati
saudar (vt)	поздрављати (пг)	pózdravljati
secar (vt)	сушити (пг)	súšiti
seguir (~ alguém)	пратити (пг)	prátiti
selecionar (vt)	одабрати (пг)	odábrati
semear (vt)	сејати (нг, пг)	séjati
sentar-se (vr)	сести (нг)	sésti
sentenciar (vt)	осуђивати (пг)	osuđívati
sentir (vt)	осећати (пг)	ósećati
ser diferente	разликовати се	rázlikovati se
ser indispensável	бити тражен	bíti trážen
ser necessário	бити потребан	bíti pótreban
ser preservado	очувати се	očúvati se
ser, estar	бити (нг, пг)	bíti
servir (restaurant, etc.)	послуживати (пг)	poslužívati
servir (roupa, caber)	пристајати (нг)	prístajati
significar (palavra, etc.)	значити (нг)	znáčiti
significar (vt)	значити (нг)	znáčiti
simplificar (vt)	упрошћавати (пг)	uprošćávati
sofrer (vt)	патити (нг)	pátiti
sonhar (~ com)	маштати (нг)	máštati

sonhar (ver sonhos)	сањати (нг)	sánjati
soprar (vi)	дувати (нг)	dúvati
sorrir (vi)	осмехивати се	osmehívati se
subestimar (vt)	подцењивати (пг)	podcenjívati
sublinhar (vt)	подвући (пг)	pódvući
sujar-se (vr)	испрљати се	ispŕljati se
superestimar (vt)	пренити (пг)	precéniti
supor (vt)	претпостављати (пг)	pretpóstavljati
suportar (as dores)	трпети (нг)	tŕpeti
surpreender (vt)	чудити (пг)	čúditi
surpreender-se (vr)	чудити се	čúditi se
suspeitar (vt)	сумњати (нг, пг)	súmnjati
suspirar (vi)	уздахнути (нг)	uzdáhnuti
tentar (~ fazer)	покушавати (нг)	pokušávati
ter (vt)	имати (пг)	ímati
ter medo	плашити се	plášiti se
terminar (vt)	завршавати (пг)	završávati
tirar (vt)	скидати (пг)	skídati
tirar cópias	направити копије	nápraviti kópije
tirar fotos, fotografar	сликати (пг)	slíkati
tirar uma conclusão	изводити закључак	ízvoditi záključak
tocar (com as mãos)	тицати (пг)	tícati
tomar café da manhã	доручковати (нг)	dóručkovati
tomar emprestado	позајмити (пг)	pozájmiti
tornar-se (ex. ~ conhecido)	постати (пг)	póstati
trabalhar (vi)	радити (нг)	ráditi
traduzir (vt)	преводити (пг)	prevóditi
transformar (vt)	трансформисати (пг)	transfórmisati
tratar (a doença)	лечити (пг)	léčiti
trazer (vt)	доносити (пг)	donósiti
treinar (vt)	тренирати (пг)	trenírati
treinar-se (vr)	тренирати (нг)	trenírati
tremer (de frio)	дрхтати (нг)	dŕhtati
trocar (vt)	размењивати се	razmenjívati se
trocar, mudar (vt)	мењати (пг)	ménjati
usar (uma palavra, etc.)	употребити (пг)	upotrébiti
utilizar (vt)	користити (пг)	kóristiti
vacinar (vt)	вакцинисати (пг)	vakcinísati
vender (vt)	продавати (пг)	prodávati
verter (encher)	сипати (пг)	sípati
vingar (vt)	освећивати се	osvećívati se
virar (~ para a direita)	скретати (нг)	skrétati
virar (pedra, etc.)	преврнути (пг)	prevŕnuti
virar as costas	окретати се	okrétati se
viver (vi)	живети (нг)	žíveti
voar (vi)	летети (нг)	léteti

voltar (vi)	враћати се	vráćati se
votar (vi)	гласати (нг)	glásati
zangar (vt)	љутити (пг)	ljútiti
zangar-se com …	љутити се на …	ljútiti se na …
zombar (vt)	подсмевати се	podsmévati se